【CEFR準拠】

新たなジャパン・スタンダード

—小中高大の英語教育をつなぐ指導—

川成美香　岡秀夫　笹島茂〈編著〉

吉田章人　川島美希　由井一成　富永裕子　吉野裕紀　藤原真知子　相羽千州子〈著〉

朝日出版社

JAPAN STANDARDSディスクリプタ（日本語版/英語版）・言語材料参照表URL

https://sasajimashigeru.wixsite.com/japan-standards

CEFR
序文

「ジャパン・スタンダード」プロジェクトの目的と本書の概要

ヨーロッパ言語共通参照枠（Common European Framework of Reference for Languages: Learning, teaching, assessment, 以下、CEFR）は欧州評議会が2001年に発表した言語学習・教育・評価のためのガイドラインです。あらゆる言語に適応できる汎用性からヨーロッパEU諸国にとどまらず、今日では世界基準となっています。日本の英語教育界においてこのCEFRにいち早く注目して、「英語が使える日本人の育成」の施策のために研究対象としたのが、小池生夫氏が牽引した「小池科研」でした（科学研究費基盤研究（A）「第二言語習得研究を基盤とする小、中、高、大の連携をはかる英語教育の先導的基礎研究」（課題番号：16202010, 代表者：小池生夫）2004－2007年度）。この科研は、CEFRを日本の英語教育に初めて導入すべくCEFRjapan構想を打ち出したのです（小池，2008）。その始動は、日本人国際派ビジネスマンに必要な英語力を到達基準として、大高中小の到達目標を逆算的に設定することにあり、国内の各学校段階の英語力把握を目的としたいくつものプロジェクトチームが実態調査を行いました。

その中でも、CEF班と当時称したCEFRjapan作成チーム（岡，笹島，川成他）は、CEFRの基軸をとり入れた日本版CEFRjapanの試案を策定しました（小池、2006, 2008）。この策定はCEFRの基本的な理解をすることから始まり、CEFRの調査のためにCouncil of EuropeやEuropean Commissionを訪問し、さらにフィンランド教育省、英国Cambridge University ESOLへも赴きさまざまな協力を得て、その試案を裏付けるために試行錯誤を重ねました。このCEFRjapanの試案が、本書で提示する「ジャパン・スタンダード」のプロトタイプとなったものです。試案は他方で、「投野科研」（課題番号：20242011, 代表者：投野由紀夫）においてCEFR-Jとして再構築されました（投野編，2013）。

本書の編著者らは、CEFRjapan試案の考案者としてもっていた独自の視点から、CEFRに準拠した日本型CEFRをより発展的に研究するために、新たに「JSプロジェクト」をスタートしました（科学研究費基盤研究（B）「外国語コミュニケーション能力育成のための日本型CEFRの開発と妥当性の検証」（課題番号：22320108, 代表者：川成美香）2010－2012年度）。この日本型CEFRを、「外国語（とくに英語）運用能力に関するJS：ジャパン・スタンダード（Japan Standards for Foreign Language Proficiency, based on CEFR）」と称して、世界基準との整合性を担保しつつ日本の社会文化的な特異性にも配慮して、新しいかたちの英語の学習到達基準を求めて策定と検証を重ねてきました。

ここで、「ジャパン・スタンダード」（通称：JS）の特徴として3点に言及しておきます。1つは、CEFR準拠とするために、すでにCEFRの基軸を採り入れた成功例であるフィンランドのNational

Core Curricula (2013) に使われているLanguage Proficiency Scale (LPS) をモデルとして、JSディスクリプタはレベル設定を細分化して学年対応を考慮した点です。加えて、日本の初級英語学習者の能力レベルを明示するために、Cambridge Young Learners English Test (2007) をモデルとして、Aレベルの細分化と新たなPre-A1レベルを設定してディスクプタを記述した点です。2つめの特徴は、JSプロジェクトが学校現場とタイアップして推進したことにあります。編著者らが策定したJSディスクプタの原案の検証を、研究協力者である小中高の現場の先生方と連携して行っただけでなく、実際の授業においてJSディスクリプタを試用していただき、そこから得たフィードバックをもとに原案を精緻化していきました。このプロセスは、本家CEFRが、約40年もの歳月をかけて教育現場におろしては研究者が再考するという検証方法をなぞらえたもので、JSの重要な部分と位置づけています。3つめの特徴として、JSの能力記述一覧は、ディスクプタによる能力記述だけでなく、言語材料を具体的に付与した点です。フィンランドのLPSに加えて、この段階でもフィンランドの英語教科書の言語材料も参考にして、JSのレベル記述を理解するための語彙・文法、テクストの典型例を一覧表のかたちで提示しました。日本の状況に合ったRLD (Reference Level Descriptions for National and Regional Languages：国/地域言語参照レベル記述) となっています。

このようにしてJSが世界基準との整合性をとりつつ策定した根拠となるのは、英語力も世界ランク上位で教育立国であるフィンランドにこだわったことにあります。Dr. Sauli Takala (当時、フィンランド・ユバスキュラ大学名誉教授、EALTA前会長、ECML顧問) を海外研究アドバイザーとして招聘し、ディスクリプタ作成の観点からJS英語版の精査に至るまで、さまざまな助言をいただきました。また、CEFR準拠のNational Core CurriculumをJSの能力記述に参照するにあたっては、遡ること小池科研当時の2007年にフィンランド教育省の了解を得ています。さらに2011年の川成科研でのフィンランド・スウェーデン訪問調査でも、フィンランド教育省の言語政策担当者やCEFR研究専門家に、JSのRLDの原案をみてもらいアドバイスを得ることができました。これらのフィンランド関連のサポートが、JSのRLD精緻化に資するものであったことは言うまでもありません。

本書の概要は以下となります。まず第1章「CEFRとは」では、CEFRの基本と利用状況、およびCEFRの問題点をJSではどのように対処したのかを解説しています。第2章は「CEFRに準拠したJS：ジャパン・スタンダードとは」と題して、JSの開発の経緯と概要を述べ、JSのCAN-DOリストの策定と提示方法、および言語材料表の選定と提示方法を詳述しています。続いては学校現場でのJS活用事例です。第3章「JSの高校英語教育での運用」では、高等学校でのカリキュラム作成から教材作成、それらを用いた授業実践とテスト作成に至るまで、JSを活用した一連の実践結果を提示しています。第4章「JSの中学校での実践」では、中学校英語にJSをどのように利用できるかの視点と、CLIL指導の実践例を紹介しています。第5章「JS Pre-A1 小学校における英語活動とカリキュラム」は、英語教材・指導法・CLIL実践・評価にJS PreA1を活用した実践例を紹介し、JS PreA1をさらに3レベルに細分化したCAN-DOリストと言語材料表を第5章に含めて提示しています。最後に、「JS 言語能力記述一覧表」の全容を提示します。「JSディスクリプタ (日本語版)」、「JSディスクリプタ (英語版)」、「JSディスクリプタ (日英語) ＋言語材料参照表」の3部構成になっています。

さて、この「JS 言語能力記述一覧表」は、最初の公開の場となったのが川成科研の最終報告書および最終報告会（2013）です。その後、微細な修正加筆を施した最終版が、本書の巻末資料であり、本書に紹介する小中高でのJSの教育実践は旧学習指導要領のもとで行われたものです。本書の出版計画は、最終報告会の終了後からあり、教育実践の部分は報告書の記述を加筆修正したものを含めて2018年頃の出版をめざしていました。ところが予期せぬ諸事情に阻まれたばかりでなく、2020年春には新型コロナウィルスの世界的蔓延により、日本の教育現場も未曾有の対応を迫られることとなりました。ようやくコロナが５類感染症の位置づけとなる兆しが見えた2023年春先、小中高において新学習指導要領が始動しているご時勢を鑑み、タイムラグを最小限にすべく加筆修正を施し、この度ようやく出版にこぎつける運びとなりました。

タイムラグがあったとしても、本書が提示する「JS言語能力記述一覧表」および小中高でのJSの教育実践は、現行の新学習指導要領が実施されている現場に必ずや資するものがあるとの考えです。小学校学習指導要領（2017告示、2020実施）、中学校学習指導要領（2017告示、2021実施）、高等学校学習指導要領（2018告示、2022実施）での「外国語教育の抜本的強化のイメージ」には、新たな外国語教育は「『何ができるようになるか』という観点から、国際基準 （CEFR）を参考に、小・中・高等学校を通じた５つの領域別の目標を設定」と謳われています。さらに、小学校３年はA1レベルでスタートし、中学校においてA1（英検３級～５級）からA2レベル、高等学校ではA2（英検準２級）から卒業時はB1（英検２級）という達成目標の軸が明示されています。本書では、2008年当時に策定した「日本型CEFR: レベル設定と学年対応の理想的推定モデル」(p.36 図6）を提示していますが、この中で、「B2モデル」を「 JSの想定する学年対応」(p.35 図5）と設定してJSプロジェクトをスタートさせたのです。注目すべきは、この「B2モデル」が、小学校3年で英語教育をスタートして（Pre-A1)、高校卒業時にB1.2に到達し、さらに大学卒業時にB2に到達するという点です。現行の新学習指導要領での高校卒業時B1レベルは、2008年に推定したモデルの高校卒業時B1.2レベルと合致しています。JSプロジェクトは、旧学習指導要領で現場が動いていた2008年～2012年にかけて、この「大学卒業時にB2レベル、高校卒業時にＢ1.2レベル」の軸を基盤とした「ＪＳ言語能力記述一覧表」を策定し、それ以降、小中高の教育現場においてJSを活用した教育実践を行ってきているのです。すなわち、CEFR準拠のJSの基軸は、現行の新学習指導要領のレベル設定と同様のもので、われわれは一歩先んじてCEFRに準拠した行動中心アプローチによる英語教育を実践していたことになります。

新学習指導要領では、旧版よりも各学校段階の語彙数および時間数が増加し、中学校/高等学校の文法項目が小学校/中学校に移行するかたちで、改善と充実が図られています。「ジャパン・スタンダード」の「JS言語能力記述一覧表」と、これを教育の場で実践してきた本書の内容は、時系列としては過去のものであっても根底にあるのは決して時代遅れではなく、むしろ「新たなジャパン・スタンダード」とその実践例であり、「小中高大の英語教育をつなぐ指導」に役立つモデルになり得ると確信しています。

本書は、主として、現職の小学校・中学校・高等学校の先生方、また、この分野に関心をお持ちの大学の先生方や大学院生、教職課程の学部生の方々にも参考となるよう、豊富な実例と資料や参考文献、基本的な用語解説もつけています。巻末資料の「JS 言語能力記述一覧表」のデータは、所定のURLからダウンロードできるようになっています。ご活用いただければ幸いです。

2024年3月
川成美香

【執筆者・担当一覧】

川成　美香	明海大学外国語学部	2章1・2節
岡　　秀夫	東京大学名誉教授	1章1・3節
笹島　　茂	元東洋英和女学院大学	1章2節、2章3節
吉田　章人	日本女子大学附属高等学校	3章1・2・3・4・5・6節
川島　美希	日本女子大学附属高等学校	3章3節
由井　一成	早稲田大学 平山郁夫ボランティアセンター	3章6節
富永　裕子	清泉女学院大学人間学部	4章2・3節
吉野　裕紀	順天中学高等学校	4章1節
藤原真知子	聖学院大学総合研究所	5章2.3・3・4節
相羽千州子	静岡県立大学 言語コミュニケーション研究センター	5章1・2.1・2.2節

CEFR

目次

CEFR

第1章 CEFRとは

1.1 CEFRの基本

1.1.1 CEFRの背景

近代ヨーロッパの歴史は、戦争の歴史といっても過言ではない。一つの例として、フランスの中東部にあるストラスブールという町は、ひと昔前まではシュトラスブルグと呼ばれていた。つまり、フランス語名がストラスブールで、シュトラスブルグはドイツ語名である。この２つの名前が示すように、ドイツとフランスの国境地帯に位置するアルザス地方は歴史の荒波にさらされ、300年の間に５回も属する国が変わった。つまり、1648年以前はドイツであったアルザス地方は、30年戦争（1618-48）でフランスに、1870年の普仏戦争でドイツに、つぎに1914-18の第一次世界大戦の結果フランスに、1939-40のナチス占領時には再びドイツに、そして第二次世界大戦後1945年からはフランスにという形で、目まぐるしい運命を辿ってきている。その度に、国語がドイツ語とフランス語の間で入れ替わったのである。しかし、政治的に国は変わっても、人は自分の母語を一朝一夕に変えることはできない。

第二次世界大戦後、平和共存への願いがチャーチルの提唱した「欧州合衆国」(The United States of Europe）構想にも表れている。政治経済面では、「欧州連合」(European Union: EU）の誕生（1993）へとつながっていった。現在EUの加盟国は27カ国で、経済的には1999年に「ユーロ」という共通の通貨で統合された。しかし、言語・文化に関しては「統一の中の多様性」をキャッチフレーズに、それぞれの独自性を尊重する政策がとられている。その証拠に、言語面での多様性を尊重した結果、EUの公用語は24にも及び、通訳と翻訳にかかる出費には莫大なものがある。しかし、これは「民主主義のコスト」と受けとめられている。そして、英語一辺倒にならないように、またそれぞれの言語・文化のアイデンティティを尊重するという意味において、「３言語主義」【1.1.2】がヨーロッパ市民の目標とされるのである。

一方、欧州評議会（Council of Europe）は1949年に創設され、主として人権問題に関わり、47もの国が加盟している。EUの一組織ではあるが、法的拘束力はない。上で述べたストラスブールにその本部を置いているのは、歴史的に意義深い。この欧州評議会が、1970年代はじめから言語政策・教育に取り組み始め、1970年代に大人の言語学習用の「unit/credit制度」[1)]を考案し、Threshold

1)　欧州評議会が開発した言語教育制度で、学習者がとった授業の単元（unit）にもとづいて単位（credit）を取得するという「単位・単元制」である。

Level (1975) [2]などの英語学習システムを開発した。コミュニケーションをめざした言語学習という視点から学習者のニーズを分析し、そのニーズを満たすために、当時起ってきた「概念・機能シラバス」の考え方を取り入れた。つまり、学習者が必要とするコミュニケーションを、語彙、文法によってではなく、場面、活動、機能、概念によって表した。その後、Thresholdよりやさしい BreakthroughやWaystage[3]というようなレベルへと拡大していった。

このように、2001年に「ヨーロッパ言語共通参照枠」(Common European Framework of Reference for Languages: 以下CEFR) が登場するに至る背景には、長年にわたるこのような取り組みがあったのである。CEFRは2001年に英語で世に出て以来、外国語教育に非常に大きなインパクトを与え、すでに20の言語に翻訳されている。日本語版は2004年に吉島他（訳）で出版された。CEFRの影響力はヨーロッパだけにとどまらず、世界的な広がりを見せ、今や「世界基準」となりつつある。

1.1.2 CEFRの理念

Threshold Levelは口頭コミュニケーションを中心に、学校教育を通して一つの外国語を習得することをめざしていたのに対して、CEFRはより多くの言語学習を推奨し、しかも生涯学習（life-long learning）としてとらえる点が異なる。これは誰もが複数の言語を駆使し、互いに意思疎通できるという「複言語主義」(plurilingualism) の理念に基づく。複言語主義とは、一つの社会の中でいくつかの言語が併用されている「多言語」(multilingual) 的な状況をさすのではなく、一人の個人の中に複数の言語が有機的に存在し、異文化、異言語の人と接するときに、円滑に相互理解が進められる状況をさす。この考え方で特徴的な点は、外国語を完全にマスターするという幻想を捨て、「部分的な能力」(partial competence) を容認したことにある。それゆえ、ネイティブ・スピーカーをめざすのではなく、しっかりした母語の基盤を持った成人が、さらに第２、第３言語の能力も兼ね備え、相手と共有する言語によって文化差を乗り越えて意思疎通を図ることを想定しているのである。従来、外国語教育は理想的なネイティブ・スピーカーを目標としていたが、そのような非現実的な夢を追うばかりではなく、部分的な能力であっても実際に役に立つような形で互いに協力しながら相互理解を達成することをめざす。

このような「３言語主義」は、ヨーロッパのそれぞれの言語・文化のアイデンティティを尊重するという理念にもとづいて生まれてきたもので、21世紀のヨーロッパ市民像の目標とされる。３つの言語とは「母語プラス２」で、しかもその内の１つは近隣の言語を含む。

上で述べたように、CEFRの大きな特徴は「部分的能力」を肯定的にとらえたことにある。つまり、目的と場面に応じて必要な言語を必要なレベルで使える能力を認め、４技能が均等でなくてもよいとする。それに対して、「部分的」では十分ではないのではないかという疑問が提起されるかもしれない。しかし、複言語主義の理念では、この足らない部分はコミュニケーション方略や協調的な態度でカバーすることによって、相互理解に向けて努力することになる。つまり、自分が「〜できる／できない」というスキルだけの問題ととらえるのではなく、相手との協働作業を通して異文化

---

2) 「概念・機能シラバス」において設定された５段階の言語運用能力のうち一番下のレベルで、外国語でコミュニケーションするために必要な最低限の能力。旧来の語彙、文法中心ではなく、新しく、場面、概念（notion)、機能（function）などによって定義した。

3) Thresholdより下のレベルとしてWaystageが、またさらに下のレベルとしてBreakthroughが設けられた。CEFRの６レベルと対応させると、BreakthroughがA1、WaystageがA2、ThresholdがB1にあたる。

コミュニケーションを成功に導いていくのである。そこで求められる方略は、外国語の場合に限られるものではない。母語の場合でも、自分の考えを思いどおりに表現できずフラストレーションを感じたり、ネイティブ・スピーカー同士でも誤解を招くことがある。そのような困難に直面したとき、我々は何らかの方略を駆使することによって障害を乗り越えているのに他ならない。

1.1.3 言語能力のとらえ方

CEFRでは言語能力を単なるスキルの問題だけに限定せず、社会で生きていくために使える力としてとらえる。そうすると、言語使用にとって重要な意味合いを持ってくるのが、その背景にある一般的な能力である。つまり、言語能力は広く全人的な問題となるからである。CEFRでは、言語能力を「言語コミュニケーション能力」と「言語使用に必要な能力」に分けている。「言語コミュニケーション能力」には、①言語構造に関する能力、②社会言語的能力、③語用論的能力、が含まれる。また、「一般的な能力」としては、④知識、⑤技能、⑥態度、⑦学習能力、が深く関わってくるとされる。

①言語構造に関する能力とは、音声、語彙、文法についての知識と技能である。それらを場面や目的に応じて効果的に使うことができなければならない。

②社会言語的能力とは、さまざまな文脈や言語使用において、(文法的に正確であるだけでなく)場面や相手に応じて言語を社会的に適切に使用できることをさす。

③語用論的能力とは、発話行為のもつ社会的機能をとらえ（たとえば、Can you pass me the salt? は能力を尋ねる疑問文ではなく、「依頼」ととらえる)、談話の構成に一貫性を持たせる能力 (Can you pass me the salt? に対して適切な応答は、”Yes, I can.” ではなく ”Of course. Here you are.”）である。

このような言語コミュニケーション能力のとらえ方はそれほど目新しくはないが、次のような「一般的な能力」に注目している点は、異文化間の相互理解にとって重大な意味合いを持つ。一般的な能力として、まず、④「知識」は、文法に関する知識というような狭い意味合いではなく、幅広い教養という広範な知識をさす。

⑤「技能」とは、それらの知識を（ただ知っているだけでなく）実際に生きて使えるレベルにまで到達させる能力、つまり運用技能になる。

⑥「態度」は、日本の学習指導要領でいう「積極的にコミュニケーションを図る態度」と重なり、コミュニケーションの前提をなす。

⑦「学習能力」とは、学習者が自立し、生涯を通して自律的に学習に取り組んでいくことをさす。それによって、「生涯学習」が可能になるのである。

この自律学習は、生徒や学生の動機づけを高めるためだけでなく、その後長い生涯にわたって学習は続くという視点に立ち、CEFRの重要な理念とされている。生涯学習の理念として、「行儀よく従順に教師の指示にのみ従い、また指されたときにだけ話す」のではなく、「自律に向けて…学習プロセスに積極的に参加して、…学習者同士で教え合い評価し合う活動に従事すること」(吉島他 2004: 144) をめざすのである。これらの要素がどのようにかかわり合うのかは、次のように表せよう。つまり、別の文化からやってきた人と付き合うとき、「オープンな態度で前向きに対処し（態度)、そのやり方を体の中に取り込んで（技能)、それを発展させながら自律的に、生涯を通じて開拓していく（学習能力)」というような形で、相手と相互にかかわり合ってくるのである。

従来の外国語教育・学習は狭い意味での言語に関する「知識」が中心であったが、CEFRはそれをもとに実際に運用できる能力を強調する。そして、そのためには幅広い教養と前向きな態度が必要であるばかりでなく、自律学習能力が不可欠となる。そして、それが生涯を通じて学習していく原動力となるのである。このように、自分が「できる／できない」という言語スキルだけの問題に限定するのではなく（一般のCAN-DOというとらえ方では、どうしてもスキル中心になってしまう傾向がある）、異文化コミュニケーションに全人的に取り組み、成功に導いていくことをめざす。

1.1.4 言語能力の尺度

CEFRの最大の特色は、尺度の普遍性にある。共通の基準を共有することによって、ヨーロッパの人々の移動と情報の交換が促進される。言語教育においては、それによって異なった資格間の比較ができるだけでなく、カリキュラムやシラバスなどの言語政策面において、また教材開発や指導法という実践面において、さらにはテストやポートフォリオ【第1章1.1.7】などの評価の分野において、共通の基盤を提供してくれるものとなる。

CEFRの「共通参照レベル」は、縦軸と横軸からなる。CEFRの基準として一番よく知られているのが、その縦軸をなす言語能力の尺度である。熟達度をA1~C2の6段階のレベルに分けている。ただし、レベルはシラバス上で必ずしも等間隔ではない。たとえば、B2-C1の距離はA1-A2よりも離れていると考えられる。CEFRの6つのレベルは、次のような表で示される。

表1：CEFRの6レベル

熟達した使用者	C2
	C1
自立した使用者	B2
	B1
基礎段階の使用者	A2
	A1

他方、横軸となる言語能力は伝統的には、聞く・話す・読む・書くという4技能で表されるが、CEFRでは次の表のような形で、3領域5技能でとらえる。

表2：CEFRの3領域5技能

理解	リスニング
	リーディング
スピーキング	オーラル・インタラクション
	口頭産出
ライティング	ライティング

ここでとくに注目すべきは、5つ目の技能としての「オーラル・インタラクション」(Oral Interaction：口頭でのやり取り）である。これが別建てになっているのは、「やり取り」はリスニングとスピーキングを合わせたものではないと考えるからである。つまり、リスニングでただ聞いて理解するだけ

とか、スピーキングとして自分が話すだけの技能というような孤立したとらえ方では、対人間で相手とキャッチボール式にやり取りするのに必要とされる技能をカバーすることができない。

もうひとつ言語技能で忘れてならない点は、たとえば「スピーキング」と言ってもどのような内容のことを話すのかという根本的な問題がある。日常会話と知的なスピーチは同質ではない。このことから、スピーキングと一口に言っても、多様な側面が含まれていることがわかる。CEFRは、そのような質的な側面にも注目する。たとえば、話しことばの質的側面として、「使用領域、正確さ、流暢さ、やり取り、一貫性」のそれぞれについて、A1~C2の尺度表が準備されている。このことは、言語能力をただ単に垂直次元（縦軸）のA1~C2という熟達度の伸びだけでとらえるのではなく、それと同時に、領域の広がりや話し方という水平次元（横軸）を合わせて、能力の中身をとらえようとしているのである。さまざまな質的側面にも配慮し、合計58の尺度を提示している。たとえば、話しことばの質的な側面として、「使用領域の幅」の能力記述を見ると、次のように表されている(吉島他 2004: 30-31)。

表3：使用領域の幅

A2：	覚えたいくつかの言い回しや…基本的な構文を使って、日常の単純な状況の中でなら、限られてはいるが情報を伝えることができる。
C1：	…一般的、学術、仕事、娯楽の幅広い話題について、言いたいことを制限せずに、適切な文体ではっきりと自分を表現できる。

このように、CEFRは言語運用能力をただ一面的、単線的に6段階でとらえているのではなく、広い角度からアプローチしていることがわかる。つまり、言語能力は渦巻き状にサイクリックな形で伸びていき、上級になるに従って質や幅も広がって行くととらえるのである。

1.1.5 行動中心のアプローチ

CEFRで最も脚光を浴びているのがCAN-DOで表されるディスクリプタ（descriptor: 能力記述文）である。すべてのレベルにおける能力が「〜できる」(can do ~) という形で表されている。このことから明らかになるのは、CEFRの考える言語能力は、言語に関する知識ではなく、言語使用にあることがわかる。つまり、単語や文法を知っていることを対象にするのではなく、それらをもとに何をすることができるのかという運用能力に焦点をあてるのである。言い換えれば、行動中心(action-based) であって、知識中心（knowledge-based）ではない。

この行動中心アプローチを具体的に表すのが、「〜できる」というディスクリプタである。たとえば、共通参照枠のA2とB1は次のように表されている（吉島他 2004: 25)。

表4：共通参照枠レベル

A2：	ごく基本的な個人的情報や家族情報、買い物、近所、仕事など、直接的関係がある領域に関する、よく使われる文や表現が理解できる。
B1：	仕事、学校、娯楽で普段出会うような身近な話題について、標準的な話し方であれば主要点を理解できる。

レベル間の違いを明確にするために、どのような話題、話し方で、何ができるのかに関して、それぞれのレベルの中身をできるだけ明示的に表そうとしている。それと同時に、普遍性を持たせるために、できるだけ一般的な表現で表していることもわかる。それによって、ディスクリプタとしてどの言語学習にも共通する指標となり、すべての人に誤解なく伝わり、共通理解が生まれるようにしてある。

1.1.6 学ぶ、教える、評価のため

CEFRのフルネームは“Common European Framework of Reference for Languages: Learning, teaching, assessment”である。通称「ヨーロッパ言語共通参照枠」、CEFRである。ここで注目したいのは、まずLanguagesと複数になっている点である。このことからわかるように、この枠組みがどの言語にも適用される。B1の力と言えば、どの言語であっても、何ができるのかは共通である。ドイツ語プロファイル・プロジェクトでは、いち早くCEFRにもとづいた*Profile Deutsch* (2005) が作成され、ディスクリプタだけでなく、言語材料、文法、テクスト、ストラテジーにわたりドイツ語教育・学習の指針となっている。また、日本語教育においても国際交流基金を中心に活発な取り組みが繰り広げられ、CEFRの枠組みを日本語教育に適用し、最新の成果として『JF日本語教育スタンダード 第2版』(2013) が世に出た。それによって、フランスであれ中国であれ、第二言語としての日本語教育に共通の基準を提供する。

もう1点重要なのは、副題の“Learning, teaching, assessment”からも明らかなように、評価のためだけでなく、指導のためでもあり、また学習のためでもある。それゆえ、CEFRの適用範囲は広範囲にわたり、能力の評価やテストのためだけではなく、教育政策においてはシラバス、カリキュラムの作成に役立ち、教師にとっては教材の作成や指導面に関わってくる。共通の基準を共有することにより、コースのレベル設定、教材の選択、授業の活動内容などにおいて、教師の協働を促すものとなる。また、学習者にとっては、具体的に自分の力をつかみ、目標が設定でき、学習計画が立てやすく、それを通して学習意欲の向上につながる。上の『JF日本語教育スタンダード 第2版』も熟達度を測る尺度となるだけでなく、第二言語としての日本語の教え方、学び方、学習成果の評価のしかたを考えるためのツールとなり、コースデザイン、教材開発、試験作成などにも活用できると謳われている。

この章の第2項で述べるヨーロッパの事例を見ても、CEFRがカリキュラム面から、指導面、学習面、そして評価面において幅広く活用されていることがわかろう。また、日本において、我々が開発した「ジャパン・スタンダード」(Japan Standards for Foreign Language Proficiency, based on CEFR: JS) が小学校、中学校、高等学校それぞれの段階でどのように利用されているのか、また利用できるのかについては、第3〜5章で具体的に示している。

1.1.7 ポートフォリオの役割

CEFRの利用法でとくに注目したいのは、「ヨーロッパ言語ポートフォリオ」(European Language Portfolio: ELP) としての活用である。ヨーロッパ評議会によって認証されたELPモデルは、今や75に上る。ポートフォリオとは、CEFRの共通尺度にもとづいて客観的に個人データを記録するためのもので、①「言語パスポート」(Language Passport)、②「言語学習記録」(Language Biography)、③「資料集」(Dossier) の3つからなる。①「言語パスポート」は、学習者が自分で自分の言語能

力を６段階に分けて自己評価するものである。また、②「言語学習記録」は、言語学習に関するその人の履歴書にあたる。さらに、③「資料集」というのは、言語学習の過程における自分の作品をフォルダーにためたものである。

ポートフォリオの広がりはその有用性が高いことの表れであり、学習者の記録と自立に役立つだけでなく、生涯学習にも貢献する。授業のふりかえりに活用することにより、学習者が自分の学習を見直す機会が生まれ、学習意欲が喚起されるという利点がある。授業の後、または１学期間の最後にまとめとして、「ふりかえり表」を使って生徒に自分の達成度を自己評価させたり、教師がそれによって生徒の進歩を確認し記録するという形で、広く利用されている。

また、生涯学習はCEFRの一つの大きなテーマであり、学習は学校教育で完結するのではなく、一生を通して続くものと見なされる。そのためには、学習者が勉強を強制されるのではなく、自律して学習に取り組む態度が育っていなければならない。その自律学習のためにも、CEFRの基準は自分の進歩を確認するのに役立ち、学習意欲を喚起するものとなる。

ELPはそのような教育的機能と同時に、報告的機能を持つ。つまり、公的試験による資格を補足するものとして、ELP所有者の具体的な言語経験、外国語の熟達度を示し、学校内外の言語学習を記録する。今や国境がなくなり、自由な移動が可能になったEU諸国において、共通の基準であるCEFRにもとづいた言語能力の記述には客観性があり、有益な資料を提供してくれるものとなる。

1.2 CEFRはどのように利用されているのか？

1.2.1 言語学習の目安となるCEFR6レベル

CEFRの6レベルは、A1からC2まで6段階である。基本は、初級、中級、上級という3段階で、伝統的なレベル分けに端を発しているシンプルな考えにもとづく。しかし、CEFR自体は複雑ですべてを理解するのは実はむずかしい(Cambridge ESOL, 2017)。中身は精緻に複雑に構成されているが、外身はシンプルで汎用性が高く分かりやすくというのがCEFRの特徴でもある。現在ヨーロッパでは、CEFRが目指した目標のとおり、言語がどの程度使えるのかという目安として使われ、ヨーロッパの安定とヨーロッパ市民の交流に貢献している。「英語はC1で、ドイツ語はA2です」などという学生の声をよく聞くようになった。CEFRだけでほぼ言語力が把握できる。

CEFRの理念はヨーロッパ評議会に加盟する47カ国（2022年3月ロシア脱退により現在46カ国）で浸透し、その半数の国がCEFRの6レベルを到達度目標として設定するようになった（Eurydice, 2017)。複言語主義、複文化主義、自律学習などの考えが定着し、ヨーロッパの多くの学校でコミュニケーション重視の授業が行われている。「読んで訳して、文法問題を解く」というスタイルは英語授業の場合確かに少なくなっている。総じて、コミュニケーション重視の言語学習が着実に実行されていると言えるだろう。たとえば、スウェーデンでは、CEFRに準拠するレベルを設定し、4技能を評価する外国語試験を実施している。フィンランドでは、CEFRに準拠するレベルを設定し、CEFRの理念をほぼ全面的にカリキュラムに盛り込んでいる。実質、CEFRは英語と強く結びついているが、ドイツ語やフランス語などの学習においても、CEFRは欠かせない存在になっている。

CEFRは理念である。推進する具体的な方法はELP（European Language Portfolio: ヨーロッパ言語ポートフォリオ）である。ELPは、学習者がELPにより自身の言語学習を管理し、ELPによりヨーロッパ各地で学習と仕事をスムーズに行えることを目標にしている。構想はよいが、実際には効果的に利用されているとは言えない現状がある。しかし、ELPなどの推進によって、CEFRが単にテストの尺度として利用されるだけではなく、教師や学習者のCEFR理解を促進させたことは間違いない。とくに、ELPのおかげで、教師や学習者がCEFRの理念と6レベルを理解できるのである。

CEFRの利用は英語学習だけを対象にしていないことが重要なポイントである。複言語主義の一環である「母語＋2言語」の政策は、各国のカリキュラムに大きな影響を与えている。ヨーロッパでの学習と仕事などの関係から、英語ともう一つの言語という多言語多文化への対応をCEFRは演出している。CEFRは、まさにヨーロッパ市民の言語意識と言語学習の目安となっているのである。

1.2.2 カリキュラム・教科書の基盤としてのCEFR

ヨーロッパの言語（教育）政策の基盤であるCEFRは、当然言語教育カリキュラムや教材などで利用されるようになっている。主要な利用は到達度目標の設定である。高校卒業程度でB1かB2程度を目標とする国が多い。到達目標を設定していない国でも、CEFRはカリキュラムや教科書に利用されるようになっている。

CEFRは単なる指導法ではなく、言語学習の大きなフレームワークである。ヨーロッパの言語の使用と学習に対する共通の考え方を示しているので、それは明確にはっきりと見えるものではない。CEFRがはっきりと見える主要な利用の一つは、言語の熟達度を示すレベルを記述し、CAN-DOを示すことである。CAN-DOは学習者の言語学習の進捗を確認する自己評価あるいは学習のふりかえりに利用されるのが一般的である。つまり、教科書のレベルを示すのにCEFRの6レベルが使われ、カリキュラムや教科書などのレベルをA1やB1などと設定し、自己評価としてCAN-DOなどを示し、ふりかえりを促すことで、自律した学習者を育てるというように利用する。

CEFRの理念は、着実にカリキュラムや教科書に反映されつつある。それは、外国語教師が到達度目標として設定されたレベルのディスクリプタを理解し、それを指導に反映させる必要があるという意味である。たとえば、フィンランドは、カリキュラムにCEFRをさらに細分化した9段階の尺度(language proficiency scale)を取り入れている。また、CEFRのイタリアの高校教科書（図1）では、CEFRのB1のCAN-DOが示されている。教師はそれを授業で利用する。

当然、外国語科目の教員養成や研修でもCEFRの理解は必須となっている。カリキュラムや教材開発、目標の設定、シラバス、授業案作成、評価などの際に、CEFRは参照すべきガイドラインして定着したと言えるだろう。CEFRは、着実にヨーロッパの言語教育の基盤となりつつある。

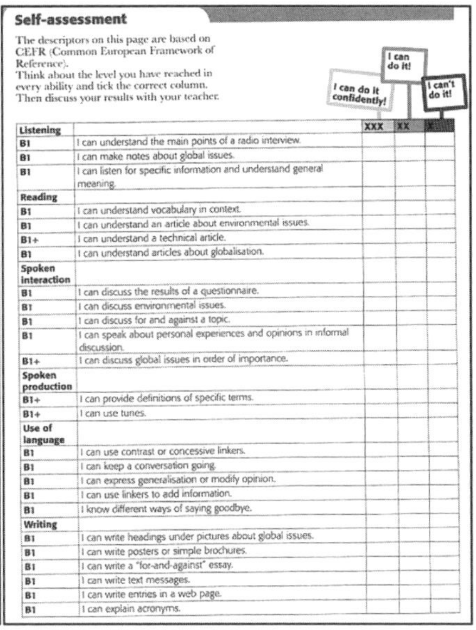
Self-assessment

The descriptors on this page are based on CEFR (Common European Framework of Reference).
Think about the level you have reached in every ability and tick the correct column.
Then discuss your results with your teacher.

I can do it confidently! / I can do it! / I can't do it!

Listening		XXX	XX	X
B1	I can understand the main points of a radio interview.			
B1	I can make notes about global issues.			
B1	I can listen for specific information and understand general meaning.			
Reading				
B1	I can understand vocabulary in context.			
B1	I can understand an article about environmental issues.			
B1+	I can understand a technical article.			
B1	I can understand articles about globalisation.			
Spoken interaction				
B1	I can discuss the results of a questionnaire.			
B1	I can discuss environmental issues.			
B1	I can discuss for and against a topic.			
B1	I can speak about personal experiences and opinions in informal discussion.			
B1+	I can discuss global issues in order of importance.			
Spoken production				
B1+	I can provide definitions of specific terms.			
B1+	I can use tunes.			
Use of language				
B1	I can use contrast or concessive linkers.			
B1	I can keep a conversation going.			
B1	I can express generalisation or modify opinion.			
B1	I can use linkers to add information.			
B1	I know different ways of saying goodbye.			
Writing				
B1	I can write headings under pictures about global issues.			
B1	I can write posters or simple brochures.			
B1	I can write a "for-and-against" essay.			
B1	I can write text messages.			
B1	I can write entries in a web page.			
B1	I can explain acronyms.			

図1：CEFRにもとづくイタリアの高校教科書

1.2.3　ヨーロッパから拡大するCEFRの利用（中国、韓国、台湾など）

CEFRはヨーロッパの言語（教育）の基盤として欠かせなくなっているが、その内容はとくに言語テストを通じて多くの国と地域に影響を与えている。CEFRの理念はヨーロッパのものである。北アメリカやオーストラリアなどではそれぞれ独自の言語政策を実施しているし、南アメリカ、アジア、アフリカなどの地域でも、もちろん言語文化が異なるので、CEFRはほぼ関係ない。しかし、言語テストは別である。

CEFRは、英語以外の言語教育、ドイツ語、フランス語、中国語、日本語などで関心を持たれて、早くからその利用が進んでいる。中国語や韓国語でもCEFRを参照した指導を打ち出している。最もよく利用されているのは、レベルの設定であり、CAN-DOである。日本語教育では、国際交流基金が「JF日本語教育スタンダード」を提供し、「みんなの『Can-do』」という自己学習を管理するツールを提案している。

しかし、やはり世界的には英語教育におけるCEFRの利用が盛んである。日本を含めた東アジア地域は早くから英語教育に関連して関心を持ち、CEFRを参照してきた。明確に初等中等の学校カリキュラムに取り入れたのは、中国と台湾である。中国では2003年に『普通高中英語課程標準(実験)』が出版され、CEFRを参考に9段階のレベルを示している。それをもとに、高校卒業までにB2相当の英語力を身につけることを学習者に求めている。台湾では、『国民中小学九年一貫課程綱要』が2003年から正式に公布され、小学校からの英語教育が加速化した。その綱要の中にCAN-DOを明確に示している。このように、到達度目標を明確にする傾向は、日本も含めて中国や台湾と同様に、多くの国で顕著となっている。韓国は、CEFR には言及していないが、関心を持って、英語学習重視の政策をとっている。この東アジアの傾向は、アジア全体に見られる早期英語教育の流れと同調していると言ってよいだろう。日本でも英語教育重視の姿勢はほぼ同じである。しかし、中国や台湾のようにトップダウンで政策的に遂行できていない。韓国と同様に、大学や高校で独自にCEFRを参照したCAN-DOを設定する動きが始まり、英語教育の到達度目標や評価として利用している。

東アジアでのCEFRの関心は、東アジアで共通した言語参照枠を作成しようという動きもあるが、実現する可能性は低いだろう。アジアでのCEFRの活用はやはり英語に特化する傾向にあり、結局は、英語力テストに関連したCEFRの利用となっている。CAN-DOは学習者が自己評価(ふりかえり)に利用する、あるいは、教師が授業で指導の際に利用することを想定しているが、どちらかと言えば、テストのレベル設定として活用されている。東アジア全体の伝統的な学習文化がこの背景にあるのかもしれない。

いずれにしても、CEFRは拡大し「European」という言葉は消える可能性がある。

1.2.4 教材作成とふりかえりに利用されるCEFR

CEFRの利用は、まずテストから始まったと言える。それぞれの言語テストの評価測定をCEFRの6レベルに参照することで、テストの信頼性を高め、また、CEFRの汎用性も広げることにもつながった。それにともない、CEFRのレベルに合わせた教材が作成されるようになってきた。さらに、その傾向は、英語だけではなく、ドイツ語、フランス語、スペイン語などのヨーロッパ言語でも顕著となったのである。

英語のテストでは、ケンブリッジ英検(Cambridge English Exams)が最も普及しているようだ。ケンブリッジ英検は、A1の下のレベル(JSではPre-A1相当)からC2までそれぞれのレベルのテストを設定している。たとえば、A2レベルのテストは、KET(Key English Test)として提供されている。当然そのテスト関連の教材(語彙、文法、技能など)は多く出版されるようになった。さらに、明確にCEFRのレベルについて言及しなくても、その影響を何らかの形で反映した教材は、2000年代後半より急速に増加したのである。

また、EUの政策を執行するヨーロッパ委員会(European Commission)の主導で押し進められたCLIL(Content and Language Integrated Learning)(内容言語統合型学習)は、初等中等教育を中心に、科目内容と言語を統合した学習として、1990年代半ばから実験的に始まり、2000年代後半からCEFRと結びつき、ヨーロッパ全体に広がっている。CEFRは科目を教える教師の言語能力の目安として利用されるようにもなっている。CLIL教材は、科目内容と言語の双方に焦点を当てるので、文法や語彙などの難易度に対する尺度を示す必要が出てきた。そのために、リーディングやリスニング教材にCEFRでレベルを示す教材が次々と登場している。

CEFRは、このように評価から教えることや学ぶことへと向かい、カリキュラムや教材で利用されるようになり、教員養成や研修でも欠かせない内容となっている。関連して、教師の省察（あるいは「ふりかえり」: reflection）には、CEFRの理念を反映した教師のCAN-DO、EPOSTL（The European Portfolio for Student Teachers of Languages: ヨーロッパ言語教育実習生のためのポートフォリオ）(Newby et al, 2007) が利用されるようになった。学習者には、CEFRの理念を反映したELP、学習者の自律した言語学習に対するふりかえりとしても利用されるポートフォリオ学習が提供されている。ELPについては後述するが、基本的には、授業などで、学習者が自分の言語学習を評価し、記録し、履歴を示すことを目標として利用が図られている。

ELPは、学習者の自律を促進するポートフォリオ学習であるが、教師が授業で利用することを前提としていることを忘れてはならない。言語パスポート（Language Passport）を利用し学習者が自分自身の目標を確認し、CAN-DOを利用して、「〜ができる」というリストを具体的に自分で作成し、自己評価しながら、学習を進める。つまり、学習をふりかえることにCEFRは利用されるようになっているのである。

1.2.5　自律学習を推進する指導法への利用

CEFRを利用した学習のふりかえりの最終的な目標は、自律学習の育成である。学校での教科科目としての外国語授業の時間数では到底足りないということを前提としている。学校での授業数が多いから外国語が使えるようになるというわけではないということは、ヨーロッパの各国のカリキュラムを見ても分かる。早期英語教育は加速しているが、小学校の早い時期から授業で英語を教えていなくても、英語力が高い国は存在する。その背景には、地理、言語、文化、歴史などさまざまな要因がある。

ヨーロッパは多言語多文化の地域であるが、EUの発展とともに人の移動が促進され、交流が容易になった。それとともに、言語は単に教養ではなく、必要に迫られた道具となった。互いの社会や文化を尊重し、折り合いをつけることも大切なこととなっている。複言語/複文化主義は当然の流れであり、それを普及することが急務となっているのは間違いない。CEFRは、その理念を推進するために、学習者の自律（learner autonomy）を前面に出し、ELPを推進しようとしているのである。

ELPは指導法ではないので、自律学習をどのように推進するかは、それぞれの工夫が必要である。CEFRは、コミュニケーション重視の言語指導であるCLT（Communicative Language Teaching）を基盤とする枠組なので、ラテン語を学ぶことは想定していない。現在使われている言語を必要に応じて使うためであり、語彙項目や文法項目を知識として教えることを目的としているわけではない。将来の学習や仕事で必要となる言語を学習するために、何をどう教えるかを考える必要がある。

CEFRの理念は、言語学習の動機づけにつながる。とくに、オーセンティックな教材の利用は自律学習を推進するだろう。また、その流れの中で、CLILも自律学習に大きくかかわる。オーセンティックな教材を利用することや、CLILを実践することでも、言語学習に対する柱となるのがCEFRの6レベルである。共通参照レベル(Common Reference Levels)の各表はその意味で重要で、学習者にとって自己評価表（Self-Assessment Grid）は、聞く(Listening)、読む(Reading)、話す（やりとり：Spoken interaction)、話す（発表：Spoken production)、書く(Writing)という5技能ごとにディスクリプタを示し、何をどう学習すればよいのかの指針となっている。

近年は、具体的な指導法が示されることが少ない時代である。文法訳読、オーラルメソッド、オーディオリンガリズムなどの指導法は、現在ではあまり評価されていないが、教師の実際の指導の中では適宜使われている。CEFRは、一つの型にはまった指導法に注目するのではなく、学習者中心の学習、学習目標の明確化を推奨している。基本はCLTであるが、それを理念として示した点に意義がある。状況に合わせたELPの中には、指導のアイディアを出しているものもある。いずれにしても、それらはすべて、複言語主義にもとづき、自律学習を促し、互いの文化理解に留意しているのである。

1.2.6 テスト・評価に定着したCEFR

CEFRはテスト利用ではすっかり定着したと言える。「CEFR＝テスト」というイメージになってしまったと言ってもよい。実際、CEFRの評価測定への利用マニュアル資料は公に提供されている(Relating Language Examinations to the CEFR. A Manual（CoE, 2009）参照)。それに基づいて、ALTE（The Association of Language Testers in Europe）が中心となり各種のヨーロッパ言語テストが実施されている。英語では次の2団体のテストがあり、表5に示すように、ヨーロッパでCEFRのレベルによりテスト問題が設定され、それぞれのレベルの認定試験として使われている。

表5：CEFRとヨーロッパの言語

CEFR	Cambridge English Language Assessment	Trinity College London
Pre-A1	Starters (YLE Starters)	GESE (Graded Exams in Spoken English) Grade 1
A1	Movers (YLE Movers)	GESE Grade 2 Skills for Life Entry 1
A2	Flyers (YLE Flyers) Key (KET) Key (KET) for Schools	GESE Grades 3 & 4 ISE (Integrated Skills in English) 0 Skills for Life Entry 2
B1	Preliminary (PET) Preliminary (PET) for Schools	GESE Grades 5 & 6 ISE 1 Skills for Life Entry 3
B2	First (FCE) First (FCE) for Schools	GESE Grades 7, 8 & 9 ISE 2 Skills for Life Level 1
C1	Advanced (CAE)	GESE Grades 10 & 11 ISE 3 Skills for Life Level 2
C2	Proficiency (CPE)	GESE Grade 12 ISE 4

ヨーロッパだけではなく、CEFRはその登場以来、言語テストにおいては世界中に影響を与える存在となったことは事実である。大学の外国語関連の教師養成課程などでB2やC1以上の言語力を

要求することが多くなっている。その場合の認定は上記のテストに準ずるかたちが当たり前のようになってきている。その点から、CEFRはまさにテストによる評価として定着したと言えるだろう。日本では、TOEFLやTOEICのスコアが有効であるが、次第にIELTSなどの受験者も多くなり、英検と上智大学とで協同開発したTEAP (Test of English for Academic Purposes)は、CEFRの6レベルのA2, B1, B2をバンドとして表示して、4技能を測定し、ほぼCEFRに準拠する試験として大学入試の英語試験に代わる利用が計画されている。

学習、教授、評価は、互いに連携するので、CEFRがテストの評価基準として使われることは当然であろう。しかし、問題は、CEFRがテストのバンドあるいはベンチマークであるかのように誤解される点である。

1.2.7 CEFRの実践としてのELPの利用

CEFRがテストとして利用される実態があったとしても、CEFRの基本は、学習者中心の学習を推進することであり、その目的のために、教師は教え、評価に利用することが大切である。言い方を換えれば、学習者が自分の学びを実践し、学びをふりかえり、より高い次元の学びに変えていくプロセスを重視することである。CEFRは、結局、省察的学習(reflective learning)を言語学習に求めているとも言える。

CEFRの理念を具現化する実践的省察的なアイディアがELPには詰まっている。ELPはポートフォリオ学習の一形態であるが、ヨーロッパ全体の学習と仕事に密接に関連した言語学習の基盤を構成している。ELPは、言語履歴(language biography)、言語パスポート(language passport)、資料集(dossier)の3つの内容から構成され、学習者が自分の言語学習の履歴をふりかえり、言語力のレベルを理解し、それを実際の学習資料や証明するものなどとともに、言語を使って何ができるのかを示すメタ言語学習を支援するツールである。

しかし、ELPは実際どのように学校現場で利用されているのだろうか。筆者が知る限りでは、ELPは肯定的に多くのヨーロッパの国で受け入れられているが、ELPを使った実際の活動はあまり見たことがない。生徒のポートフォリオとしてのふりかえりの記録や作品などはよく見るが、学習者が意識的にELPを利用している例は知らない。ほとんどが、授業で参考にしているという教師の事例である。ELPは、ヨーロッパ市民が自分の言語力や履歴を示す目的で考えられたポートフォリオであるが、実際どの程度それが機能しているのかは多少疑問が残る。

それでも、ELPはCEFR実践の基盤であることには間違いない。CEFRをテストに利用するだけではなく、本来の言語学習や言語指導に活用するにはELPを推進することが大切である。ヨーロッパの外国語教師の多くはELPのコンセプトには肯定的であるが、実際、授業で学習者にELPを利用するように促すことはそれほど簡単ではないようだ。というのは、自分の言語力をCAN-DOを利用しながら自己評価し、自分がその言語で何ができるのかを理解するには、実際にその場面に遭遇することが必要である。また、目標言語を使った活動としては、本を読む、エッセイを書く、発表をする、何か作品を作るなどがあるが、それらを保存し、それを示す機会がどれほどあるかは疑問である。大学入学、就職などでは、確かにCEFRのレベルを示すことも多くなっているが、結局テストの成績が中心である。資料などもELPとしてまとめるよりも履歴書としてまとめることになり、言語だけに特化できない可能性があるのではなかろうか。

1.2.8 CEFRと関連しながら広がるCLIL

CLILは、「内容言語統合型学習」と日本語で訳され、「クリル」と発音され、ヨーロッパを中心に定着している教育である。筆者は、「科目内容とことばを統合した学習」の総称と日本語で説明している。というのは、CLILは政策的に作られ広められた面があり、ヨーロッパでもCLIL自体の存在は認めるけれども、バイリンガル教育や言語イマーション（language immersion）などとほぼ同じ意味で使っている人も多く、また、内容重視の指導（content-based instruction）とも共通するアプローチがたくさんあるからである。たとえば、フランス語では、EMILE – Enseignement d'une Matière par l'Intégration d'une Langue Etrangère（外国語を統合して内容を教えること）と呼んでいるように、各教育状況に応じて、CLILは多様なかたちで展開している。その意味で日本語できちんとした訳語を当てるより、CLILと呼び、学習の一形態として説明を添えるほうがよいと考えられる。

近年、CLILはCEFRの動きと連動して急速に発展し、いくつかの異なるアプローチが展開している。比較的共有されているのは、CLILは教育的アプローチであり、「4つのC（4C's）」(Coyle, 1999）と呼ばれる原理に留意して学習するという考え方である。

表6：CLILの原理「4つのC（4C's）」(Coyle, 1999)

Content（科目・内容）	学ぶ対象となる知識内容（理科、歴史など）
Communication（コミュニケーション・言語）	英語などの言語の知識と技能など
Cognition（認知・思考）	思考力、学習力、記憶力など
Culture（文化間意識・気づき）	自分や他者の理解、社会文化の相互理解など

この4つの原理は互いに関連し、状況により複雑な学習が展開される。CLIL自体は言語的にはCLTを基盤にしているので、当然、CEFRの理念も重なるわけである。結局のところ、CEFRのディスクリプタは4つのCに関連しているということになる。

CLILは、CEFRという言語教育政策と関連してヨーロッパの状況で機能している。ヨーロッパの状況を見ると、CEFRを具現化するためには、ELPだけではうまくいかないので、CLILが必要だということが理解できる。CEFRがヨーロッパ市民に求める、学習者の自律、複言語主義、複文化主義（文化理解と互いを理解する力）などを推進し、ヨーロッパ市民のEUにおける学習と仕事において移動を促進するという目的のために、CLILは最も実効性のある教育的アプローチとなっているようだ。他の地域でCLILを実施する場合は、ヨーロッパのCLILとは必然的に違ってくるだろう。CLILもCEFRも導入する際は、やはり状況に応じて工夫する必要がある。

CLILのヨーロッパにおける広がりはCEFRと同調している。CEFRは言語（教育）政策であるが、CLILは教育的アプローチである。この二つのプロジェクトを支援したのが、EUの政策執行機関であるヨーロッパ委員会とヨーロッパ評議会である。CLILは1994年にDavid Marshなどが推進し広まった。フィンランドやスウェーデンなどヨーロッパの各地で試験的に始められたが、しばらくすると下火になった。しかし、政策的にも学術的にもその関心は広がっていった。2001年にCEFRが公表されたことをきっかけとして、ヨーロッパ全体でCLILは着実に浸透していった。とくに、スペインでは早期英語教育を中心として急速に発展したと考えられる。2015/16年の時点で図2のようにヨーロッパ全体に広がっている。

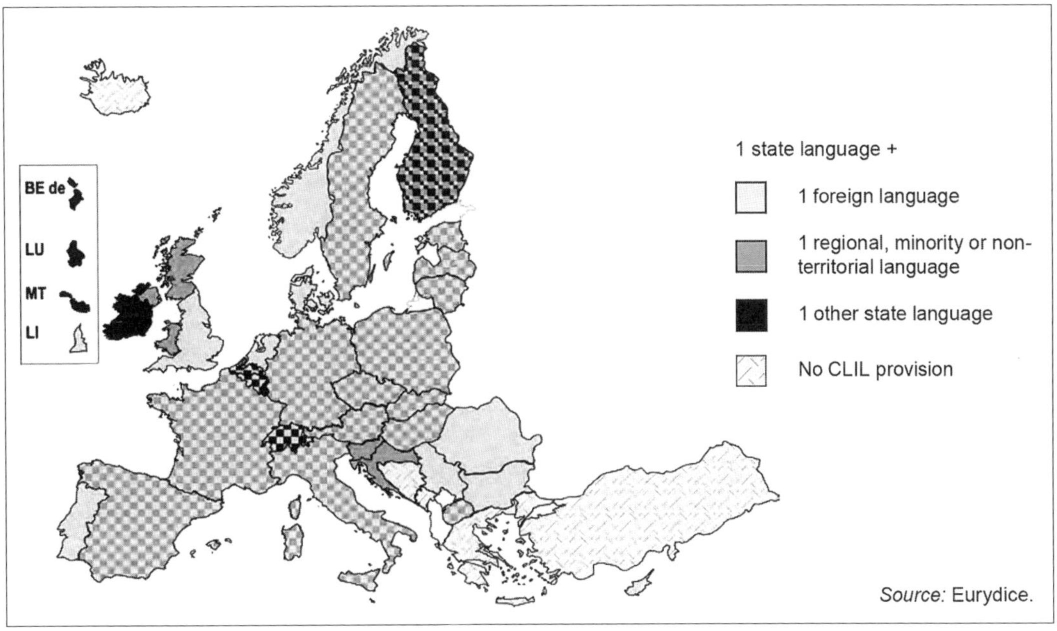

図2：CLILのヨーロッパにおける広がり（Eurydice, 2017, p.56）

CLILの学校教育への広がりは、指導する教師についても見ておく必要がある。CLILにかかわるのは言語と科目の教師であり、両方を統合して教える。中等教育では、科目を教える教師が、言語力とCLILの言語指導にかかわる知識と技能の研修を受けることで、CLIL教師となるケースが多い。言語教師に関しては、科目内容に関する知識と技能をどのように言語指導に生かすかを工夫することが重要になる。その際に言語力指導の面で利用されるのがCEFRの6レベルである。ヨーロッパ全体では言語指導に関する教師の言語力の目安は、B2あるいはC1以上とされている。言語指導に関してはCLTに基づくので、CEFRの理念の理解が基本となるからである。このように、CLILはCEFRと連動して発展し、ある意味でCEFRの牽引力ともなっている。

1.2.9 CEFRのもう一つの目標：文化間コミュニケーション能力

CEFRが共通参照レベルのディスクリプタとして示そうとしてできなかったのが、ICC (Intercultural Communicative Competence：文化間コミュニケーション能力) (Byram, 1997)に関連した内容である。ICCは複文化主義 (plurilingualism) と関連するが多少異なる。次のBeacco et al. (2010: p.16) の説明が分かりやすいので引用する。

> Pluriculturalism – identification with two (or more) social groups and their cultures – and interculturality – the competences for critical awareness of other cultures – may complement each other: active discovery of one or more other cultures may help learners to develop intercultural competence.（複文化主義《2つ（あるいはそれ以上）の社会集団や文化への帰属意識》とインターカルチャー《多文化への批判的意識の能力》は、互いに補完しあう：一つあるいはそれ以上の他の文化の積極的な発見は、学習者が文化間能力を伸長するのに役立つだろう。）

CEFRは、言語だけではなく、ヨーロッパの中で多様な互いの文化を共有しながら暮らしていくためのコミュニケーション能力の育成を一つの柱としている。Byram(1997)は、文化に対する意識と自分や他者の理解を促進するICCは、文化に対する寛容な態度（attitudes)、自他双方の文化とそのやりとりの過程の知識（knowledge)、文化を扱う技能（skills)、批判的文化意識（critical cultural awareness）などから構成される能力であるとしている。CEFRは、コミュニケーションを円滑に図るためには言語と文化の両面の能力が必要であるとして、ELPでその育成を図ろうとしている。

ELPもCLILも、ICCの育成に重点を置いている。CEFRの構想が第２次世界大戦後すぐに始まっていることからもそのことがよく分かる。以来、ヨーロッパ評議会は、ヨーロッパに民主主義を普及し、平和と安定を図り、域内の移動の促進を進めている。現在、多くの問題を抱えながらも、EUの統合から人の行き来は盛んになった。さまざまな分野で、英語が中心になりながらもそれぞれの言語を尊重し、「母語＋２言語」の政策を進めている。文化に関しては、自分自身の文化とそれに相対する文化という考え方を基本にしている。つまり、その場その場の状況に応じて対応できる力が求められているとともに、社会文化的な総合的な能力の育成が要求されている。CEFRの究極の目標はICCの育成にあると言っても過言でない。

1.3 CEFRの問題点とJSでの対処

1.3.1 行動中心アプローチ

CEFRは行動中心アプローチをとり、ディスクリプタ（能力記述文）はすべて「〜できる」(can do ~) という形で示されている。つまり、それを使って実際に何ができるのかに焦点がある。そのため、知識中心の日本の英語教育には合わない。「三単現のsを正しく使うことができる」というような知識を問題にするのではない。日本のようなEFL (English as a Foreign Language) 環境では英語を実際に使うことがないので、たとえば「簡単な電話をかけることができる」と言っても、かけたことがないのでわからない。せいぜい「簡単な電話ならかけることができると思う」ということにしかならない。

また、「〜できる」と言っても、ただ単語を並べて何とか間に合わせることができるレベルから、効果的かつ流暢にやりこなすことができるレベルまである。このような質的な違いはどのように取り込むことができるのであろうか【この点に関しては1.3.3で詳しく議論する】。

逆に、日本の英語教育から見た場合、「知っていること」の持つ教育的価値を評価する必要はないのであろうか。「知っていること」が必ずしも「できること」にはならないかもしれないが、「知ること」が「できること」につながり、EFL環境では、できるためにはやはり知っていなければならない。それに対して、ヨーロッパの社会的環境では実践的なニーズが高いので、使えなければ意味がないと考える傾向が強く、その結果、実際に使うことのできる力が評価の対象となる。OECDのPISAテスト[4)]を見ても、社会に出て活用できる能力が重視されている。このような能力のとらえ方が世界基準であるとすると、日本の英語教育もそれを受け入れ、使える英語力をめざすよう方向転換する必要が出てこよう。それがグローバル社会で生きのびるための日本の使命にもなろう。

我々が開発した「ジャパン・スタンダード」(略称JS) は、CEFRに準拠した日本の基準となることをめざす。さまざまな英語教育の活動が、このJSを基準として展開されることを期待する。JSは包括的で一貫性があるので、すべての段階に共通して適用できる。学習指導要領ではどうしても学年、学校段階という制約がある。しかし、現実には、大学生よりも秀でている高校生がいたり、逆に、大学生でも中学レベルの文法さえもわからない者がいたりすることも今日では珍しくない。つまり、多様化する学生の英語力を語るとき、「履修主義」を脱皮して「習得主義」を採用しなければ意味がなくなってきている。JSは学年枠を超え、英検２級とかTOEIC730点というような日本的な尺度を超えるので、その通用価値は国際的に広がり、世界の共通基準と等しくなる。このような意味において、JSの導入は日本の英語教育の発想を根本から変え、その実態を改善する起爆剤になるのではなかろうか。

1.3.2 6段階のレベル分け

CEFRでは、熟達度レベルがA1~C2の６段階に分けられている。しかし、この６段階では目盛りが粗すぎて、日本の学校段階を考えたときには弁別力を欠く。中学校３年間はすべてA1、高校３年

---

4) PISAテストはOECDが行う国際的な学習到達度調査で、15-16才の生徒（日本では高校１年生）を対象に読解力、数学的リテラシー、科学的リテラシーを測る。このテストの特徴は知識の量だけではなく、知識や技能を実生活場面で直面する課題にどれだけ活用できるのかを評価する点にある。

間はすべてA2というようなことになってしまい、評価の弁別力に欠ける。また、学習者の立場からすると、いつまでもA1で自分の伸びが確認できないため、学習意欲を喚起することにつながらない。

そこでJSでは、フィンランドを参考に計12段階にした。フィンランドの*National Core Currriculum* (2004) を参考に、とくに中学・高校に対応するレベルに関して、A1は3つに、A2、B1、B2はそれぞれ2つに細分化した。B2までに集中したのは、ヨーロッパにおいてもB2が中等学校卒業時までに達成すべき目標とされるからである。その上のCのレベルは、その後の大人の上級レベルになる。

2011年から小学校に外国語活動として英語が導入された。ところが、CEFRの一番下のA1でも、日本の小学校レベルの能力や活動を十分に反映することができない。そのため、JSではA1の下にPre-A1というレベルを設け、早期英語教育に広く役立つものとした【詳しくは1.3.4を参照のこと】。

JSは日本の英語教育の実態に合うようこれら合計12のレベルを設定した。つまり、日本の学校教育制度の中で弁別力をもち、現場で使いやすく役に立つものをめざしたのである。しかしながら、基本的にはCEFRの6段階の尺度を基盤に、日本の現場での使い勝手を考えて細分化したのであり、CEFRに準拠した基準であることに変わりはない【JSは日本の学校段階とは独立した基準ではあるが、現場での便宜のために、一般的にJSが日本の学校段階とどのように対応するのかについて、第2章2.2.6で「JSの推定する学年対応モデル」として一つのモデルを示している】。

1.3.3 ディスクリプタ（能力記述文）のCAN-DO表記

CEFRの最大の特色は、尺度の普遍性にある。そのおかげで、いろいろ違ったテストや資格の間の比較ができ、シラバス、カリキュラム、試験、教材において統一の基準を提供するものとなる。英検2級とかTOEIC730点と言っても、日本を一歩出ると通用価値を持たなくなってしまう。それに対してCEFRは世界基準として、共通の物差しの働きをする。どの国であろうとも、またどのテストであろうとも、さらにはどの言語であろうとも、"B1"と言えば何ができるのか、共通の理解が生まれる。

ところが、普遍性を追求したために、逆にディスクリプタが抽象的で一般的な表現にならざるをえなかった。そのため、あいまいで具体的にとらえることが難しく、どうも使い勝手が悪い。たとえば、「〜を伝えることができる」と言っても、単語だけでぞんざいに言っても一応伝わるが、それに対して格調高い表現でていねいに伝えるのとでは質的に大きく異なる。ところが、CEFRのディスクリプタの記述では、そのあたりが具体的にどのような英語表現になるのか特定することが難しい。

この問題を解決し、現場の供用に立ちやすくするために、JSではそれぞれの能力記述文に対応する言語材料（語彙、文法、表現）を流し込んで、具体的にとらえることができるようにした。フィンランドの教科書 *English Profile* (2012)、*A Core Inventory* (2010)や*Cambridge Young Learners English Tests* (2007) の*Starters, Movers, Flyers*[5]などを参考に、言語材料を具体的に語彙、文法、

---

5) 年少の学習者を対象に開発されたケンブリッジ・テストで、3つのレベルに分けられる。初級が*Starters*でCEFRではA1の下に来る（我々のPre-A1に相当)。その上の*Movers*がA1に相当し、*Flyers*はA2に対応する。

表現によって明示することにした【具体例については、巻末の「付録」を参照のこと】。これによって、抽象的なディスクリプタも、具体的にどのような単語と構文を使った表現をさすのか、はっきりととらえることができる。

文科省は「国際共通語としての英語力向上のための５つの提言と具体的施策」の中で、「中・高等学校は、学習到達目標を『CAN-DOリスト』の形で設定・公表する」ことを求めている。それにより、学習指導要領の内容をふまえた指導方法・評価方法の工夫・改善がなされることを期待している。しかしながら、各学校でただ「〜できる」という形のCAN-DOリストを手作りしても、共通参照枠の基準としてCEFRとの関連性は確保できない。とりわけ、「２,000語レベルの単語がわかる」とか「to不定詞の副詞的用法を使うことができる」というようなディスクリプタでは、CEFRの趣旨を正しくとらえているとは言えない。あくまでも、知識中心ではなく、行動中心アプローチの能力記述でなければならない。そこに、このJSの利用価値が生まれてくる。JSは世界基準のCEFRに準拠したものであるので、それぞれの学校の現状に合わせてCAN-DOリストを作る場合も、まず確固たる基準としてのJSに沿ってレベルを特定した上で、JSに示されたディスクリプタを下敷きにして現場に合うようなCAN-DO記述を作ればよい【詳しくは第３章3.3「JSディスクリプタにもとづいた具体的なCAN-DOの作成」を参照】。その際、とくにJSのディスクリプタが含む４つの要素に注意を払っていただきたい。つまり、CAN-DO記述に「条件＋話題・場面＋対象＋行動」の要素を盛り込み、実際にどのような能力をさすのか明確にすることが大切になる。JSはこの４要素を明示することによって、できるだけ包括的で客観的な能力記述にしたので、現場で広く活用できるのではないかと期待している【詳しくは第２章2.2.3「JSディスクリプタの４要素」を参照】。

1.3.4　子どものレベル

CEFRのディスクリプタは、もともと中学・高校以上の成人学習者のニーズをもとに開発されたものである。そのため、子どもにどれだけ適用できるのか疑問が投げかけられる。とりわけ、Cレベルの記述を見るとどう見ても知的内容が大人対象のもので、子どもにはあてはまらない。現行の大人用のCAN-DO記述の内容では子どもの言語発達に対応できず、2011年から始まった小学校外国語活動などへの適用が難しい。そこで、子どもの力を正しく見極め差別化するためには、A1の下にもう一つ入門レベルを設ける必要が出てくる。JSではこのレベルを「Pre-A1」とした（JF日本語教育スタンダードの「0レベル」にあたる）。たとえば、ヨーロッパの言語では文字表記にアルファベットが用いられるのでアルファベットの習得は問題にならないが、日本の子どもの英語学習においてはひとつの大きなハードルとなる。「アルファベットをきちんと言うことができる」とか、「a,b,cを読むことができる」というような能力を反映したディスクリプタが求められる。これと同じことは、発音にもあてはまる。たとえば、/l/と/r/の発音の区別に関して、母語にその区別がある場合には問題にはならないが、日本人学習者の場合には特別な注意を払う必要があり、それができるようになることは一つの達成として評価してやらなければならない。このような形で、JSは日本固有の問題に配慮し、日本の英語教育のコンテクストで関連性の高いものをめざしている【このPre-A1に関しては、第６章で小学校レベルに焦点をあてて、具体的に詳述する】。

JSでのこのような取り組みは、世界基準としてのCEFRに変更を加えるものではなく、それに準拠した上で日本的な味付けをするのみである。日本的な味付けをする必要が出てくるのは、語彙の選択においても認められる。子どものレベルで、*Cambridge Young Learners English Tests* (2007)

にリストアップされた語彙項目を見ると、日本のEFLの状況とは必ずしも合致しない単語が含まれている。たとえば、*Starters*にfly (n.) が登場しているが、これは自然な第二言語獲得状況だからであろうと推定され、外国語として学習する日本のコンテクストではずっと後になろう。また、スポーツでかなり早い時期にcricketが導入されているが、文化的ななじみの違いから日本ではbaseballまたはsoccerで置き換えるのが適当となろう。

1.3.5 日本人上級者のかかえる問題

日本的な味付けに関してもう1点、大人の上級レベルにおいても日本文化の特性に配慮する必要が出てくる。と言うのは、国際ビジネスパーソンの「仕事力」を考えるとき、言語能力（とくに狭い意味でのスキル）だけではとらえることができない。TOEICで高得点をとる日本のビジネスパーソンでも、仕事での交渉になると苦労することが多いからである（寺内 2008）。これは、ビジネスの交渉に必要とされる自己主張や議論が、日本社会ではそれほど重視されていないという文化的な素地に根ざしている。そのため、CEFRで「オーラル・インタラクション」を5つ目の技能として別建てにしていることに特別な注意を払う必要がある。ビジネス交渉場面では、言語面での知識やスキルに加えて、「言語使用に関わる一般的な能力」【第1章1.3節参照】で取り上げられている社会言語的能力や方略的能力、さらには教養や人格なども総動員されることになる。

たとえば、TOEICで800点とれても、海外に出て仕事がうまくできないのはどうしてであろうか。このことは、本質的な問題として、言語テストで測ることができるものには限界があることを示している。この問題を克服しようとして、CEFRは行動中心アプローチをとる。行動中心アプローチでは、言語能力に加えて仕事力の側面にも注意を払い、それをディスクリプタに取り込もうとしている。この側面に焦点をあてたのが「一般的能力」の項目である。その具体的な例として、「4.4.3 相互行為活動」において、「目的達成のための共同作業」や「製品やサービスを売るための取引」の表を見てみよう。次に示すように、この能力記述を見ると、仕事力を正にそのようなインタラクティブな社会言語学的な能力としてとらえていることがわかる（吉島他 2004: 83）。

表7：目的達成のための共同作業

B2：	他人に仲間に入るように誘ったり、意見を述べるように促したりすることによって、作業を先に進めることに貢献できる。原因や結果を推測し、異なるアプローチの利点と不利な点を比較考量しながら、論点や問題の概略をはっきりと述べることができる。

この問題を掘り下げていくと、文化の問題に到達する。つまり、これは言語の問題、個人の問題にとどまらず、その原因が日本文化の中に根ざしていると考えられるからである。つまり、小さいころから家庭でも学校でもディベート的な素地がなく、社会的にも強い自己主張や理屈っぽい議論が嫌われる文化で育つと、当然の結果として、英語力があっても議論や交渉ごとにはどうしても弱いという傾向にならざるをえない。そこには文化的な壁が潜んでおり、言語のスキル面ではC1であっても、5つ目の技能「やり取り」の方略になると同じレベルで機能できないのが日本人の英語力プロフィールの特徴となる。それゆえ、西洋文化では問題にならないことであっても、日本の教育コンテクストではその特有の文化的な背景に配慮する必要が出てくる。

JSにもとづいた英語教育を展開する中で、複言語主義にのっとった第二言語能力を育成しながら、その中で文化的な行動様式や価値観も国際的に通用するものを身につけさせたい。それは、複言語に加えて複文化的な（pluricultural）日本人、つまり、しっかりとした日本語・日本文化に根ざした上で、必要に応じて言語・文化を切り替えることができるようなグローバル人材の育成に他ならない。

CEFR

第2章 CEFRに準拠したJS:ジャパン・スタンダードとは

2.1 JSの導入の経緯と概要

2.1.1 日本型CEFRをめざして

世界では、さまざまな分野でグローバル化が急速に進展している。日本のグローバル人材育成に関する2011年以降発表の産学官の諸事業・施策において、グローバル人材となりうる日本人が備えるべき資質のひとつに「語学力とコミュニケーション能力」が謳われてきている。とりわけ「英語コミュニケーション能力」が重要であることは言うまでもない。英語教育については、文部科学省より2011年7月に発表の「国際共通語としての英語力向上のための5つの提言と具体的施策」の中で、「中・高等学校は学習到達目標を『CAN-DOリスト』の形で設定・公表するとともに、その達成状況を把握する」ことが推奨された。それに続き、2013年3月に「各中・高等学校の外国語教育における『CAN-DOリスト』の形での学習到達目標設定のための手引き」が発行された。さらに同年12月には「グローバル化に対応した英語教育改革実施計画」の中で、「国が小・中・高を通じて一貫した学習到達目標（CAN-DOリスト）を設定する」と公表されている[1]。当時日本の英語教育は、この『CAN-DOリスト』をめぐって大きな転換期にさしかかろうとしていた。

では、この『CAN-DOリスト』とは何であろうか。もともとはCEFRで用いられている到達目標の標記方法のことで、「当該言語を使って何ができるか」という現実的な言語運用能力を行動中心（action-based）の具体的記述によりリストにした一覧表である。『CAN-DOリスト』の導入にあたっては、その形式をなぞらえるだけでなく、CEFRの理念やその背景をふまえておくことが重要である。CEFRは、2001年に欧州評議会（Council of Europe）により公表された。その背景には、ヨーロッパ市民の誰もが複数の言語を駆使し、相互に意思疎通ができるという「複言語主義」（plurilingualism）の理念があり、CEFRは平和共存をめざすヨーロッパ社会の言語教育・学習における基準を共通化することを目的に策定されたのである。その「共通参照枠レベル」（common reference levels）の言語運用能力尺度の汎用性から、CEFRの影響力はその後ヨーロッパEU諸国からアジア諸国に至るまで広がり、今日では言語教育の世界基準になっている。

そのような国際的動向が見え始めた2004年当時に、外国語教育におけるCEFRの影響にいち早く着目し研究対象にしたのが、小池生夫氏が代表となった科学研究費基盤研究（A）「第二言語習得研究を基盤とする小、中、高、大の連携をはかる英語教育の先導的基礎研究」（課題番号：16202010、2004年～2007年、通称「小池科研」）であった。この科研では、CEFRを日本の英語教育の文脈に

1）それから約4年が経つなかで、2017年当時、ほとんどの都道府県の各自治体教育委員会、各中・高等学校でのCAN-DOリスト作成が完成してきていた。また2016年8月当時、文部科学省が進めていた学習指導要領の改訂では、小・中・高等学校を通じた国の「指標形式の目標」が提示されようとしていた。

応用したオールジャパン的な先駆的研究であるCEFRjapan構想を打ち出したのである(小池, 2008)。CEFRjapanは、国際的に活躍するビジネスマンに必要な英語力を到達基準として、まず大学生の到達目標を設定し、そこから、高校、中学校、小学校の到達目標を逆算的に設定し、各目標に対応する教授法、学習方法、教材、異文化対応力を開発することを目標とした言語教育政策構想である(小池, 2008; 寺内, 2010)。この構想の実現のために、まずは日本人の英語力到達指標の実態把握を目的とした基礎調査として、SEL-Hi, 中高一貫教育校、大学英語教育COE、小学校英語教育の研究開発校、教育特区指定校などでの大規模調査や、企業が求める英語力調査、教科書の国際比較、英語の習得過程に関する調査が行われた。

その中でも、当時CEF班と称したCEFRjapan作成チーム(岡秀夫リーダー(当時東京大学)、メンバーに笹島茂(当時埼玉医科大学)、川成美香(明海大学)他)は、学校教育での学年や学習指導要領などの枠を超えて、英語コミュニケーション能力を図る国際的な尺度が必要であるとの認識に立ち、さらに汎用性の高いCEFRが世界の外国語教育において革新的なモデルであると判断し、その基軸をとり入れた日本版CEFRjapanの試案を作成した(小池、2006, 2008)。このため、CEFRの基本的な理解のために、Council of Europe, European Commission, フィンランド教育省、英国Cambridge University ESOLなどの協力を得て、その試案を裏付けるための根拠を求めてさまざまな調査を行ったのである。このCEFRjapanの試案が、本書で提示する「JS:ジャパン・スタンダード」のプロトタイプである。

筆者らはその後、「日本型CEFR」をめざして、やり残した仕事を発展的研究として推し進めるために、2010年に川成科研として新しいプロジェクトをスタートさせた。科学研究費基盤研究(B):研究課題「外国語コミュニケーション能力育成のための日本型CEFRの開発と妥当性の検証」(課題番号:22320108, 2010年〜2012年)である。その中心は、CEFRに準拠した、研究課題名にある「日本型CEFR」の開発である。筆者らはこれを、「外国語(とくに英語)運用能力に関するJS:ジャパン・スタンダード(Japan Standards for Foreign Language Proficiency, based on CEFR)」と称し、新しいかたちの英語の学習到達基準を策定・検証すべく「JSプロジェクト」として推し進めてきたのである。JSプロジェクトの最大の特徴は2つある。1つには、JSは世界基準であるCEFRに準拠していること。2つめは、JSプロジェクトを学校現場の教師とタイアップして進めたことにある。すなわち、JSの英語学習到達目標であるCAN-DOリストは、筆者らCEFR研究者の知識と現場教師のノウハウを結集して策定されたものである。さらにそのCAN-DOリストの使い勝手をよくするために、JSでは「言語材料参照表」も作成して明示した。どちらも子どものレベルから大人のレベルに対応するものとなっている。そしてJSプロジェクトでは、到達目標としてのCAN-DOリストや「言語材料参照表」の策定にとどまらず、そのJS:CAN-DOリストを、実際に高等学校や小学校の教育現場において活用した実践事例を積み上げてきている。この成果は、各学校現場が文部科学省の『手引き』を参照し、各学校バージョンの『CAN-DOリスト』を作成して、それを授業実践に取りいれる際の一助になるものと考え今日に至る。

2.1.2 JSはCEFR準拠、そしてフィンランドをモデルに

JS:ジャパン・スタンダードは、世界基準であるCEFRに準拠した英語の学習到達指標である。すなわちJSは、CEFRのA1〜C2の6段階にレベル分けされた言語能力尺度を基盤として、その世界基準との整合性を採りつつも日本の社会文化的なコンテクストに適合するよう策定されている。CEFRをそのまま直輸入はせずに日本へ文脈化するためには、日本独自のEFLコンテクストを考慮

しなければならない。また、「CEFR準拠」の意味するところは、CEFRの根幹をなす6レベルの全体尺度（global scale）の絶対値を変えないということである。たとえばB1は、自立した言語使用者の第一段階として“Can understand the main points of clear standard input on familiar maters regularly encountered in work, school, leisure, etc.”という能力記述となっている。B1レベルとは、いかなる言語においても「仕事、学校、娯楽でふだん出会うような身近な話題について、標準的な話し方であれば主要点を理解できる」という能力レベルであり、このような言語運用の絶対的な指標を示しているのが全体尺度なのである。したがってJSのディスクリプタには、行動中心（action-oriented）の言語運用能力が「CAN-DOリスト」のかたちで記述され、各レベルのもつ「言語を使って何かができる」ことの絶対値はCEFRの世界基準との整合性がとられている。

この実現のために、JSは、CEFRに基づいたフィンランドのNational Core Curricula (2004) のLanguage Proficiency Scale (LPS) と、Cambridge ESOLの*Cambridge Young Learners English Tests* (2007) をもとに作成したプロトタイプ（小池、2008）を踏襲し、それを質的手法により精緻化して、「CAN-DOディスクリプタ」と「言語材料参照表」から構成される「JS言語能力記述一覧表」を完成させたのである。このJSのレベル設定の基盤となったフィンランドのNational Core Curriculaに利用されているLanguage Proficiency Scaleの特徴は、学校教育に対応してC1からA2までのレベルを10段階（A1.1～C1.1）に細分化し明示している点である（表1）。さらにこの尺度をもとに、小学校6年生・中学3年生・高校3年生に期待される英語の到達度レベルの基準が規定されている（表2）。

表1：フィンランドのLanguage Proficiency Scale (LPS) の10段階

C1	C 1.1	熟達した能力の第1段階
B2	B 2.2	機能的に自立した能力
	B 2.1	自立学習能力の第1段階
B1	B 1.2	流暢な基本的な能力
	B 1.1	機能的な基本的能力
A2	A 2.2	発達段階にある基本的能力
	A 2.1	基本的能力の第1段階
A1	A 1.3	機能的な初歩的能力
	A 1.2	発達段階にある初歩的能力
	A 1.1	初歩的能力の第1段階

表2：フィンランド初等中等教育での到達度目標

	聞く	話す	読む	書く
Grade 6（小6）	A2.1	A1.3	A2.1	A1.3
Grade 9（中3）	B1.1	A2.2	B1.1	A2.2
Upper secondary 3（高3）	B1.2	B1.2	B1.2	B1.2

このなかで、フィンランドLPSのとりわけ下位レベルA1が、A1.1, A1.2, A1.3のように細分化されている点が、日本の初級英語学習者の能力記述に有効であると判断した。また、各レベルのディスクリプタの能力記述がCEFRよりも具体的なCAN-DO記述になっている点も、JS策定の基軸のひとつとして取り入れることとした。また、*Cambridge Young Learners English Tests*は、Flyers, Movers, Startersの3レベルで構成され、能力の基準をCEFRに求めている。FlyersはCEFRのA2

に相当し、MoversはA1、そしてStartersはA1の下、つまりJSのPre-A1に相当する。さらにこのテストは、具体的な話題、文法構造、語彙のリストを提供している。具体的な言語材料を示すことは、信頼性や妥当性の検証において困難をともないつつも、指導や学習での指針として非常に有益であることから、このような明確な言語材料の提示方法を、当初のプロトタイプの段階からJS策定に利用することとした。また最終的には、CEFRの参照レベル記述（reference level descriptors: RLD）のプロジェクトであるEnglish Profile (2012)やA Core Inventory (2010)、フィンランドの教科書なども参考資料として、「JS言語能力記述一覧表」を完成させたのである【詳しくは、第2章2.3】。

さらにJSプロジェクトは、フィンランドやEU全体の言語政策に深く関わっているDr. Sauli Takala（フィンランド・ユバスキュラ大学名誉教授）[2] を海外研究アドバイザーとして招聘し、ディスクリプタ作成のポイントからJS英訳版の文言の精査に至るまで、示唆に富むさまざまな助言を受けてきた。OECDの学習到達度調査（PISA）に象徴されるように今や教育立国であり英語能力も世界トップをいくフィンランドに、あくまでもJSプロジェクトはこだわったのである。前記のとおり、「JS言語能力記述一覧表」のディスクリプタの基本的提示方法には、CEFR準拠のNational Core Curriculumを参照しているが、これにはフィンランド教育省の了解をすでに小池科研当時の2007年に得ている。また、川成科研での2011年フィンランド・スウェーデン訪問の際には、現地の授業視察や担当教師との懇談に加えて、フィンランド教育省の言語政策担当者やCEFR研究専門家に、「JS言語能力記述一覧表」の原案をみてもらいアドバイスを得た[3]。このようにして、JSは世界基準との整合性を保つべく、でき得る最大限の工夫を施して策定されたものである。

2.1.3 学校現場とタイアップして生まれたJS

JSの2つめの特徴は、JSが学校現場とタイアップして生まれてきたことにある。JSプロジェクトは、学校現場の教師との綿密な協力体制のもとに進行した。まずはJSディスクリプタの作成段階から、日本女子大学附属高等学校英語科の4名の先生方に協力を仰ぎ、筆者らの作成したJS原案を、ディスクリプタ検討会において膨大な時間を費やし議論を重ねて集約していったのである。一般的にディスクリプタ策定にあたっては、その検証方法のひとつとして、ディスクリプタの並べ替え調査（sorting exercise）が行われる。JS検討会では、現場の先生方と筆者らとのsorting exerciseが回を変えて繰り返し行われ、それによりJSの能力記述文を精錬させていった。この実証的なプロセスにおいて、先生方の日ごろの授業方法のノウハウや、生徒のレポートやパフォーマンスなどが大きな判断材料となった。さらに、すでに日本女子大学で高大一貫の指標研究に携わっていた先生方の経験値は、筆者らとCEFRの「レベル感」を共有するのに有効であった。B1レベルでは身近で個人的な話題が扱えるのに対して、B2レベルになるとやや専門的で抽象的な話題が扱えるようにな

2）Dr. Sauli Takalaは当時、European Association for Language and Testing and Assessment (EALTA) 前会長、ならびにEuropean Center for Modern Languages (ECML) 顧問であった。

3）JSプロジェクトの川成・岡・笹島の3名は、2011年2月23日から3月8日までヘルシンキ・フィンランドおよびヨーテボリ・スウェーデンにて研究視察および専門家へのインタビューを行った。フィンランドでは、ヘルシンキ大学附属Viikki教員養成中等学校、Helsinki Normal Lyceum教員養成中等学校などを訪問し、英語の授業見学および教員との対談を行い、フィンランド英語教育の成功を目の当たりにした。また、フィンランド教育委員会を訪問して、Kalevi Pohjala氏他フィンランド版CEFRの策定者と面会し、Matriculation Examination（高校卒業試験）とCEFRの利用についての解説ならびに、JSプロジェクトについて有意義なコメントを受けた。

る。たとえばこのような「レベル感」を共有していることが、チームでディスクリプタを策定する際には非常に重要なのである。

さらにJSが現場とタイアップしてきたのは、ディスクリプタの策定だけではない。検証についても現場において質的アプローチにより行われた。日本女子大学附属高等学校の教室現場において、JSのBレベルのディスクリプタをとり入れた授業実践をとおして、目標設定・教材作成・評価などにJSがどのように活用できるかを実証的に提示してもらった【詳しくは第3章】。また、初級者レベルであるPreA1レベルについても、聖学院大学附属小学校に授業実践をとおしての検証を依頼した。その結果JSのPreA1はさらに3レベルに細分化され、小学校3年生からの英語教育開始にも適応できる形で提示することとなった【詳しくは第5章】。このような現場実践のプロセスを経て、得られた知見をJSディスクリプタ改善にフィードバックし、子どもから大人までのレベルに対応する「JS言語能力記述一覧表」の精密化を試みたのである。このような研究者と学校現場とのタイアップこそが、JSの策定プロセスであり検証プロセスでもある重要な側面となっている。JSはこのような質的アプローチによって開発されたのである。

JSプロジェクトのこのような研究の手順は、かつてCEFRがヨーロッパにおいて約40年もの歳月をかけて、議論・策定しては現場におろして実践するというプロセスを繰り返したのち集大成されたのと同じ経緯である。それゆえに「JS言語能力記述一覧表」はCEFRに準拠し、妥当性と信頼性に富むばかりでなく、実用性も兼ね備えている。とりわけ学校現場での使い勝手に配慮し、汎用性の高いものをめざした。すなわち日本の外国語教育におけるJS：ジャパン・スタンダードは、小中高大の英語教育システムを一貫化させ、さらに、世界基準CEFRと各個人・各学校を結ぶ互換性をもったツールとして、日本人のグローバル社会に通用する英語コミュニケーション能力の向上に、今後においても重要な役割を果たしていくであろうとの確信のもとに策定したものである。

2.2 JS：CAN-DOリストの策定・提示方法

2.2.1 JSの基本的フレームワーク

JS：ジャパン・スタンダードの「言語能力記述一覧表」(いわゆるCAN-DOリスト）は、「CAN-DOディスクリプタ」と「言語材料参照表」から構成され、全体像は以下のように示される。

レベル	CAN-DOディスクリプタ	言語材料参照表
C2 C1	CEFRとほぼ同じだが、４技能に分けてレベル記述	
B2.2 B2.1 B1.2 B1.1 A2.2 A2.1 A1.3 A1.2 A1.1	CEFRの記述に準拠して、フィンランドLPS (Language Proficiency Scale) を参考に、日本の言語文化事情を考慮して、４技能に分けて、レベル記述	語彙例 文法構造例 テクスト例
Pre-A1	日本の言語文化事情を考慮して、独自に設定	別表①②③

図１：「JS言語能力記述一覧表」のレベル設定と枠組み

レベル設定は12レベルで、C2〜Pre-A1までの能力の高い方から提示している。とりわけ日本の中学校、高等学校レベルに関連するレベルとして、A1は3レベルに、A2, B1,B2はそれぞれ2レベルに細分化し、ファインランドのLPSをモデルに手厚くレベル分けをした。さらに日本の早期英語教育の現状を鑑み、A1以下の初級者むけのPreA1レベルを新たに設定している。

ディスクリプタは、「聞く、話す、読む、書く」の4技能で構成されている。ディスクリプタの能力記述文は、場面や対象を具体的に表わし、表現に統一性をもたせるために、『JF日本語教育スタンダード』(国際交流基金2010：12-13) を参考にして、「CAN-DO」＝ 条件 ＋ 話題・場面 ＋ 対象 ＋ 行動 という形式で明示することにした【以下2.2.3】。さらに、ディスクリプタを階層化して、1技能／1レベル枠に、「総論ディスクリプタ」(general descriptors) と、より具体的でaction-basedな技能となるような「各論ディスクリプタ」(specific descriptors) の2種類を配置した【以下2.2.4】。また、4技能を構成する言語的特徴を明確にとらえて能力記述に反映させ【以下2.2.5】、現場の使い勝手のために「学年対応モデル」を提示している【以下2.2.6】。

言語材料参照表は、語彙、文法構造、テクストの具体例を提示している【以下2.3】。ディスクリプタの能力記述が具体的にどのような単語や文構造、表現に相当するのか、その典型例を明示した。これは、ディスクリプタの理解に貢献する。この言語材料参照表は、B2.2〜A1.1の範囲に限定して作成してある。JSの学校現場での使用を前提としたとき、中等教育で期待される到達度がB2であることから、C2, C1の上級レベルははずした。また逆にPre-A1については、さら3レベルに細分化し言語材料も併せて、別表①②③として提示してある【5章5.1.2】。小学校英語教育が3年生開始、教科化となる方向性がみえてきた2018年当時の状況のなか、このPre-A1の需要がやがてみこまれるであろうと確信した。

2.2.2 CEFRのレベル感

ここからは、JS：CAN-DOリストの策定・提示方法について具体的に解説したい。2010年当初に始動したJSプロジェクトの最初の課題は、チームでのディスクリプタの再策定作業であった。その手順の第一歩は、CEFRのレベル感を確認することにあった。チームでのディスクリプタ策定にあたっては、たとえばA3レベルならこの程度の幅をもつ言語能力であるという感覚から、個々のディスクリプタの文言や表現が意味するニュアンスの細部に至るまで、メンバー全員が共通の尺度をもつことが必要なのである。

この点について参考となったのが、「JF日本語教育スタンダード2010」(国際交流基金2010) の作成チームが、CEFR共通参照レベルと493の例示的能力記述文のCAN-DO記述を分解し分析した結果を示したもので、各レベルの特徴やレベル間の変化を把握して提示したリストである (塩澤、石司、島田2010)。

表3：CEFRのCAN-DO 9レベルの大まかな特徴

■A1では、発話が、直接自分に向けられて、非常にゆっくりと注意深く発音してもらえれば、自分の身近な話題について、簡単な句や文を使った非常に短い発話テクストを理解できる。
■A2では、ゆっくりとはっきりと話されれば、身近な話題について予測可能な特定の情報を抜き出すことや、簡単なやりとりができる。 ■A2.1では、重要な点をくりかえしてもらえるならば、直接的なニーズに関わる、仕事を含む日常的で簡単な話題について、簡単な句や文を連ねてやりとりができる。 ■A2.2では、聞いたり読んだりする際には簡単なことばで表現されればという制約条件があるが、生活や自分の仕事、専門分野に関連する事柄について短く述べたり、感情を伝えたり情報を交換するなど簡単なやりとりができる。
■B1では、標準語で発音もはっきりしていれば、自分の専門分野や興味あるテーマに関して情報を得たり、簡単な接続詞でつなげた結束性のあるテクストで情報や自分の意見を伝えることができる。 ■B1.1では、個人的関心のある、または日常生活に関する話題が扱える。 ■B1.2では、日常や普段の仕事上の話題のほか、抽象的・文化的な話題に関して議論の大筋を理解したり、情報を交換したりすることができる。
■B2では、自分の関心や専門分野に関する幅広い話題について、内容をすぐに把握したり、長い会話に参加できる。 ■B2.1では、抽象的な話題でも具体的な話題でも一般的なもののほとんどに対応でき、関連情報や論拠を述べ、自分の意見を説明できる。 ■B2.2では、一般的、学問的、職業上、余暇に関する幅広い話題について、複雑な議論の流れを理解したり、要点の適切な強調や説得力のある言葉遣いができる。
■C1では、専門外の抽象的で複雑な話題に関しても、助けをほとんど必要とせず、要点を抑えながら流暢に自然に話したり、明確な構成の文章を書いたりすることができる。
■C2では、専門外の複雑な議論を理解し、口頭表現や慣用表現も使いこなして細かいニュアンスも的確に伝えるなど、自由に会話ができる。

（塩澤、石司、島田 2010）

この表3.では、CEFRの各レベルの大まかな特徴を把握することができる。次に、彼らはより詳細な「CAN-DOのレベル別特徴一覧」を作成し、CEFRのA1からC2の全レベルを縦に通してどのような変化が見られるのか、ディスクリプタを構成する4要素別（〔条件〕〔場面・話題〕〔対象〕〔行動〕）に精査して以下のようなレベルの広がりを抽出している【4要素の定義は2.2.3】。その要点をまとめると以下のようになる（塩澤、石司、島田2010, 35-36）。

- **〔条件〕** A1〜B1では相手の話し方や周囲の環境が言語活動を制約するのに対し、B2になると、「読み返すことができれば」など自分の関わり方次第で課題を遂行でき、C1,C2では「助け舟をださなくても（〜できる）」など自力で制約に対処できるようになる。
- **〔話題・場面〕** A1からC2になるにつれて、自分の周囲の事柄から専門外も含むものへと広がり、さらに言語使用の領域が私的領域から公的領域、職業領域へと拡大し、話題の抽象度と複雑さも高まる。

・〔**対象**〕レベルがあがるにつれて、短く簡単なものから長く複雑なものへと変化し、構造化されたテクスト、慣用表現など高度な表現にも対応できるようになる。

・〔**行動**〕レベルがあがるにつれて、言語活動が簡単なものから複雑なものになるだけでなく、表現できる内容が事実から意見を含むようになり、表現の仕方の柔軟性さや流暢さが増す。

このように4要素の観点から、各レベルのCAN-DOの特徴やレベル間の記述の差異を把握することにより、CEFR共通参照レベルを具体的にイメージでき、「レベル感」が共有しやすくなる。JSプロジェクトでは、CEFRに準拠してCAN-DOリストを策定するにあたり、CEFR各レベルがもつ言語熟達度の絶対値を維持することが必須条件であるとして最重要視した。JS策定チームにおいてはこのレベル感を常に意識することにより作業を進めてきたのである。

さらに、JS：CAN-DOリストの具体的な策定・提示方法についても試行錯誤を重ねた結果、チームの共通理解事項として、以下に示す主に4つの指針を掲げることとなった。

2.2.3 JSディスクリプタの4要素

指針の第1のポイントは、4技能12レベルからなるJSディスクリプタの能力記述文は、「4要素により構成される」ということである。これは前記の「JF日本語教育スタンダード」における『Can-doの構造モデル』を参照した考え方である。

Can-do	条件	+	話題・場面	+	対象	+	行動
B1	話し方が比較的ゆっくりとはっきりしていれば	+	本人の関心事である話題について	+	インタビュー、短い講演、ニュース、レポートなど多くのテレビ番組の	+	内容をおおかた理解できる
A2	映像が実況のほとんどを説明してくれるならば	+	出来事や事故を伝える	+	テレビのニュース番組の	+	要点がわかる

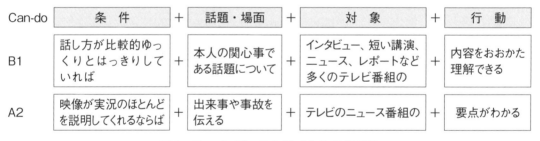

図2：Can-doディスクリプタの構成要素

このモデルでは、CEFR（2001）のすべてのディスクリプタが、「条件」＋「場面・話題」＋「対象」＋「行動」の4要素から構成されているものとして、要素分析を試みている。①「条件」は、「このような条件が整っていれば」、②「話題・場面」は、「このような話題に関して、このような場面・状況で」、③「対象」は、「この程度のもの（テクストタイプ、素材）を」、④「行動」は、「この程度〜することができる」と規定している。すなわち、①「条件」とは、ゆっくり話すなどの相手側の配慮、スピーチの話し手側の事前準備の有無や実現のための条件のことであり、②「話題・場面」とは、日常的な話題、会議の場など、取り上げられる話題や活動が行われる場面のことである。また、③「対象」とは、手紙や記事、ニュースや講義など、聞いたり、読んだり、話したり、書いたりする具体的なものであり、④「行動」は、聞いて／読んで理解する、話す、書くなどの実際の言語活動のことである。この4要素方式により、たとえばB1「聞く」ことのディスクリプタは、「話し方が比較的ゆっくりと、はっきりしていれば（条件）、本人の関心ごとである話題について（話題・場面）、インタビュー、短い講演、ニュース、レポートなど多くのテレビ番組の（対象）、内容をおおかた理解できる（行動）」、というように4つの要素から構成されていると明示される。JSプロジェクトでは、この方式を採用して、JSのすべてのディスクリプタの構成要素を細かく分解し、それを再構築するという形で集約をしたのである。

またこの4要素という点に関して、上記の集約作業がほぼ最終段階にある頃、JSプロジェクトの海外研究アドバイザーであるDr.Sauli Takalaより、「good descriptorsとは何か」という講義を受ける機会があった(Dr. Takala, personal communication, 2010)[4)]。Dr.Takalaの教示では、「good descriptorsに含めるべき要素は4つ」あり、それは「UNDERSTAND / PRODUCE」,「WHAT」,「TO WHAT EXTENT / HOW WELL」,「UNDER WHAT CIRCUMSTANCES / CONSTRAINTS」を明示することだという。たとえば「読む」に関するディスクリプタで「簡単な新聞記事のニュースの主題が読める」を分析すると、「Understand (operation / skill) the main ideas (how well / to what extent / degree) of simple (constraint / limitation) newspaper news (what)」となり、1つのディスクリプタは4要素が配列されて構成されていると明示できる。Dr.Takalaのいうこの4要素と、前記の『JF日本語教育スタンダード』の分類とを対照してみると、「UNDERSTAND / PRODUCE」は、『JF日本語教育スタンダード』では④「行動」、「WHAT」は③「対象」、「TO WHAT EXTENT / HOW WELL」は②「話題・場面」、そして「UNDER WHAT CIRCUMSTANCES / CONSTRAINTS」が①「条件」であることが判明した。それゆえJSプロジェクトにおいて、JSディスクリプタ策定には、日本語教育スタンダードの『Can-doの構造モデル』の4要素方式を採用することは妥当であると判断した。これにより、JSディスクリプタの能力記述文は、構成が明確で、表現に統一性をもつに至ったのである。

2.2.4 「JS総論ディスクリプタ」と「JS各論ディスクリプタ」

第2のJS策定のポイントは、12レベル・4技能のグリッドごとにみた、ディスクリプタの記述内容・順序の体系化である。JSは、各レベル・各技能の1つのグリッドが、4から5個以上のディスクリプタで構成されているため、いかにわかりやすく複数のディスクリプタを並べるかが重要なカギとなる。そこで並べ方の順序として、グリッドの1番目には、そのレベル・その技能でできる言語行動のエッセンスを特徴的に記述する「総論ディスクリプタ」(general descriptor) を、2番目以降には、そのエッセンスをより具体的で行動中心 (action-based) な技能として個別的に記述する「各論ディスクリプタ」(specific descriptors)を配置した（図3)。さらにその内容は、語彙・文法などの制約の順に記述していく。この2種類のディスクリプタを設定して階層化する方式は、筆者がディスクリプタ改訂を集約する過程において、帰納的に見出したルールとなっている。

---

4) 2012年12月12日、Dr. Sauli Takalaを招いて、川成科研講演会・中間報告会「CEFRの日本版：JS (Japan Standards) 開発に向けて」を開催（於：共立女子大）した。Dr. Takalaからは、*CEFR in Finland-Uses and Adaptations-Possible Implications for JS?* と題する講演（一般公開）と、JSプロジェクトについて示唆に富むコメント（パーソナル）をいただいた。

1技能／1レベル内のディスクリプタの並べ方の順序

1．1番目：「総論ディスクリプタ」（General descriptor）
2．2番目以降：「各論ディスクリプタ」(Specific descriptors)
3．最後：語彙・文法などの制約

} の順序で記述する

＜JS, B1.2, Listening：General descriptor ＞

■ 標準的なことばで発音もはっきりしていれば、自分の得意分野や興味あるテーマについて、日常生活や仕事の話題のほか、抽象的・文化的な話題についても、内容のポイントや概要を理解できる。

＜JS, B1.2, Listening：Specific descriptors ＞

● 英語学習者向けの一般的な話題に関連するニュースやインタビュー、短い講義や講演、電話のメッセージなどを聞いて、内容の大部分を理解できる。
● ゆっくりはっきり話されたテレビ番組であれば、身近な内容から既知の時事問題などでも、要点や内容のほとんどを理解できる。
● 教科書などで使われる標準的な発音であれば、馴染みのない表現あっても、多少長くても、話された内容をほぼ正確に聞き取ることができる。
● 母語話者との具体的内容をともなう対話では、あまりよく知らない話題になると、聞き取りに問題がある。

図3：JS：「総論ディスクリプタ」と「各論ディスクリプタ」(川成 2010)

この方式により、たとえば、B1.2の「聞く」においては、「総論ディスクリプタ」が、「標準的なことばで発音もはっきりしていれば、自分の得意分野や興味あるテーマについて、日常生活や仕事の話題のほか、抽象的・文化的な話題についても、内容のポイントや概要を理解できる」となる。これが、このB1.2レベルでの聞くことの能力のエッセンスである。そしてそれに続く「各論ディスクリプタ」には、「英語学習者向けの一般的な話題に関連するニュースやインタビュー、短い講義や講演、電話のメッセージなどを聞いて、内容の大部分を理解できる」や、「ゆっくりはっきり話されたテレビ番組であれば、身近な内容から既知の時事問題などでも、要点や内容のほとんどを理解できる」などがある。これらの各論ディスクリプタは、B1.2レベルで聞くことでできる言語行動を、より具体的に現わしたものとなっている。

また、ここで1点注意してほしいのは、JSには、CAN-DO記述になっていないディスクリプタも含んでいるという点である。図3では、「母語話者との具体的内容を伴う対話では、あまりよく知らない話題になると、聞き取りに問題がある」という能力の制約を示したディスクリプタがリストの最後にある。このようなCAN-DO形式ではなくむしろ「できない」ことを説明する能力記述文は、JSがモデルとするフィンランド版CEFRのCAN-DOリストに存在しており、能力の制約や限界を示して当該レベル全体の言語能力を把握する点で有効であると判断して、JSのCAN-DOリストにも採り入れた。

総じて、JSの1グリッド内に複数のディスクリプタが記述される構造は、JSがモデルとするフィンランド版CEFRをなぞらえたものである。しかしながら、フィンランド版CEFRは複数のディスクリプタが列記されるのにとどまり、1グリッドとしての能力の把握がしづらい。この点を克服する手段として、JSでは、「総論ディスクリプタ」「各論ディスクリプタ」の2種類を設定することでディスクリプタの記述内容を体系化し、さらに複数のディスクリプタの配置順序を統一して階層化した。これにより1グリッドの全体像がとらえやすく、個別的な具体性が生まれ、参照する際の使いやすさに貢献するものとなっている。

2.2.5　4技能の言語的要素

第3のJS策定のポイントは、4技能の難易度を決定する要素を明確にし、これにより各技能の能力記述の精密化を図ったことである（図4）。

たとえば英語のニュースを「聞く」ことにおいて、スピードがゆっくりでも知らない話題は聞き取りづらく、逆に速くてもよく知っている話題であれば容易に理解できることがある。あるいは、語彙レベルが同程度の読み物であっても、専門性や抽象度の高い内容は、身近な話題よりも理解するのが困難と感じることもある。このように4技能それぞれの難易度は、さまざまな要因が複雑にからんでかもし出されるのである。JSでは、このような側面での矛盾を生じないよう、JSでは、1つのレベルにおける4技能の能力記述の内容に整合性があるかどうか、レベルごとに4技能を横に並べて繰り返しチェックした。同様に、能力記述内容の難易度がレベル順にそっているかどうかを、4技能ごとにレベルを縦に通して精査した。

「聞く」 1．音声認識 2．語彙・文法力 3．スピード 4．話題 5．話者の多様性　(出身地，年齢，教育程度，職業など)	「話す」 1．「対話」と「発表」 2．内容（専門性，抽象度）・話題 3．場面 4．発音・イントネーション・アクセント（正確さ，流暢さ） 5．文法・語彙（正確さ，適切さ）
「読む」 1．内容（専門性，抽象度）・話題 2．テクストの種類 3．分量・スピード・読み方 4．表現	「書く」 1．内容（専門性，抽象度）・話題 2．論理構造 3．スタイル（文体） 4．文法・語彙・文章構成力

図4：JSディスクリプタ4技能の難易度を決定する言語的要素

2.2.6　JSの推定する学年対応モデル

2.2.6.1　「学年対応モデル」概要

第4のJS策定のポイントとして、もともとJSは学年枠にとらわれない英語運用能力の基準である。現実を見ても高校生でも大学生を越える者がいたりして「履修主義」ではもはや語れない。しかし現場での参考までに、レベルの学年対応イメージについて、次のような「理想的推定モデル」（図5）を考案した（川成，2008)。

学年	B2レベルを到達目標としたモデル
大学４年	B2
大学３年	B2.2 - B2.1
大学２年	B2.1
大学１年	B2.1 - B1.2
高校３年	B1.2
高校２年	B1.1
高校１年	A2.2
中学３年	A2.1
中学２年	A1.3
中学１年	A1.2
小学校６年	A1.1
小学校５年	Pre-A1
小学校４年	Pre-A1
小学校３年	Pre-A1

図５：「理想的推定モデル」：JSの想定する学年対応（川成2008）

この「理想的推定モデル」の全貌は、図6.「日本型CEFR：レベル設定と学年対応の理想的推定モデル」である【pp.36】。この図６では、大学卒業時に身につけるべき英語能力をC1とB2の２つの到達度モデルがあると仮定し、それぞれのモデルについて、各学校段階での学年と到達度レベルとの対応を、大学から小学校まで学年を降ろしながら推定したものである。また、小学校での英語教育の開始学年を、１年次から開始する場合と、韓国・中国・台湾などと同様に３年次から開始する場合の２つに分けて提示した。図５は、図６にある「B2モデル」で、大学４年次にB2を到達目標として、小学校３年生から英語教育をスタートする場合のモデルである。

レベル設定と学年対応を推定する根拠としたものは２つある。１つは、韓国・中国・台湾の小学校３年から高校３年までの英語の到達度レベル設定である。これは小池科研・教科書国際調査班がそれら３カ国の英語教科書を分析して推定したレベル設定である（詳細は、小池2008)。もう１つは、我々のJSがこだわっているフィンランド学習指導要領に明記されている英語の到達度レベルである（小６でA1.3～A2.1、中３でA2.2～B1.1、高３でB2.1)。英語教育の成功例の国々を精査することで、日本人の英語力向上のために目標となるレベル設定の推定が可能となった。

2.2.6.2 「学年対応モデル」設定の詳細

JSのプロトタイプであるCEFRjapan (2008) は、そもそも学校教育での学年や学習指導要領の枠を超えて、国際コミュニケーション能力を測る国際的な尺度として策定されたものである。つまり、まず客観的な基準としてCEFRjapanが存在し、それをもとに教育政策として現場に適応されていく性質のものである。しかし、次のステップとして、教育現場でCEFRjapanの実際の応用を想定したときには、CEFRjapanのレベル設定と学年を対応させることの試みが必要であった。そこで、「国際的に活躍する日本人」に求められる英語力の目標を「C1」または「B2」に設定した場合，そこに到達できる英語教育システムはどのようなものであろうか。それを可視化するために2008年当時、筆者の私見により推定したのがこの「理想的推定モデル」であり、JSプロジェクトはこれを踏襲している。

まずここで、このモデルの天井となる到達目標を「国際的に活躍する日本人」に求められる英語力として、その目標を「C1」または「B2」に設定した根拠と経緯を詳述しておきたい。さかのぼって小池科研プロジェクトでは、企業調査班による「企業が求める英語力調査」において、日本人が国際交渉を第一線でおこなうのに役立つ英語コミュニケーション能力はどの程度あるかを、7354名の日本人ビジネスパーソンを対象にアンケート調査を行なった。その結果、3段階方式で求められる最高到達度目標が示された（『企業が求める英語力調査報告書・前編』pp.129-130)。「最上段階(C2)」、「第2段階（C1以上)」、「第3段階（B2以上)」の3レベルの到達度である。

これらをふまえ、前身のCEFRjapanにおいて、大学4年終了時の到達目標を「第2段階（C1以上)」または「第3段階（B2以上)」に設定して、「Japan 1＜C1モデル＞」と「Japan 2＜B2モデル＞」の2つのモデルを想定するに至った。

Japan1＜C1モデル＞：国際コミュニケーションでの英語運用力の標準レベルと判定されたレベル
⇒C1以上、TOEIC 850点以上、TOEFL-PBT 600点以上、TOEFL-CBT 250点以上、英検1級

Japan2＜B2モデル＞：一応国際コミュニケーションレベルとして適用できるレベル
⇒B2以上、TOEIC 800点以上、TOEFL-PBT 550点以上、TOEFL-CBT 213点以上、英検準1級

上記調査によって、B2レベルは、国際コミュニケーションで適用できるとされた標準的なレベルである。またCambridgeESOLのNick Saville氏によれば、海外経験なしで学校教育で到達できるのは一般的にB2とのことである。日本国内で大学4年終了時にB2に到達すれば、社会に出てから実地で海外経験を積んでC1へという過程をたどるというコースが予想される。また、海外経験があれば大学4年終了時にC1に到達することも可能である。そのため、CEFRjapanでは、2つの推定モデルが必要であると考えた。「最上段階＜C2モデル＞」を想定しないのは、C2が母語話者とみなされるレベルであり、日本国内での学校教育だけで達成するのは不可能に近いからである。

そこで、大学4年終了時を天井とするJapan 1＜C1モデル＞とJapan 2＜B2モデル＞の2つの到達度を設定し、そこから各学校教育での学年と到達度レベルとの対応を、大学・高等学校・中学校・小学校というように、逆転の発想で学年を降ろしながら推定を試みたのである。また、小学校での英語教育の開始学年を、(1) 韓国・中国・台湾などと同様に、小学校3年次から開始する場合、および、(2) 小学校1年次から開始する場合、の2つを想定し、それぞれにつきC1とB2の2つの目標に到達する「理想的推定モデル」(計4パターン）を提示した（図6)。

なお、この図6のなかで、特記すべき2点がある。前記のとおり第1点は、韓国、中国、台湾のレベル設定は、小池科研・教科書国際調査班による各国の英語教科書を分析した結果から推定された、各学校学年に対応した英語の到達基準レベルである。第2点は、フィンランドのレベル設定において、太枠のレベルは、フィンランド学習指導要領に明記されている英語の到達基準レベルである。また、各々の基準レベルの間に位置するレベルは、筆者の推定によるもの。また、フィンランドの大学4年終了時のC1レベルは、フィンランドのLPSの最高到達目標がC1であることから、これをあてはめた。

韓国・中国・台湾

	Korea	China	Taiwan
Elementary 3	Pre-A1	Pre-A1	Pre-A1
Elementary 4	Pre-A1	Pre-A1	Pre-A1
Elementary 5	Pre-A1	Pre-A1	Pre-A1
Elementary 6	Pre-A1	Pre-A1	Pre-A1
Junior 1	A1	A1	A1
Junior 2	A2	A2	A2
Junior 3	A2	A2	A2
Senior 1	B1	B1	B1
Senior 2	B1	B1	B1
Senior 3	B2	B2	B2

フィンランド

Finland
A1.1
A1.2
A1.3
A1.3－A2.1 (S.W) (L.R)
A2.1
A2.2
A2.2–B1.1 (S.W) (L.R)
B1.1
B1.2
B2.1 (S.W.L.R)
B2.1-B2.2
B2.2
B2.2-C1
C1

日本（小３開始）

Japan-1 (C1 モデル)		Japan-2 (B2 モデル)
Pre-A1	Elementary 3	Pre-A1
Pre-A1	Elementary 4	Pre-A1
A1.1	Elementary 5	Pre-A1
A1.2	Elementary 6	A1.1
A1.3	Junior 1	A1.2
A2.1	Junior 2	A1.3
A2.2	Junior 3	A2.1
B1.1	Senior 1	A2.2
B1.2	Senior 2	B1.1
B2.1	Senior 3	B1.2
B2.1-B2.2	University 1	B1.2-B2.1
B2.2	University 2	B2.1
B2.2-C1	University 3	B2.1-B2.2
C1	University 4	B2 ★

日本（小１開始）

Japan-1 (C1 モデル)		Japan-2 (B2 モデル)
Pre-A1	Elementary 1	Pre-A1
Pre-A1	Elementary 2	Pre-A1
A1.1	Elementary 3	Pre-A1
A1.2	Elementary 4	A1.1
A1.3	Elementary 5	A1.2
A1.3－A2.1 (S.W) (L.R)	Elementary 6	A1.3
A2.1	Junior 1	A2.1
A2.2	Junior 2	A2.1-A2.2
A2.2－B1.1 (S.W) (L.R)	Junior 3	A2.2
B1.1	Senior ¡1	A2.2－B1.1 (S.W) (L.R)
B1.2	Senior 2	B1.1
B2.1 (S.W.L.R)	Senior 3	B1.2
B2.1-B2.2	University 1	B1.2-B2.1
B2.2	University 2	B2.1 (S.W.L.R)
B2.2-C1	University 3	B2.1-B2.2
C1	University 4	B2

図６：日本型CEFR：レベル設定と学年対応の理想的推定モデル

作成：小池科研CEF班（2008）　川成美香（明海大学）

注）★JSは小学校３年開始のB2モデルを踏襲している。

(1) 小学校3年生から開始する場合

フィンランドの到達基準は、小学校6年、中学校3年、高校3年終了時のレベルが、フィンランド学習指導要領に明記されている。また、韓国・中国・台湾の到達基準は、教科書の言語材料を分析した結果により推定されたレベルである。すなわち、フィンランドは信頼性のおける絶対的尺度、アジア3カ国は推定尺度になるわけだが、この2つをあえて比較してみると、同じ学年において、フィンランドのレベルはアジア3カ国のレベルよりも高くなっている。Japan 1 <C1モデル>は、大学終了時をフィンランドと同じC1、高校3年終了時をB2.1と設定し、また、Japan 2 <B2モデル>は、大学終了時をB2、高校3年終了時をB1.2と設定し、そこから各学年のレベルを推定している。結果として、C1モデルは、小3〜高3までの各学年のレベルが、アジア3カ国とほぼ同じレベル設定となるが、B2モデルでは、C1モデルよりもでの各学年のレベルが1学年遅れて設定されることになる。

このJapanモデルにおいて、フィンランドと同様に、高校3年終了時にB2.1、大学4年次終了時C1レベルを設定するのであれば、早期英語教育を充実させ、早い段階にA2に移行させるようなシステムが必要であろう。したがって、大学4年次終了時にC1レベルに到達するためには、中学校1年からの英語教育ではかなり難しいことがこの図から推察される。JSが、国際的に通用する尺度であるためには、現実に日本より高い英語力を保持し、それを育成することが可能なレベル設定となっている国の尺度と同程度のものである必要があり、また英語教育開始は遅くとも小学校3年次からが必須であることがこのモデルから推定された。

フィンランド版CEFRは、学習指導要領において到達目標に学年対応付けがなされ、それぞれのレベルの能力記述文に基づき、英語教育が実施されている。そして、その結果として、たとえば、TOEFL-CBT 255点（2005−2006）、世界第7位の英語能力を保持しているのである。一方、日本はTOEFL-CBT 192点（2005−2006）、アジア32カ国の中でみても最下位に近い。2018年当時のデータにおいても、TOEFL-iBT（2015）では、フィンランド93点で日本は71点となっている[5)]。ビジネスパーソンが国際コミュニケーションに必要とみなす英語力のレベル（C1）を、大学終了時の到達目標とするならば、それはまさに、現在のフィンランドの大学終了後の到達度である。TOEFL-iBT 71点を93点に引き上げるためには、まずフィンランド並みのレベル設定と学年対応が必要であると推定された。そして次に、そのレベル設定に対応した形で、カリキュラム、シラバス、教授法、テストなどの面で英語教育が実行される必要がある。現段階でも、現実の日本人の平均的英語能力は、この「理想的推定モデル」において推定されている大学終了時のレベルと比較すると、格段にかけ離れて低いレベルである。このギャップを埋めての日本人の英語運用能力を世界に通じるものにするはどうしたらよいのか。その打開策のひとつとして、小学校からの一貫した英語教育政策が急務であることを、この「理想的推定モデル」を設定した2008当時に確信した。そして、その一貫性を保つための方策のひとつが、JS構想であるとわれわれは志向してきたのである。

---

5) 世界トップは、オランダと北アイルランドの100点であり、フィンランドのレベルの高さがみてとれる。ただしETSは、国ごとの受験者数を公表しておらず、また、TOEFLテストを基に国別のランキングを作ることはデータの誤った使用であり、テストを作成しているETSはそれを認めていない。Test and Score Summary for *TOEFL iBT*® Tests (2015), www.ets.org/foefl

(2) 小学校１年生から開始する場合

次に、英語教育開始学年を小学校１年生からと想定してみた。小学校３年次開始の場合と同じように、まず大学4年終了時の到達目標を設定し、そこから各学年にレベル対応させてみると、シミュレーションでは、小学校３年次開始モデルと比較して、よりフィンランドのレベル設定に近似してくる。すでに東南アジア諸国では現在の小学校３年次スタートから、タイやマレーシアなどでは1年次からの英語教育が始まっている。フィンランドも、必修としての英語教育は小学３年からであるが、実際には１年次から実施している学校もあるという。また、韓国・中国・台湾において、中学校以上での英語時間数は日本とほぼ同じである。またフィンランドでは、高校卒業時までの累積授業時間数は日本（中・高６年間）の８割程度とのことである。日本人の英語力が低いのは、英語授業時間数が少ないからという言いわけは成り立たない。このモデルを推定した2008年当時に、これら英語レベルの高い国にあって、日本にないもの、それは小学校での教科として確立した英語教育であると結論した。このような世界的な動向をみたとき、日本の場合に、2011年度から５・６年生で「外国語活動」としての英語教育が必修化されたが、どこまで世界トップの英語力と同等レベルに達することができる素地が養成されてきているであろうかと懸念した。

ここに提示したモデルは、英語教育の開始学年を小学校１年次と３年次に想定した、あくまでも「理想的推定モデル」である。CEFRに明記されているように、各レベルに到達する時間は同じではなく、A1からA2のように同じレベル内と比較して、A2からB1のようにレベルを超えるときにはより多くの時間がかかるといわれている。ここでのモデルにおいて、１つのレベルに１学年以上かかることもあれば、逆に１学年内にA1.1とA1.2のような２つ以上のレベルを達成することもあるかもしれない。また、英語教育の開始学年だけでなく、終了学年においても、大学で英語専攻学部とそうでない学部では違いがある。日本において英語専攻でない学部の多くでは、大学２年次で英語教育終了という現実もある。JS構想においては、さらにこのような問題をも考慮に入れ、子供から大人にまで対応するより実際的なレベル設定が必要であるとの結論に至ったのである。

このモデルを推定した2008年当時は、小学校外国語活動の５・６年生での必修化が始まったばかりで、３年生スタートの小学校英語教育の可能性はまだ遠い先のことと思えた。しかし2013年6月、政府の教育再生実行会議は小学校における英語教育実施学年の早期化や教科化などを提言した。さらに、文部科学省は2013年12月、「グローバル化に対応した英語教育改革実施計画」を発表し、その中で2020年までに英語必修化の開始時期を３年生に早め、５・６年生では英語を正式教科とするとの方針を打ち出した。また、「計画」の具体化に向け「英語教育の在り方に関する有識者会議」が設置され、2014年9月には、「今後の英語教育の改善・充実方策について」の報告を発表したが、その中で小学校英語教育についてその早期化・教科化が明確化された。さらに改訂が進行していた(2016年8月当時）学習指導要領では、５・６年で英語教育を教科に格上げし、３・４年生で外国語活動を開始することを明示していた。

JSプロジェクトは、これらの一連の動きに先んじて2013年３月、小学校３年生開始の英語教育に対応できるよう、さらに細分化したPre-A1レベルの「言語能力記述一覧表」をも策定し、その活用実践事例とともに提示したのである（2013年３月，川成科研最終報告会，ならびに『川成科研研究成果報告書』)。この報告会や報告書では、小学校英語の今後において、われわれのJSプロジェクトの成果が、現場での実践の参考になり得ることを提言した。

2.3 言語材料の選定・提示方法

2.3.1 CEFRの理念における言語材料の位置づけ

CEFRは詳細な語彙や文法などの言語材料は提示していない。理由は、ヨーロッパの各言語と言語教育の大枠を示しているからである。当然個々の言語の詳細な情報は提示できない。もう一つの理由はその成り立ちである。CEFRはCLTの理念を推進している。英語に関しては、意味や機能を重視する概念機能シラバス (notional-functional syllabus) (Wilkins, 1976) の考えにもとづき、T-series (Waystage, Threshold, Vantage)(Van Ek & Trim, 1991, 2001)が作成され、提示された。CEFRはその基本的な理念を踏襲し、語彙や文法などの共通参照レベル表を作成したが、個々の項目については、国/地域言語参照レベル記述 (Reference Level Descriptions for National and Regional Languages: RLD) として、各状況に応じて作成するように促したのである。

国/地域言語参照レベル記述(RLD)は、CEFRの共通参照レベルをもとに、それを各言語、各状況、各学習段階などに合わせて、ディスクリプタの表現を変更したり、段階を細かくしたり、CAN-DOなどとして具体的に示したり、レベルを理解するための言語材料を示したりすることである。英語の代表的なプロジェクトはEnglish Profileである。日本では、それと連携したCEFR-Jが日本におけるRLDを公表している(投野, 2016)。同様な考えのもとに、具体的に日本の状況に合ったRLDを提示したのがJS (Japan Standards for Foreign Language Proficiency, based on CEFR)(2013) である。

> English Profile is a collaborative programme endorsed by the Council of Europe, designed to create a ‘profile’ or set of Reference Level Descriptions for English. These will provide detailed information about what learners 'can do' in English at each of the six levels of the Common European Framework of Reference (CEFR), offering a clear benchmark for progress for English language learners. (English Profieは、ヨーロッパ評議会によって承認された協同プログラムで、英語のRLDを作成することを計画している。それは、CEFRの6レベルのそれぞれの段階で学習者が何ができるのか (CAN-DO) についての詳細な情報を提供することで、英語学習者の伸長の評価基準を提供することである。) (http://www.englishprofile.org)

English Profileは、この方針のもとに、英語を対象に語彙、文法などをコーパスデータにもとづき多角的に検証して、レベルごとに言語面のガイドを示そうとしている。JSも、同じ理念にもとづき、CEFRを日本の英語教育の文脈へ適用することを念頭に、RLDの試案を提示し、検証を続けた。

2.3.2 JSにおける言語材料の位置づけ

CEFRの理念からすると、言語材料の提示において、語彙や文法を各レベルに応じてすべて詳細に提示することは適切ではない。しかし、「国際共通語としての英語力向上のための5つの提言と具体的施策～英語を学ぶ意欲と使う機会の充実を通じた確かなコミュニケーション能力の育成に向けて～」(文部科学省, 2012)の中では、「生徒に求められる英語力について、その達成状況を把握・検証する 」とある。学習指導要領は文法や語彙などの目安を示し、教科書は学習指導要領に準拠して作成されている。小学校の外国語活動は別として、中学校や高校の英語授業ではその延長線上で考える必要がある。

JSでは、Pre-A1は事例を示すのが適切と考え、言語材料参照表には含めていない。小学校の活動における言語材料に関しては、レベルを判断するというよりも活動に重きがあり、教師のサポートを必要とするからである。JSの言語材料参照表は、A1.1からB1.2までである。理由は、学習指導要領に該当するレベルの中で言語材料などを提示することが重要と考えたからである。また、JSの言語材料参照表は、外国語の代表としての英語を対象としてディスクリプタと言語材料を併せて示している。さらに、英語教師が日々の授業で随時授業をしながらも参照できるように、一つの試案としてシンプルに一覧表としてまとめた。全部で36表になるが、教師が授業（準備）などで参照し、それぞれの授業で指導目標にかなった活動を行う場合は、A1.3ならば、その前後を見ながら、「聞く」「読む」「話す」「書く」などの4技能に合わせて参照できるように工夫した。

詳細は次節で述べるが、ここでは表を利用する際の留意点として二つのことを指摘しておきたい。まず、文法項目の具体的な提示はむずかしい面があるということを理解しておいていただきたい。理由は、日本の英語教科書の文法項目の多くはCEFRの理念と較べて難易度が高いからである。その背景には、知識としての理解に重点を置くという傾向がある。たとえば、English Profileでは次の表現例はA2として提示しているが、重文は、日本の英語教科書では中学2年生で指導する文法事項に相当する。CEFRではA1に相当するレベルである。

例）We came back and went to bed.（重文）

もう一つは、具体的な言語材料であっても、理解は人によってあるいは状況によって異なるということである。人の認知はその知識や経験によってかなり異なる。たとえば、次の二つの例を見てほしい。

例）I bought a book.（私は本を買った）
　　I bought a book of tickets.（私は回数券を買った）

同じbookという単語でも、その難易度の感じ方は人により必ずしも一致するものではない。そのため、レベルを調整するトレーニングは定期的に実施される必要がある。言語材料の提示はあくまでコミュニケーション能力を示す一つの目安に過ぎない。

2.3.3　JSディスクリプタと言語材料参照表の作成プロセス

JSディスクリプタは、C2からPre-A1まで12段階を4技能で示してあるが、JSの言語材料参照表は、B2.2からA1.1まで構成してある。基本的な枠組は、小池生夫氏の科研費研究（2004〜2007）で試案として提示されたCEFRjapan（岡，三好，川成，笹島，高田，2008）を踏襲した。CEFRjapanではすでに語彙や文法を提示していたが、語彙や文法の選定や提示の方法に問題があった。また、検証もほとんどされていなかったので、批判もあり、語彙や文法の提示はCEFR-J（投野他，2012）では実施されず、ディスクリプタの検証に焦点を当てた。それに対して、JSはCEFRjapanの意図を生かしディスクリプタと言語材料の改訂に向かったのである。

JSの特徴は、事例研究に焦点をしぼり、質的な調査からディスクリプタの改訂作業を進め、より実践的に活用できる可能性を追求したことにある。JSのディスクリプタは、フィンランドのコアカリキュラム(Finnish National Core Curriculum for Basic Education)（2004）に示されている言語力尺度(Language Proficiency Scale)のディスクリプタをもとにして、その開発に携わったSauli Takala氏の協力のもとに作成された。フィンランドでは、CEFRを外国語教育カリキュラムに取り入れ、学習者の到達度レベルを言語力尺度で明確に示し、それを教師が授業の到達目標として、言語材料を提示せずにテーマ（内容）を設定して指導している。日本の英語教育では、学習指導要領で語彙数の指定や文法項目の設定がされているので、ディスクリプタ理解のために具体的な言語材料の提示の必要性は高いのである。

言語材料参照表の作成にあたっては、JSはフィンランドの実践に根ざして開発したので、フィンランドの教科書にまず着目した。主に参考にした教科書は次のとおりである。

『Open Road 1, 2, 3』（出版社Otava）（高校レベル）→ B1.1～B2.2相当

『Spotlight 7, 8, 9』（出版社WSOY）（中学校レベル）→ A2.1～A2.2相当

『Wow! 3, 4, 5, 6』（出版社WSOY）（小学校レベル）→ A1.1～A1.3相当

これらの教科書から日本の状況に適した語彙と文法を選び、さらに、English Profile (http://www.englishprofile.org)やA Core Inventory for General English (North, Ortega, & Sheehan, 2010)などを参照して決定した。しかし、語彙や文法項目を単独で示してもレベルは理解できないので、具体的に判断できるように、文例やテクストとともに示し、そのレベル判断の評価基準参考を付してある。

JSディスクリプタと言語材料参照表の作成プロセスは、ディスクリプタの改訂と検証作業に併行して行われたが、その作成プロセス自体がディスクリプタ理解に有効だった。その経験を生かして、表として簡潔に表すこととした。ディスクリプタが理解できる場合には、言語材料の典型例は必要ないかもしれない。しかし、実際には、ディスクリプタの理解には相当なトレーニングが必要であり、定期的なチェックが必要である。

2.3.4 言語材料参照表の構成

JSの言語材料参照表は、4技能別にB2.2からA1.1までの9段階を36の表として提示している(次ページの例を参照)。C2、C1を表から除外した理由は、日本人英語学習者には必要性が低いからである。また、Pre-A1は日本的な扱いであり、言語材料の提示だけでは把握しにくい。言語材料の理解以前の要素、つまり、非言語のコミュニケーション手段や情緒的な要素を考慮しなければならない。また、活動においては教師の指導が欠かせない。レベルとして示すよりも指導事例として提示するほうがよい。そこで、B2.2からA1.1までを言語材料参照表として表すこととした。ディスクリプタとともに、語彙、文法などの典型例を示すことによってレベルの理解を助け、教師が授業で利用する教材や活動内容の選定が容易になるというのがねらいである。

言語材料参照表は、できる限りコンパクトにまとめることを基本として、構成は次のようにしてある。詳しくは次ページの例を参照してほしい。

表の構成

総論ディスクリプタ	レベルを総合的に表す記述
各論ディスクリプタ	レベルを個別的に具体的に記述
語彙	各論ディスクリプタに適当な語彙とその具体例を提示
文法	各論ディスクリプタに適当な語彙とその具体例を提示
テクストの典型例	文法項目が使用されているテクスト例を提示
評価基準参考	テクスト例に関連した評価基準の例を具体的に提示

A2.1	聞く	LISTENING						
総論ディスクリプタ		簡単なことばとはっきりした発音でゆっくりと話されれば、日常に最も直接的で基本的な話題や事柄について、内容を大まかに理解できる。						
GENERAL DESCRIPTOR		Can understand the outline of basic topics or events encountered in everyday life, provided speech is slowly and clearly articulated with simple words.						
各論ディスクリプタ		典型例（TYPICAL SAMPLES）						
SPECIFIC DESCRIPTOR		語彙VOCABULARY	例 EXAMPLE	文法GRAMMAR	例 EXAMPLE	文 SENTENCE	テクスト（タスク） TEXT (TASK)	評価基準参考 ASSESSMENT
重要な点をくり返してもらえるなら、個人的に直接かかわる事柄（ごく基本的な個人や家族の情報、買い物など）についての短いスピーチや日常会話をだいたい理解できる。	Can mostly understand a short speech or daily conversation concerning everyday topics, such as personal and family information or shopping, with the help of the repetition of key points.	thousand	There are five **thousand** people at this event.	前置詞句	The author's name is **on** the cover **of** the book.	Our plane stopped **at** Singapore and arrived **in** Bangkok two hours late.	**As for** Jerry and me, we love living **in** the sticks. We get on **with** our neighbors **like** a house **on** fire and don't have any strange people living next door like we had **in** London. We both go **to** the quiz night **in** the local pub **on** Tuesday evenings, which has been a great way to meet people and have a laugh.	典型例のような日常的な発話であれば、重要な点はくり返しが必要な場合もあるが、ほとんど理解できる。
標準的な発音で適切な速さで言われれば、日常生活に関する簡単なメッセージ（短かい指示やお知らせ）は、多少込み入った内容でも、要点をほとんど理解できる。ただし、何度かくり返してもらう必要がある場合もある	Can understand most of the main point of simple or somewhat complicated messages such as short instructions or announcements related to daily life, provided they are delivered at suitable speed and in standard accent. Needs to ask for repetition if necessary.	last (adj.)	Who was the **last** person to live in the Tower of London?	副詞句	**Above all**, we know that he is a very good footballer.	It is raining **all the time at the moment.**	The service will be short so that **afterward**, you and your family can celebrate **together**. I pray this will be **part of** your tradition **this year** and **in years to come. By the way,** we will have no services **on Wednesday, December 26,** so that our staff and leaders can continue spending time **with their families.**	典型例の発話であれば、多少込み入った内容でも、礼拝が行われない日がいつかなどの要点は理解できる。
		sound (v.)	It **sounds** so weird to me.	付加疑問	It's just one thing after another for her, **isn't it?**	You are going to punish them, **aren't you?**	A: Hi, we can't carry all this. B: Oh, I see, we're just going to drive a cart, **right?** A: We're going to try. We aren't doing this for the exercise, so we just try to get what we can, **don't we?** B: No way. This is going to happen.	典型例のような会話で、標準的な発音で適切な速さで話されれば、日常生活のことはほとんど理解できる。ただし、多少聞き逃すことがあるかもしれない。

前のページの表はA2.1の「聞く」の例である。詳細は、184ページ以降に掲載してあるので、活用していただきたい。A2.1の「聞く」の一覧表は、A2.1の「聞く」活動のレベルを簡潔に理解し、教師が授業する際に参照しながら利用できる。たとえば、表では、「thousand」という語を提示し、「There are five thousand people at this event.」という例を示した。また、文法では前置詞句を取り上げ、「The author's name is on the cover of the book.」の例を示した。文とテクスト例も前置詞句に関連して提示してある。評価基準参考として、「典型例のような日常的な発話であれば、重要な点はくり返しが必要な場合もあるが、ほとんど理解できる」を示し、各論ディスクリプタ理解を助けている。このような言語材料の例を参考に、A2.1の「聞く」活動の教材を選定して授業を行うことが可能になる。

JSを利用すれば、この言語材料参照表をもとに、ある程度のレベルの目安を立て、教材の選定とシラバス作成が可能となると考えている。しかし、JSがすべての英語学習の状況を適切に反映しているとは言えないので、利用においてはあくまで参照と考えるべきである。

2.3.5 JS言語材料参照表を利用したCAN-DOの作成

JSの言語材料参照表は、生徒が利用するのではなく、教師が利用するように作成されている。教師は、JSの言語材料参照表をカリキュラムやシラバス作成など指導計画の段階で利用できるし、教材の選定でも利用できる。経験ある教師は、JSの言語材料参照表は必要ないかもしれないが、拠り所がない場合は、自分の判断だけでは根拠が明確ではなく、意味のないものとなる。それを回避するには、CEFRに準拠したJSを利用することは得策であろう。とくに、学習指導要領にもとづいて、学習到達目標をCAN-DOの形で具体的に設定することが求められているので、語彙や文法の例を示しているJSの言語材料参照表は、実際の授業などの活動では参照しやすい。

JSを利用するにあたっては、CEFRの理念がそうであるように、学習者の自律（learner autonomy）を基本とすべきである。つまり、ディスクリプタは学習者自身が自己評価できるように利用されることが望ましい。また，英語のコミュニケーション能力の育成であることは大前提にあるので、その点を忘れてはならない。たとえば、「三単現のsが理解できる」「1分間に50語読める」「前置詞のat, on, inの違いが分かる」などは適当なCAN-DOとは言えない。それぞれの教科書の単元に設定されている言語材料の語彙や文法の理解にばかり焦点をあててCAN-DOを作成しても、それは学習者にとってはあまり意味のないものとなる危険性がある。

CAN-DOリストは学習到達目標でもあるが、評価でもある。明確な根拠のある指標にもとづく必要がある。その指標をもとに、学習者の自律、つまり、学習者自身の学習のふりかえりとしての利用されるのが望ましいだろう。たとえば、「自分自身や家族や友達のこと、住まいや所有物などについて、短い文で簡単な会話ができる」（A1.1「話す」）という各論ディスクリプタをもとに、次のようなCAN-DOを設定しても、生徒にはピンとこないかもしれない。

CAN-DO悪い例	A1.1「話す」	「自分の家族の紹介ができる」（範囲が広すぎる）

JSの言語材料参照表を利用して作成すればもう少し具体的に学習目標としてのCAN-DOを生徒に提示することができ、それを評価することも可能である。次の例のようにすれば、言語材料を選定し、教材を選び、活動を明確にでき、その評価もできる。

CAN-DO良い例	A1.1「話す」	「学習した表現を使って、友達の所有物をほめることができる」 （例：I have a dog. ... Wow! That's good.）

A2.1の「聞く」の言語材料参照表を使って、もう少し詳しい別の例を示そう。ディスクリプタをもとに、授業では次のような具体的なCAN-DOを設定して、聞き取りの授業活動を展開することもできる。

表4：CAN-DOと活動例：A2.1「聞く」

聞く CAN-DO	重要な点をくり返してもらえるなら、次のような前置詞句を含んだ発話を理解できる（A2.1） e.g. Our plane stopped at Singapore and arrived in Bangkok two hours late.
聞き取り タスク	Hi, I'm Toru, I live in Nagano with my wife, Yuri. As for Yuri and I, we love living in the country. We get on with our neighbors like a house on fire and don't have any strange persons living next door like we had in Tokyo. We both went to the party in the local restaurant on Tuesday evenings, which has been a great way to meet people and have a laugh. But we didn't always like having such a party.
質問例	Q1: Where do Yuri and Toru like to live? Q2: When did they go to the party in the local restaurant in Tokyo?
ふりかえり	[分かる] 5 — 4 — 3 — 2 — 1 [分からない]

上記の例は、前置詞という文法項目に焦点を当てたが、単に「前置詞が理解できる」というCAN-DOではない。「重要な点をくり返してもらえるなら、次のような前置詞句を含んだ発話を理解できる（A2.1）」というCAN-DOである。実際に授業で聞き取る教材は、多少むずかしい語彙や文法を含んでももちろんかまわない。大切なことは、オーセンティックな教材を利用することであろう。さらに、前置詞が聞き取れるかどうかだけを問うのではなく、あくまで聞き取る内容に学習者の興味が向かうようにしたい。その内容が聞き取れるかどうかがポイントである。その評価は、学習者の自己評価を促し、何が問題かを考えさせるとよいだろう。どのような点が分かれば聞き取れたことになるのかを考えさせることが大切である。

そのような活動のカギは、CLILのアプローチにヒントがある。CLILで行う活動を考え、聞き取る内容、聞き取った内容をもとに、コミュニケーションをし、学習者同士でその内容を発展させ、学習を発展させることであろう。自分の学習をふりかえり、さらにもっと聞き取れるようにするには、どのような語彙を学ぶ必要があり、様々な前置詞の使い方に慣れる必要があるのかを考えさせることにつながる。教師はそれをサポートする。その根拠として、JSは利用価値があるだろう。

CEFR

第3章 JSの高校英語教育での運用

3.1 高校生に期待されるJSの英語運用レベル

日本の高等学校の現場において、学習者の英語能力はどのように記述されているのだろうか。2009年3月に告示された旧学習指導要領では、高等学校における外国語科の目標を以下のように掲げていた。

外国語を通じて、言語や文化に対する理解を深め、積極的にコミュニケーションを図ろうとする態度の育成を図り、情報や考えなどを的確に理解したり適切に伝えたりするコミュニケーション能力を養う。

JSの能力記述文と関係があるのは、目標の後半にある「情報や考えなどを的確に理解したり適切に伝えたりするコミュニケーション能力を養う」の部分である。では、どのような分野・話題についての情報や考えのやりとりを目標と考えていたのだろうか。岡部・松本（2010）は、高校三年生で履修することを想定されていた科目「コミュニケーション英語 III」のコミュニケーション活動の題材として以下のような話題を具体的に提示している。

Topic 1: Banning the use of mobile phones in school
Topic 2: What is important in my life?

これらのトピックから言えることは、題材は身近なもの（高校生活、および高校生）としながらも、理解したり伝えたりする情報や考えは抽象的であり、かつ多角的な視野を必要とするものであった。Cummins (2001) は、言語能力を、日常生活で対人関係を処理する際に使われるBICS (Basic Interpersonal Communication Skill) とアカデミックな内容を学習し、それについての考えを発信したりする際に使われるCALP (Cognitive Academic Language Skill) に分けて考えている。この考えにもとづくと、上記２つのトピックでのコミュニケーション活動は、BICSに加えて、CALPの言語能力の発達をも促すものである。更に、大学での研究活動は、CALPをベースにして行われることを考えると、高等学校の英語教育は、BISCからCALPへの移行期にあたるものと言える。

川成（2008）によるJSの学年対応モデル（表1）では、大学卒業時の目標をB2レベルと仮定し、高校卒業時に、B1.2レベルの英語力を達成しておく必要があることを示している。

【詳しくは第２章pp.36図6を参照】

表1：JSの想定する学年対応モデル（川成2008） ※高校 該当箇所のみ抜粋

高校１年	A 2.2	高校２年	B 1.1	高校３年	B 1.2

以下は、B1.2の総論ディスクリプタである。

【B1.2 総論ディスクリプタ】

聞く：標準的なことばで発音もはっきりしていれば、自分の得意分野や興味あるテーマについて、日常生活や仕事の話題のほか、抽象的・文化的な話題についても、内容のポイントや概要を理解できる。

話す：個人的な関心事にとどまらず、練習しておけば、既知の簡単な社会問題についても、他の事実や情報などと比較しながら、説明したり、詳しく述べたり、話し合ったりできる。

読む：日常の資料など（非母語話者向けの新聞雑誌の記事、旅行のガイドブック、パンフレット、機器などの説明書、Penguin Readers Level 4など）の読み物が楽に読め、自分の興味のある主題であれば、多少難解でも推測して内容を理解できる。

書く：個人的な関心事や身近な話題であれば、既知のニュースを書く、読んだ本について300語程度の要約を書く、音楽や映画などの文化的話題について既知の知識の範囲で考えを書くなど、標準的な形式できちんとした簡単な文章が書ける。

＿＿部は、指導要領の「情報や考えなど」、〰〰部は「的確に理解したり適切に伝えたり」の具体例に相当する箇所である。そして、＿＿部に注目すると、話題は日常的・身近なものだけでなく、興味があれば抽象的・文化的な話題にも対応できることを求めている。

1つ上のレベルであるB2.1になると、未だ経験の範囲内ではあるが、抽象的、社会的な話題を中心に扱うディスクリプタが並ぶ。従って、高校卒業時に求められる旧学習指導要領上の英語能力をJSに当てはめるならば、表1で示したようにB1.2とするのが妥当である。

【B2.1 総論ディスクリプタ】

聞く：標準的で普通のスピードで話されれば、具体的でも抽象的でも一般的な話題について、主題を容易に理解できる。

話す：個人の経験の範囲内であれば、様々な話題についてはっきりと正確に対話ができたり、出来事や経験に関する印象や考えなどをうまく説明することができる。

読む：Penguin Readers Level 5程度の読み物であれば、内容を詳細まで理解できる。

書く：自分の知識・関心のある身近な話題について、経験した内容や事実や想像上の出来事、自分の考えや意見、伝えるべき情報などを、わかりやすく詳細に書くことができる。

高校英語教育の現在（2023年追記）

2022年度より実施された現行版学習指導要領では、外国語科の目標は次のように記述されている。

外国語によるコミュニケーションにおける見方・考え方を働かせ、外国語による聞くこと、読むこと、話すこと、書くことの言語活動及びこれらを結び付けた統合的な言語活動を通して、情報や考えなどを的確に理解したり適切に表現したり伝え合ったりするコミュニケーションを図る資質・能力を育成することを目指す。

この目標をベースとして、国際的な基準（CEFR）を参考に、聞くこと、読むこと、話すこと［やり取り］、話すこと［発表］、書くことの5つの領域別の目標が設定された。それを踏まえて、言語活動を通して5つの領域を総合的に扱うことを一層重視する科目（英語コミュニケーションⅠ・Ⅱ・Ⅲ）、更に話すこと、書くことを中心とした発信力を強化するため、総合的な言語活動を通してスピーチ、プレゼンテーション、ディベート、ディスカッションなどを扱う科目（論理・表現Ⅰ・Ⅱ・Ⅲ）が設定され、外国語でコミュニケーションを図る資質・能力を育成するための言語活動の充実が図られた。

本稿で扱うJSは、現行版学習指導要領に先んじてCEFRに準拠して策定されているためその応用については、現在の方がより容易になると考えられる。

3.2 JSをベースとしたCAN-DO型カリキュラムの作成

3.2.1 ロジックツリーを活用したカリキュラム作成

ロジックツリーとは、問題の原因を深掘し、解決策を具体化するときに、限られた時間の中で広がりと深さを追求するのに役立つ思考技術であり、アメリカのコンサルタント会社マッキンゼーの問題解決法としてよく知られている。この手法を活用してCAN-DO型カリキュラムを作成する方法を紹介する。

STEP 1：目標とするJSディスクリプタを参照し、より具体的な指導目標に降ろす

目標とする英語力を示すJSディスクリプタを決めても、具体的に授業で何をすればよいのか分からないことが多い。そこで、まず一枚の紙を用意し、左端に目標とするディスクリプタを書く。そして、その目標を達成するためにはどうするのか、つまり、“So how?” の質問を繰り返し、その答えを右に向かって伸ばしてゆく。以下は、高校1年生の該当レベルであるA 2.2「読む」の各論ディスクリプタにロジックツリーを用いて、スモールステップ化したものである。

図1：ロジックツリーを用いたJSディスクリプタのスモールステップ化

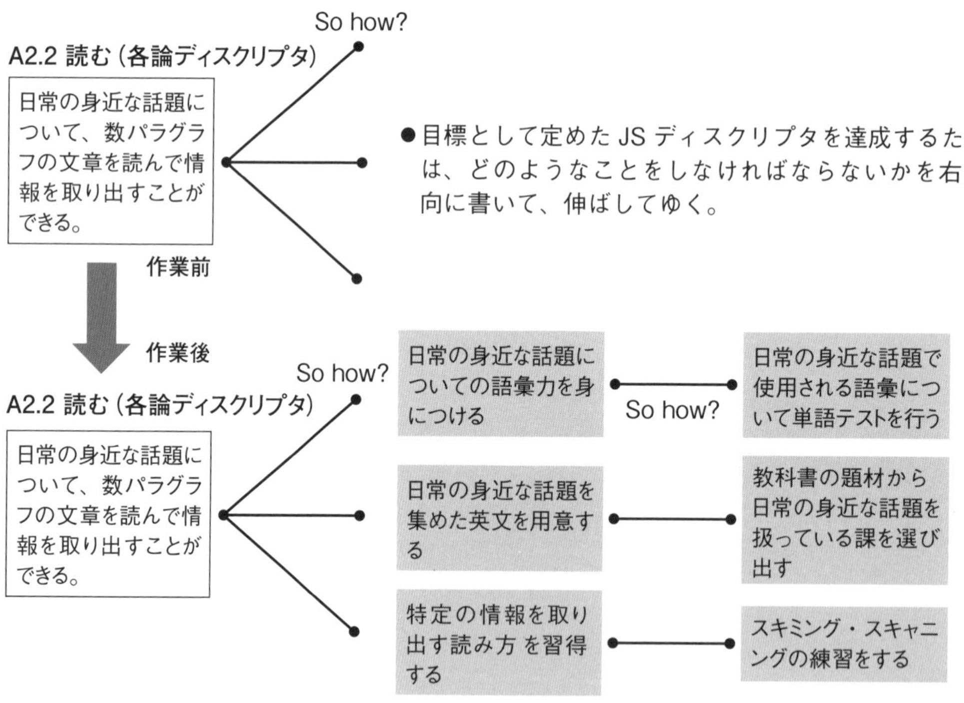

STEP 2：具体的になったアクションプランをもとに、指導方法を考える

JSのディスクリプタを、授業中の教室内活動に反映できる程に具体化することができたら、アクションプランのひな形を、具体的な年間指導計画の中に入れて考えてみることである。以下は、筆者の独り言である。

「最初の項目に、『単語テストを行う』とあるけど、これは4月から行うべきだろうな。『日常の身近な』単語を集めた単語集を探さなきゃいけないな。二番目に、『教科書の題材から日常の身近な題材を選び出す』とあるから、ちょっと教科書の目次を読んでみようか。

○*New ONE WORLD Communication I*（教育出版）の目次（Lesson 4まで）

Lesson 1: *English as a Global Language* 〜 世界の中の英語 〜
Lesson 2: *Bread Culture in Japan* 〜 日本独自のパン文化とは 〜
Lesson 3: *Why Do Cats Purr?* 〜 ネコの生態の秘密 〜
Lesson 4: *The Power of Anime* 〜 世界に広がる日本のアニメ 〜

（旧学習指導要領実施時）

Lesson 2の「パン」、Lesson 3の「ネコ」、Lesson 4の「アニメ」など、教科書の前半だけを見ても、身近な話題は意外に多いなぁ。よし！この3つのレッスンでは、『スキミング、スキャニング』などのリーディングスキルを習得する活動をすることにしよう。他のレッスンでは、1パートずつ進めるつもりだけれど、スキミングとスキャニングをするには、1パートじゃ短すぎるから、1レッスンを一気に読むことになるだろうな。・・・」

以上のような過程を経て、年間で使用する課を選び出し、どのような指導をするかを決定する。

STEP 3：指導目標を達成するためのカリキュラムを作成する

STEP 2のようなプロセスを、時には同じ科目を担当する同僚とのディスカッションを通して、また時には前述したような一人問答で行った後に、以下のようなCAN-DO型のカリキュラムを作成する。

表2：ロジックツリーを用いたCAN-DO型のカリキュラムの例

指導目標：日常の身近な話題について数パラグラフの文章を読んで、特定の情報を取り出すことができる。（A 2.2）	
教科書 該当レッスン	**特定の情報を取り出す活動**
L2: Bread Culture in Japan	スキミング (skimming)
L3: Why Do Cats Purr?	スキャニング (scanning)
L4: The Power of Anime	スキミング & スキャニング

（旧学習指導要領実施時）

JSをCAN-DO型カリキュラムへ発展させるアプローチとして、以上の方法は大変有効である。

3.2.2 ブレイン・ストーミングを活用したカリキュラム作成

最初に紹介したアプローチは、JSを出発点として、それをカリキュラム作成まで降ろして行くという手法であった。この方法は、これまで担当したことのない科目などのカリキュラムを初めて作成する際などに有効である。一方で、JSを使用する前から長年担当している科目や、同僚と共同で担当する科目の場合には、それまでの指導方針をゼロにして、JSからカリキュラムを作成できる環境にある教員は多いとは言えない。

そこで次に、以前から行ってきた指導の流れを変えないで、JSをカリキュラム作成に活かす方法を提示したい。

STEP 1：ブレイン・ストーミングによって、これまでの指導項目を洗い出す

まず、以前に該当する科目を担当した際に、意識的、あるいは無意識的にでも目標としてきた指導項目を言語化してみる。以下は、科目「英語表現Ⅰ」[1]における目標とするべきライティング能力についてブレイン・ストーミングをしたものである。

図2：ブレイン・ストーミングを用いたこれまでの指導目標の洗い出し

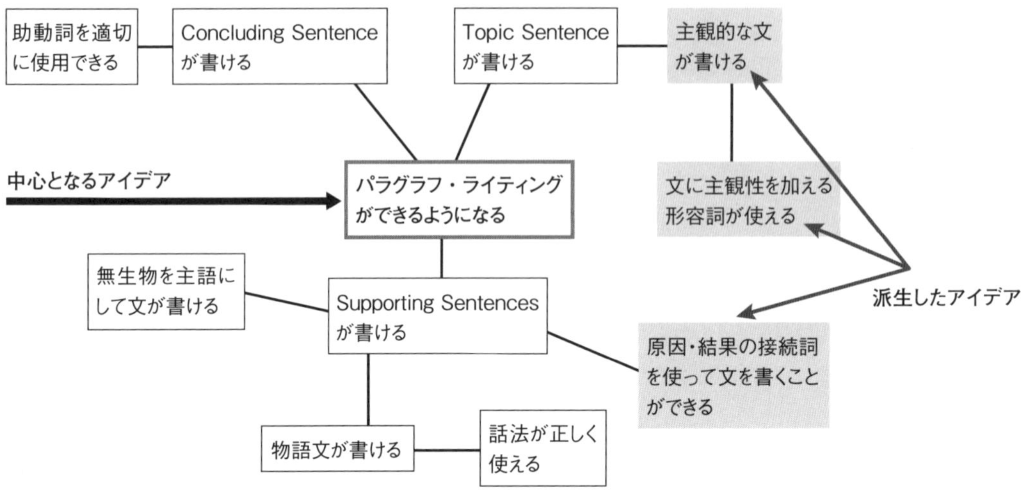

図のように、自分の頭の中にある指導目標を、思いつくままにバルーンの形で書き出し、関係のあるものを線で結んで、グループ化してゆく作業がブレイン・ストーミングである。「英語表現Ⅰ」は2009年告示の学習指導要領から初めて登場した科目である。しかし、その科目の指導目標を考える場合に、これまでの指導経験をゼロにして考えることはまずない。この場合も、それより前の学習指導要領下で実施されていた科目「ライティング」の授業を思い出し、その指導目標を書き付けるところから始めた。

STEP 2：書き出された指導目標をJSと照らし合わせ、対応する項目を見つける

次のステップは、ブレイン・ストーミングによって言語化された過去の指導目標とJSディスクリプタに共通する記述がないかを確認することである。すると、それまでの科目「ライティング」で行ってきた指導の最終目標は、パラグラフ・ライティングができることであり、そのために、Topic Sentence、Supporting Sentence、Concluding Sentenceが書けることであることが分かった。それらは、B1.2の各論ディスクリプタである「複雑な内容でなければ、主題文に支持文を加え、読み手を意識してパラグラフ構成をしっかりと書ける」とB1.1の「個々の句をつなげて長い文を作り、単純につなぎあわせたテクストにし、結束性のある定型スタイルの文章が書ける」に合致することを確認した。こうすることで、これまでの曖昧だった指導目標を言語化し，整理することができる。更に、目標とした各論ディスクリプタと対応する総論ディスクリプタを参照することで、現実のどのような言語使用の場面を想定して行ってきたのかも確認することができる。上記のケースで目標

1）2023年現在の学習指導要領では「英語表現Ⅰ」という科目は存在せず「論理・表現Ⅰ」がこれに該当する。

として設定しているB1.2の総論とは、以下の通りである。

B1.2：書く（総論） 個人的な関心事や身近な話題であれば、既知のニュースを書く、読んだ本についての300語程度の要約を書く、音楽や映画などの文化的話題について既知の知識の範囲で考えを書くなど、標準的な形式できちんとした簡単な文章が書ける。

STEP 3：書き出された指導目標をJSディスクリプタで整理する。

表3：ブレイン・ストーミングを用いたCAN-DO型のカリキュラムの例

指導目標	学習するテーマ	教科書の該当範囲、プリント
［書く：B1.2］複雑な内容でなければ、主題文に支持文を加え、読み手を意識してパラグラフ構成をしっかり書ける。	●パラグラフの構成	プリントNo.1, 2, 3
	○主観的な意見を表すTopic Sentenceが書ける ■現在形が正しく使える ■助動詞を適切に使い分けることができる	Lesson 1: 現在形, 現在進行形 Lesson 3: 助動詞can, could Lesson 5: 助動詞must, may
［書く：B1.1］個々の句をつなげて長い文を作り、単純につなぎあわせたテクストにし、結束性のある定型スタイルの文章が書ける。	○物語文を書くことができる	プリントNo 4, 5
	■過去形が正しく使える ■過去完了形が正しく使える	Lesson 4: 過去形, 現在完了形

（旧学習指導要領実施時）

この方法は、現場で行ってきた指導項目の洗い出しから始まり、それをJSと合致させるアプローチである。しかし、最終的にはJSによって、言語使用の場面と教室内の活動の結びつきが整理されたカリキュラムを作成することが可能となる。

3.2.3 高校3年間を通したカリキュラム作成の実例

これまで、2つのアプローチによるカリキュラム作成について述べたが、最後に筆者の勤務校である日本女子大学附属高校の事例を紹介したい。本校では、3年間の集大成として、高校3年生全員に英文での卒業レポートを課している。卒業レポートというのは、自分の興味のあるテーマを1つ選び、参考文献を利用しながらそれを掘り下げて調べて、自分の意見を展開して考察していく、いわば大学の卒業論文のミニチュア版のようなものである。

この活動に相当するJSディスクリプタは、B2.2「書く」の各論に存在する。

【B2.2 書く】各論ディスクリプタ

・自分の関心のある得意分野の話題について、大学生が授業などで書くエッセイ、レポート、サマリーなどを、1000語以上で容易に書ける。

これが高校3年生でできるようになるためには、高校3年生の年間指導計画だけでは達成することはできない。すなわち、高校1年生の時までに何ができなくてはならないのか。また、同じく高校2年生では何を指導しなくてはならないのかについて、生徒が高校へ入学する前までに、先に述べたカリキュラム作成法を使って、明確化しておく必要がある。

筆者が実際に作成した卒業レポート完成までの、3年間の指導計画の基になったアイデアを下記に示す。

図3：卒業レポートを目標とした三年間の活動の一覧

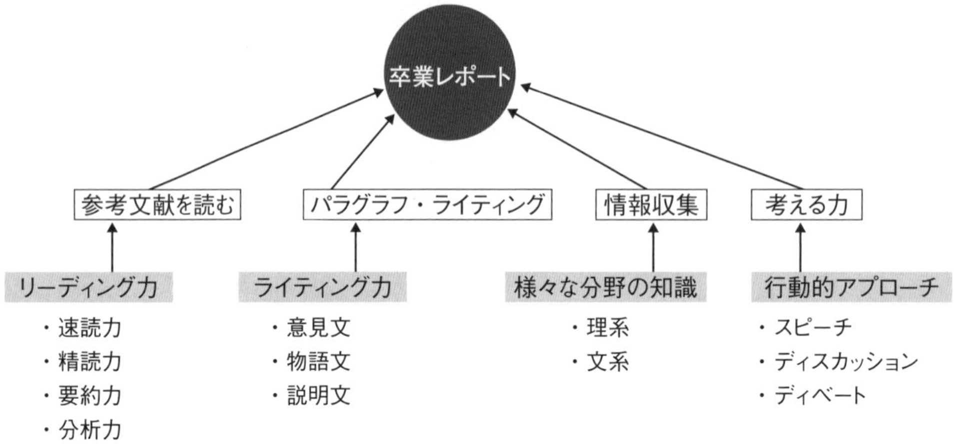

このようにB2.1の各論ディスクリプタを基にした3年間の最終目標を達成するためのスモールステップを明らかにしたところで、高校1年次から積み上げるべき英語力についても、JSのディスクリプタに照らし合わせて考えてみる。例えば、リーディング力については、B1.2の各論ディスクリプタの中に参考にすべき記述が見つかった。

【B1.2 読む】各論ディスクリプタ

・自分の得意分野であれば、1000語以上の記述文や説明文を読んで、必要な情報を見つけ、概要をまとめることができる。

＿＿＿部分の「必要な情報を見つける」ためのリーディング力は、参考文献を読む際に必須の能力である。また、～～～部分の「概要をまとめる」とは、筆者がリーディング力の一部と考えた「要約力」を示している。B1.2というレベルは、高校3年生と位置づけていたので、これらの活動は高校3年生で行うことにした。

一方、卒業レポートを完成させるための重要なライティング力として、「パラグラフ・ライティング」を挙げた。これは、B1.2の各論ディスクリプタに以下のような記述がある。

【B1.2 書く】各論ディスクリプタ

・複雑な内容でなければ、主題文（Topic Sentence）に支持文（Supporting Sentence）を加え、読み手を意識してパラグラフ構成をしっかりと書ける。

加えて、意見文、物語文、説明文といった様々なタイプの文章が書けるようになることについては、B1.1の各論ディスクリプタに以下の記述を見つけることができる。

【B1.1 書く】各論ディスクリプタ

・個々の句をつなげて長い文を作り、単純につなぎ合わせたテクストにし、結束性のある定型スタイルの文章（手紙、説明、物語、報告、記録など）が書ける。

この２つのディスクリプタを、２年次の科目「ライティング」の目標とした。【具体的なカリキュラム内容については、前節である「3.2.2 ブレイン・ストーミングを活用したカリキュラム作成」を参照】

高校３年生になって、いざ卒業レポートを書きなさいと言われてもすぐに書けるものではない。高校１年生を担当することになった際には、まず３年間の見通しを立てるところから、始めたいものである。そのためには、できれば一緒に担当する英語科の同僚とともに、これから入学して来る生徒が３年後に卒業する際には、どのようなことが英語でできるようになって欲しいかについて、十分に話し合いをする必要がある。このような教員同士のコンセンサスを得るためにも、JSを活用したカリキュラムの作成は大変有効である。

コラム ①｜JSと学校教育における目標

日本の学校教育では、英語教育に限らずさまざまな目標が掲げられている。教室では、「明るく、思いやりのあるクラス」のような学級目標であったり、部活動では「全国大会出場」など、例を挙げればきりがないほどである。これは、教育にとって目標設定がいかに大切であるかを物語っている。

一般的に、学校教育におけるさまざまな目標は、下の図のように３つの段階に整理することができる。第一は、「教育理念」である。これは、「教育基本法第一条」にある条文

> 教育は、人格の完成を目指し、平和で民主的な国家及び社会の形成者として必要な資質を備えた心身ともに健康な国民の育成を期して行われなければならない。
>
> （教育基本法　第一条）

が代表的なものだが、学習指導要領に定められた目標であったり、あるいは私学における建学の精神に相当するもので、将来にわたるまで変わらないものである。そして、国家、または学校内の教科教育、生徒指導等のあらゆる教育活動の根本となるものである。

◆目的論の３段階

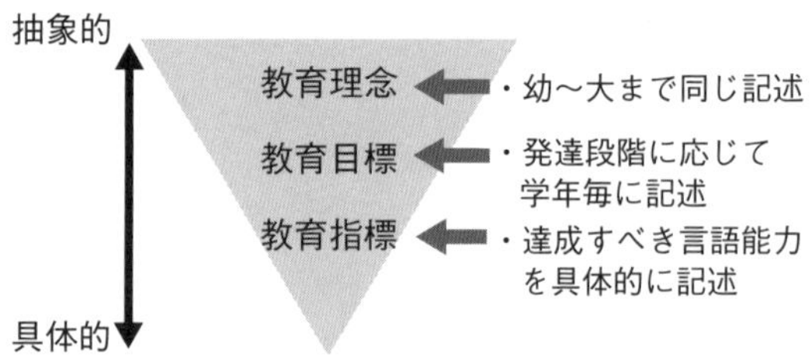

あらゆる教育活動に共通のものであるため、その記述は理念的であり、抽象的である。次にそのような一貫した教育理念のもと、各学校間で行われる教育活動は、児童・生徒・学生の発達段階に応じて、その年代に応じた適切な「教育目標」が設定されている。これは、先の「教育理念」と違い、その理念を具体化するために、教員が時代のニーズも考慮して自ら設定するものである。更に、「教育指標」とは、第二段階の教育目標を基本に、教員が実際にそれに基づいて教材作成をおこなったり、または授業を行ったりできるレベルにまで記述が具体化されたものである。JSのディスクリプタは、各学校で、または教師個人がこうした「教育指標」を作成するために、役立つツールとして期待できる。

3.3 JSをベースとした教材の作成と選定

3.3.1 教科書採択のものさしとしてJSを活用する

本節では、教科書採択と、教科書を使った自主教材の作成においてどのようにJSが活用できるか考える。日々の授業を行うに当たって欠かせないのが教科書である。各学校の指導目標がJSをもとに作成されていれば、そのディスクリプタを参照しながら、目標に見合った採択を行うことが可能である。たとえば、高校1年生でA2.1レベルを目標とした場合、その総論ディスクリプタは以下のようになる。

【A2.1 総論ディスクリプタ】

聞く：簡単なことばとはっきりとした発音でゆっくりと話されれば、日常に最も直接的で基本的な話題や事柄について、内容を大まかに理解できる。

話す：聞き手が集中して聞いてくれれば、日常的な出来事の話題について、個人的な気持ちや考えの概要を、簡単なことばで大まかに話すことができる。

読む：よく使われる一般的な語彙で書かれた日常的で簡単な文章（私的な手紙、パンフレット、メニュー）であれば、ほとんど問題なく読める。

書く：ある程度時間をかければ、日常的な場面や生活に直接関連のある話題について、簡単な表現や文を連ねて、大まかな内容を簡単に書くことができる。

ここでは、高校1年生での履修が想定されていた科目「コミュニケーション英語1」の教科書を選定する場合を考えてみたい。＿＿部分は、どのような話題を扱うかについての記述であることから、各レッスン本文の題材を見比べる際の基準となるであろう。一方、～～部分は題材をどの程度理解し、表現するかについて言及している。これらの記述は、本文の題材に付いている四技能のタスクを検討する際に参考となる。

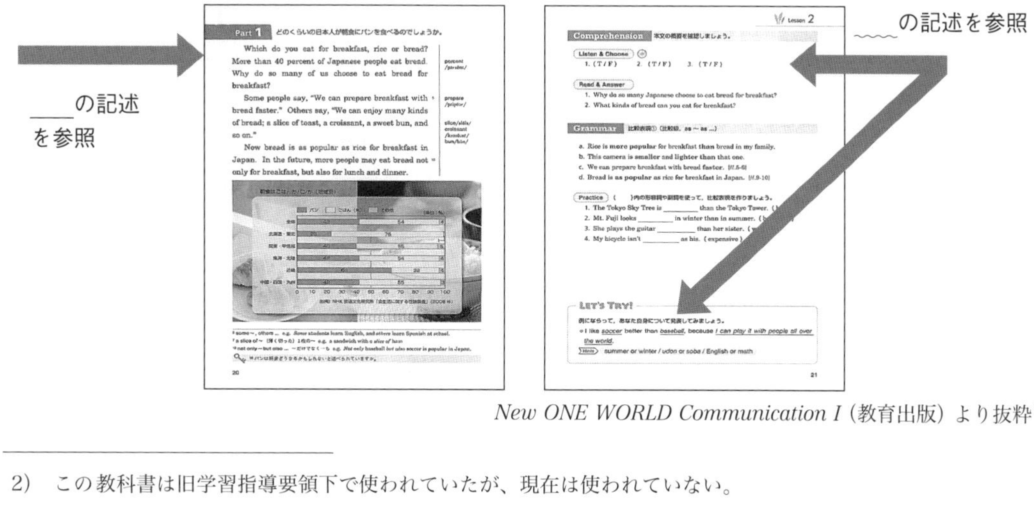

New ONE WORLD Communication I（教育出版）より抜粋[2)]

---

2) この教科書は旧学習指導要領下で使われていたが、現在は使われていない。

3.3.2 JSを活用した教科書選定のためのチェックリストを作成する

通常教科書の採択は、複数の教員が話し合って決める場合が多い。そのような場合には、先に述べたようなJSを基にした選定基準を次のような表にして利用することも一案であろう。

○JSディスクリプターを活用した「教科書選定のためのチェックリスト」の一例

	教科書A	教科書B	教科書C	教科書D
観点1	○		○	
観点2		○	○	
観点3	△	△	○	△
観点4				
観点5	○	○	△	△
観点6	○		○	

○：豊富に含まれている／△：ある程度含まれている

○本文の題材

観点1：日常的な話題を多く含んだ題材であるか。

観点2：生徒の生活に直接関わるような話題を多く含んだ題材であるか。

観点3：比較的易しい文体で書かれた題材を多く含んでいるか。

●付随するタスクの種類

観点4：内容を大まかに理解することを促すタスクが多く含まれているか。

観点5：概要を簡単なことばで表現するようなタスクが多く含まれているか。

観点6：題材について、個人的な気持ちや考えを表現するタスクが多く含まれているか。

教科書の選定と言っても、通常は忙しい校務の中、限られた時間で行われることが多いのが実情であろう。そうした現状の中で、事前にこのような用紙を同僚に配布しておき、あらかじめ○、△等の評価を記入した上で選定の会議を開くようにすれば、議論が脇道に逸れることもなく、短時間で効果的な選定作業を行うことができる。また毎年教科書採択の時期になると、自社の教科書を説明するために、教科書会社の方が学校を訪問することがよくある。こうした際にも、選定する教員の方がこのようなチェックリストを持って、各社の説明を聞くことができれば、より多くの情報を得ることができる。

以上のようにして、JSを教科書選定に活用し、生徒のためにより良い教材を確保してゆきたいものである。

3.3.3 教科書「で」教えるためにJSを活用する ～JSを活用した自主教材の作成～

上記のチェックリストを参考に教科書を選定することを提案したが、たとえよい教科書の選定に成功したとしても、すべてにおいて完全に各学校の目標に合致する教科書に出会うことはほぼ不可能である。そこで、設定した指導目標、及び指導すべき項目と教科書を比較しながら、教科書を使って指導する項目と、教科書では指導できない項目の仕分けを行う必要がある。そして、後者については、担当教員が自主教材を作成することになる。

ここでは、実際に作成した教材を例に、JSを活用した自主教材の活用について紹介したい。

教材例①：震災をテーマにした投げ込み教材の作成

2011年高校2年生での科目「英語Ⅱ」の最初の授業は、東日本大震災が起きた後だった。震災後のメディアは被害の様子を生々しく放送し、日常生活を送ることさえも困難になり、学校も登校禁止になった。当時の高校2年次レベル設定は、JSのB1.1としていた。このB1.1レベルの総論ディスクリプタは以下のとおりである。

【B1.1 総論ディスクリプタ】

聞く：標準的なことばで発音もはっきりとしていれば、学校、仕事、趣味などに関するごく身近な事柄や話題について、内容のほとんどを理解できる。

話す：時には言いたいことが言えないこともあるが、個人的な関心事や経験、具体的な話題などであれば、比較的詳しく話せる。

読む：身近な話題（予定表、カレンダー、授業、料理、趣味、スポーツなど）であれば。500語程度の様々な文章が辞書など準備しなくても、要点を把握しながら読める。

書く：事柄の提示は直線的であるが、身近で事実に基づく話題であれば、ある程度標準的な形式で簡単な文章が書ける。

当時のような震災直後という特異な状況下において、＿＿＿部分に書かれている「身近な事柄」、「個人的な関心事」というのは、まさに実際に経験した震災そのものであった。しかし、当然のことながら、教科書にそのような題材はない。そこで、当初の予定では、教科書の最初の章を扱うことになっていたが、担当者間で相談し、急遽変更して震災に関した文章を担当者で作成することにした。

作成にあたり、上記の総論ディスクリプタに加え、同レベルの「読む」の各論ディスクリプタにある、「身近な話題であれば、500語程度の様々な文章が、辞書など準備しなくても要点を把握しながら読める。」と「非母語話者向けの新聞や雑誌（Daily Yomiuri, Japan Times）で、身近な話題を扱う記事の要点などが理解できる」という部分も参考とした。

教材例（自作）①: Part 2のみ

Pray for Japan ~ We Share Your Grief ~

● Part 2: 震災の様子は、海外の人々の目にどのように映ったのでしょうか。

This horrible news made people all over the world tremble. At the same time, however, they were surprised that Japanese kept order in their society. A British journalist said, “The point is how they behaved when they faced the hardship. There was no looting even in such an extreme situation. It’s unlikely that it would be the case in Britain.” In fact, in a square where hundreds of people fled for safety, all of them helped each other. Nobody smoked. After they left, not a piece of trash was to be seen.

In Tokyo, millions of people were going home on foot because train service had been stopped. A Chinese resident in Japan was filled with admiration for their composure. He said, “I saw them walking silently. I never heard a car horn sounded. I felt as if I saw a silent film.”

The Los Angeles Times carried an article that an elderly woman whose leg was injured cared about the other injured. “When someone helped them, Japanese often say, ‘I’m very sorry.’ instead of ‘Thank you.’ It shows their feelings that they feel very sorry to trouble others.” said the newspaper.

People around the world realized not only the dread of natural disaster but also the Japanese spirit of compromise called *yuzuriai* through the huge earthquake.

---

horrible tremble looting extreme journalist flee (-fled-fled)
trash admiration composure horn article dread compromise

投げ込み教材であるため、内容把握があまり難しくならないように注意を払い、500語程度の文章に収めた。実際の内容は、既知の内容に加えて新発見や少しの気づきが持てるように、そして、それらをもとに考えたくなるような内容になるように気を配った。具体的には、震災のすさまじさ(Part 1）と共に、海外の人々の目に映った混乱した状況下での日本人のマナー (part 2)、世界中から寄せられる支援の数々（part 3）の３部構成にした。Part2、３では、海外の新聞を参考に情報を集め、辞書がなくても読めるように単語や言い回し等も簡単な表現に言い換え工夫した。

文章を読んだ後には英語で意見を書く活動を設けた。内容は、①海外メディアの多くは困難な状況でも日本人は礼儀正しく行動していると評価しているが、なぜ日本人はそのようなことができると思うか。②①のような海外メディアの意見に賛成か否か、その理由を例を挙げて説明しなさいというものである。高校生ともなるとよく考えた意見が数多く見られ、中には、聖徳太子の時代からの「和を以って貴しと為し」という教えが現代も受け継がれているのではないかとのいうような興味深い意見も出るほどだった。その後、出た意見を集約し生徒たちに配布し、生徒たち自身も友達の意見を知る機会を得て、より深い理解ができたように思われる。

このように、その時の社会の出来事に即応した教材を生徒に提供できるのが、自主教材を作成する醍醐味である。JSディスクリプタに記載されている「身近な話題」「社会性の高い話題」とは、その時の生徒の置かれた立場、社会の動きによって常に変化するものである。そのような激しい変化に対応した教材を作成する際の力強い柱として、JSを機能させたい。

教材例②：「日本とアメリカの高校の違い」をテーマにしたディスカッション

教材例①では、教科書の本文に代わる英文パッセージの作成について実例を示した。このような例とは別に、本文はそのまま教科書のものを使用するが、付随するタスクを自主教材として作成する場合も多い。以下の教科書本文（科目は「英語Ⅰ」）を見ていただきたい。

Japanese School ～An American Student's View～

Part 1

When I attended a Japanese high school last July, I was impressed with what I saw. At first many things seemed different, but I soon got involved in my new life. I learned to study and play like my Japanese friends. While the Japanese school teaches almost the same subjects that I study in America, five differences stood out for me.

The first was the school uniform. While some private and church schools in America have uniforms, they are not common. I preferred wearing my Hawaiian T-shirt and green shorts to be cool and different, but I quickly got used to the white shirt and black slacks. It was good to feel like one of the group, because my blond hair and 185 cm height already made me stand out.

～ 以下省略～

Spectrum English Course I（桐原書店）より抜粋
（旧学習指導要領実施時）

日米の学校比較をテーマにした題材であるが、生徒にとって身近であり、比較的関心の高い話題である。こうした教材を読んで終わりにしたのでは大変勿体ない。筆者は、高校2年生を対象にB1.1レベルの教材として扱った。同レベルの「話す」のディスクリプタは以下のとおりである。

【B1.1 話す】

総論ディスクリプタ

・時には言いたいことが言えないこともあるが、個人的な関心事や経験、具体的な話題などであれば、比較的詳しく話せる。

各論ディスクリプタ

・複雑ではないが、買い物で自分の要望を伝えながら交渉するなど、日常生活で必要なやりとりができる。
・内容により緊張を伴う状況でも、自分の感情や感想、夢や希望など個人的な事は伝えられるが、抽象的なことを述べるのには困難がある。
・内容によってはたどたどしいところがあるが、事実関係を述べたり、理由を説明したりすることができ、聞き手に理解される発話を維持できる。
・日常生活からやや広範囲にわたる語彙と、頻度の高い言い回しが使えるので、アクセントやイントネーションに、日本語なまりや誤りがときどき見られるが、発音は比較的はっきりと理解される。
・比較的多様な文構造が使えるが、文法の誤り（冠詞、接辞など）は自然な発話の際にはよく起こる。理解を妨げることはほとんどない。

教科書本文では、制服の有無、授業後に生徒が掃除をすることについて、クラスサイズやホームルーム・担任の有無、授業中の生徒の姿勢などについての比較が紹介されている。授業では、ディスクリプタの＿＿＿部分を反映させるためのグループごとのディスカッションを取り入れたいと考えた。そこで、上記の教材を読んで、生徒が自分の感情や感想を述べる。そして、自分の意見をサポートするために、事実関係を述べたり、理由を説明したりする活動を行うための教材を作成した。次ページの自主教材は以下の手順に従って、授業を行うために作成した。

◯指導手順：ディスカッションの下地作り

1. プリント State Your Opinion（次ページ参照）を配布する。
2. 本文を読み直しながら、State Your Opinionの１のみ、自分の意見を記入する。
   ※文ではなく、メモ書きで！
3. 教師が司会役となり、生徒の意見を発表させる。
4. State Your Opinionの２～５に自分の意見をメモ書きする。

教材例②

◆ State your opinion about five differences that stood out for the author.

1st Step: Read the passage again. 2nd Step: Discuss this topic in Japanese.

3rd Step: Draw up a memo. Final Step: Discuss it in English.

1. What do you think of *school uniforms*?
I think that school uniforms are (necessary / unnecessary). Why?
2. Do you think students should clean their classroom like Japan?
It is my opinion that students (should / should not) clean their classroom. Why?
3. Do you think students should remain in one classroom like Japan?
In my opinion, students (should / should not) remain in one classroom. Why?
4. Do you think homeroom should include students of a wide range of abilities?
I think that homeroom (should / should not) include students of a wide range of abilities. Why?
5. Do you think teachers should control their classes like Japan?
In my opinion, teachers (should / should not) control their classes. Why?

上記のようなディスカッションの下地を作った上で、グループ（6人）ごとにそれぞれ司会者と記録係を決め、司会者は一人ひとり意見を聞いていく。他の生徒たちは、お互いの意見をメモしたり新しい意見を言ったりしていく。その間、教師はグループごとに回り、手助けが必要なところには行い、「意見の内容」、「英語の表現」、「積極性」の3点から評価をした。

教材例③：「死刑制度の是否」をテーマにしたディベート

教材例②と同じく、教科書本文を用いてコミュニケーション活動を行うためのタスク教材の作成例を紹介したい。高校2年生での科目「英語II」も終盤に差し掛かったあたりには、JSでも1つ上のレベルであるB1.2を意識した社会性の高い話題についても扱いたいと考えていた。B1.2の「話す」のディスクリプタは以下の通りである。

【B1.2 話す】

総論ディスクリプタ

・個人的な関心事にとどまらず、練習しておけば、既知の簡単な社会問題についても、他の事実や情報などと比較しながら、説明したり、詳しく述べたり、話し合ったりできる。

各論ディスクリプタ

・初対面の人でも、相手の人が標準的な発音・表現で話してくれれば、話を理解し適切なコミュニケーションができる。
・観た映画や読んだ本の感想について述べたり、その映画や本のストーリーを比較的詳細に説明したりできる。
・言語表現はいつも正確であるとは言えず、言葉が詰まったりすることもあるが、かなり容易に自分のことは伝えられる。
・比較的幅広い語彙力があり、ある程度は複雑な文構造を使って様々な表現ができるので、発音、アクセント、イントネーションなどが多少不自然なことがあっても、問題なくはっきりと理解される。
・文法の誤りは多少あるが、話題や場面などが普通とは少し異なっても、ほとんど問題にならない。

______部分にあるように、既知で簡単なという制限はあるものの、B1.2では社会問題も扱う。そこで、死刑制度の是非について扱った教科書の本文を扱った後に、題材の難しさやディベートそのものの不慣れさを踏まえ、「英語のディベート授業30の技」(中嶋洋一、1997、pp.171-172) を基に、取り組みやすいディベートを心がけた。内容としては、題材にも書かれてあった死刑制度賛成派・反対派の意見をおさらいした後、実際に死刑判決がでた判例を読み、自分が裁判員だったら死刑にするか否かを考えるものにした。どちらかが賛成、もう片方が反対の立場をとり、それぞれの立場のもと、賛成・反対を書き出していく。書き終わったら相手に渡し、反論し理由も合わせて書き足していく。わからなかったら日本語でも良い。良い意見には赤線を引き、もう反論する余地がなくなった時点で終了である。時間は15分間とした。

教材例③

What do you think about the death penalty?

(1) If you should judge the following trial as a citizen judge, would you impose the death penalty on the accused person?

The murderer broke in his next apartment room on 6 a.m., and killed 3 people: a man, his wife, and his brother. He had lived there since about 5 years ago, and had complained them about the noise they made for 4 years. For example, the noise of their cleaning the room, opening and shutting the door, and washing their clothes.

On the previous day of killing, he had been drinking a lot. When the sun started to rise, he felt frustrated and irritated by their noise more strongly than ever, and he suddenly decided to kill them.

The news added that the murderer had suffered from insomnia and given the special treatment in the hospital. (The Court judged the mental problem had no relation to the murder.)

YES	NO

Ex) The murderer should be executed / should not be executed. I have ______ reason (s).
Firstly, ______________________________.
Secondly, ______________________________.
(Look at line ____. The passage says that ______________________.)
That's why, the murderer should be executed / should not be executed.

3.4 JSをベースとした授業展開

3.4.1 英語授業の三要素

日々行っている授業に対して、JS をどのように活用することができるだろうか。適切な目標を設定し、綿密なステップで構成された教材を、様々な指導技術を駆使して料理し、楽しく、分かり易い授業になるように努力している。その教師と生徒が直接かかわり合う場面におけるJSの活用法を考えてみたい。

現場の教員であれば、授業を決定する要素として、①教師、②生徒、③教材の３つを挙げることができるであろう。そしてこの三要素は、授業において相互にかかわり合うものである。

図４: 英語授業の三要素

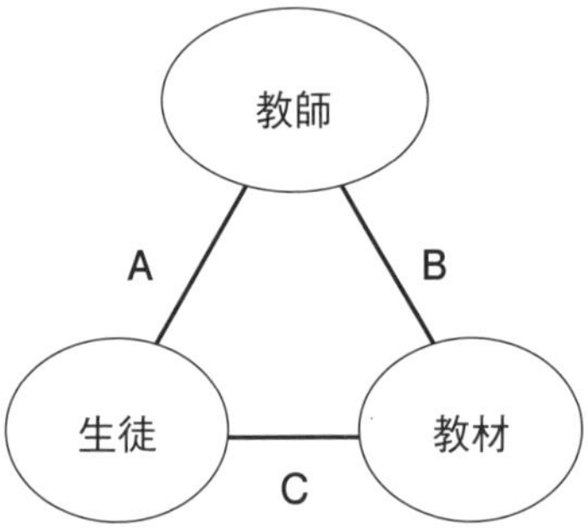

A: 教師と生徒のかかわり
B: 教師と教材のかかわり
C: 生徒と教材のかかわり

全国津々浦々の教室で、数々の授業が行われているが、１つとして同じ授業が存在しないのは、この三要素がそれぞれ変数となって、違った授業を作り出しているからである。

3.4.2 JSで生徒の英語力を把握する

「A: 教師と生徒とのかかわり」において、JSをどのように役立てることができるだろうか。有効な活用法として、生徒の現状の英語力を測るものさしとして活用する方法が考えられる。JSのディスクリプタをもとに、実力診断テストを作成することも１つの方法であるが、最も負担をかけずにできるものとしては、教師の経験則に基づいて、現状の生徒の英語力をJSのレベルに当てはめてみることであろう。そして、それを日々の授業の中で確認しつつ、必要があれば修正を加えるという作業を繰り返すことだけでも、効果的な授業を行うための素地を作ることにつながる。

加えて、JSディスクリプタを反映させた自己評価アンケートを生徒に実施することも、活用法として考えられる。次に挙げる表４は、2012年度に本校の高校２年生対象「必修ライティング」、及び、高校３年生対象「選択ライティングA」、「選択ライティングB」を履修した生徒に対して行った自己評価アンケートの実例である。

表4：JSを活用した自己評価アンケートの実例

ライティング 自己評価シート

このシートは、これまでに習得した、又はこれから習得するライティングの能力を自己評価するためのものです。1～24のそれぞれの項目について、「できる自信がある」を4、「できる自信がない」を1とし、4段階で評価して下さい。この自己評価は成績評価の参考にすることはありません。

1：ほとんどできない　2：あまりできない　3：まあまあできる　4：よくできる

1. 学校や日常生活で起きた出来事、または自分の予定や将来について日記を書くことができる。	1	2	3	4
2. 身近で事実に基づく話題について、ある程度標準的な形式で手紙を書くことができる。	1	2	3	4
3. 運動会や文化祭などの学校行事を題材に、ある程度標準的な形式で記録や報告文を書くことができる。	1	2	3	4
4. 学校や日常生活で起きた出来事について、物語の形式で文章を書くことができる。	1	2	3	4
5. 学校や日常生活に関する出来事や物事について、他人に説明する文章を書くことができる。	1	2	3	4
6. 英語らしいパラグラフの構成が理解できる。	1	2	3	4
7. 主観的な文と客観的な文を区別することができる。	1	2	3	4
8. 主観的な自分の考えを一文で書くことができる。	1	2	3	4
9. 無生物を主語にした英文を書くことができる。	1	2	3	4
10. 物語を使って、自分の意見をサポートすることができる。	1	2	3	4
11. 原因・理由／目的・結果の表現を用いて、自分の意見を論理的に説明することができる。	1	2	3	4
12. 比較・対照の接続詞を使って、2者を比較しながら自分の意見を論理的に説明することができる。	1	2	3	4
13. 複雑な内容でなければ、主題文に支持文を加え、読み手を意識してパラグラフ構成をしっかりと書ける。	1	2	3	4
14. 自分の得意分野の事柄について、2～3パラグラフ(2～300語)程度で構成されたエッセイを書くことができる。	1	2	3	4
15. エッセイを書くにあたって、指定されたトピックについて、自分の考えを幅広く生み出し、整理することができる。	1	2	3	4
16. Thesis Statementを書くことができる。	1	2	3	4
17. 1000語程度のエッセイを組み立てるアウトラインを作成することができる。	1	2	3	4
18. Introductionのパラグラフを書くことができる。	1	2	3	4
19. Bodyのパラグラフを書くことができる。	1	2	3	4
20. Conclusionのパラグラフを書くことができる。	1	2	3	4
21. 自分または他者の書いたエッセイを推敲することができる。	1	2	3	4
22. 自分の得意分野の事柄について、1000語程度のエッセイをパラグラフ構成法に基づいて書くことができる。	1	2	3	4

23. 英語の資格（英検、TOEIC、TOEFL等）の資格を持っていますか？　1. Yes　2. No

23-2. Yesと答えた方へ：資格＿＿＿＿＿＿＿＿／級またはスコア＿＿＿＿＿＿＿＿

24. 1年以上の留学経験、または海外滞在経験がありますか？　1. Yes　2. No

24-2. Yesと答えた方へ：国名＿＿＿＿＿＿＿＿／滞在年数＿＿年＿＿ケ月／＿＿才～＿＿才

Subject＿＿＿＿＿＿＿＿　Grade＿＿＿　Class＿＿＿＿　No.＿＿＿＿　Name＿＿＿＿＿＿＿＿＿＿＿＿

（旧学習指導要領実施時）

表5は、筆者が担当した科目「必修ライティング」履修者である高校2年生の自己評価アンケートのうち、1〜10の項目の回答結果を示したものである。[3] この10項目は高校2年生の目標と位置づけているB1.1レベルのディスクリプタを参考にアンケート項目を作成した。B1.1「書く」のディスクリプタは以下の通りである。

【B1.1 書く】

総論ディスクリプタ

・事柄の提示は直線的であるが、身近で事実に基づく話題であれば、ある程度標準的な形式で簡単な文章が書ける。

各論ディスクリプタ

・学校や日常生活で起きた出来事や自分の予定や将来について、日記などに必要に応じて詳細に記述できる。
・個々の句をつなげて長い文を作り、単純につなぎ合わせたテクストにし、結束性のある定型スタイルの文章（手紙、説明、物語、報告、記録など）が書ける。
・身近な情報（買い物、スポーツ、趣味、食事、ペット、学校生活など）を表現して、効果的に伝えるのに必要な、語彙や文法の能力が十分ある。
・学校や日常生活で使う言語材料や基本文法構造はほぼ正確に使えるが、多少複雑な文構造の使用は困難を伴う。

表5：自己評価アンケートの集計結果

No.	1：ほとんどできない		2：あまりできない		3：まあまあできる		4：よくできる		その他・無回答	
1	44人	13%	88人	25%	190人	54%	26人	7%	4人	1%
2	52人	15%	144人	41%	138人	39%	17人	5%	1人	0%
3	66人	19%	126人	36%	142人	40%	17人	5%	1人	0%
4	71人	20%	143人	41%	117人	33%	19人	5%	2人	1%
5	68人	19%	144人	41%	115人	33%	24人	7%	1人	0%
6	30人	9%	116人	33%	158人	45%	46人	13%	2人	1%
7	21人	6%	86人	24%	177人	50%	67人	19%	1人	0%
8	26人	7%	92人	26%	175人	50%	58人	16%	1人	0%
9	61人	17%	123人	35%	125人	36%	42人	12%	1人	0%
10	65人	18%	168人	48%	103人	29%	15人	4%	1人	0%

3）「必修ライティング」を履修した高校2年生の残りの11〜24項目、及び「選択ライティングA」、「選択ライティングB」を履修した高校3年生の1〜24項目を含めた自己評価アンケートの結果は、「外国語コミュニケーション能力育成のための日本型CEFRの開発と妥当性の検証」（平成22年度〜24年度科学研究費補助金（基盤研究(B)）研究成果報告書）に記載されている。

3.4.3　JSで教材の難易度を把握する

次に「B: 教師と教材とのかかわり」として教材の難易度を把握することを考えてみよう。普段、教師はどのような基準で教材の難易度を測っているのだろうか。語彙や文法事項については、教科書をはじめ、市販の単語集、文法参考書などでも、難易度順に並んでいるものも多い。それらに加えて、JSディスクリプタを用いることで、リーディングのパッセージや、リスニングのスクリプトなどの題材の難易度を把握することが可能になる。柳瀬（2009）によると、題材の内容は次のマトリクスで分類できるという。

図5：柳瀬(2009)による「題材の広がりと深み」を示すマトリクス

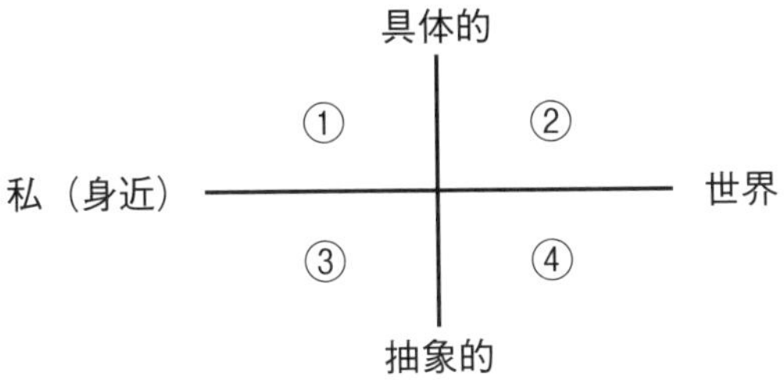

つまり、①身近で具体的な題材、②世界（身近でない）的で具体的な題材、③身近で抽象的な題材、④世界（身近でない）的で抽象的な題材、大きく分けての４つに分かれている。これらとJSディスクリプタを比較してみると、共通した言葉の言い回しがあることに気づく。たとえば、

【B 2.1：聞く】標準的で普通のスピードで話されれば、具体的でも抽象的でも一般的な話題について、主題を容易に理解できる。

【B 1.1：話す】時には言いたいことが言えないこともあるが、個人的な関心事や経験、具体的な話題などであれば、比較的詳しく話せる。

【A 2.1：話す】聞き手が集中してくれれば、日常的な出来事の話題について、個人的な気持ちや考えを、簡単なことばと短い文である程度詳しく話すことができる。

このような視点で、言語材料に加え、題材の難易度も把握することで、教材の難易度を正確に判断することが可能となる。生徒の英語力に続き、教材の難易度もJSのレベル尺度で判定して考えることで、授業を生徒の学力の現状に適した形で進めることができるようになる。

3.4.4　JSを活用した授業 ～導入編～

JSというものさしで、生徒の英語力、そして教材の難易度の把握を試みた。その上で、教室で行われるのが、生徒が教材の内容を学習すること、つまり「C：生徒と教材のかかわり」の段階である。生徒が教材を学習する場である教室において、JSはどのように活用することができるだろうか。ここでは、授業の基本的な構成のうち、「導入」と「まとめ」についての実例を示すことにする。実

例で使用する教材は、主に読み物の教材を扱っている「コミュニケーション英語Ⅰ」[4]と、主に文法事項を扱っている「英語表現Ⅰ」の教科書から抜粋している。

A「コミュニケーション英語Ⅰ」の導入事例

① 生徒の英語力と教材の難易度が、JSで同じレベルの場合

読み物教材を扱う場合において、「生徒の学力」と「教材」がほぼ同じレベルであるということは、生徒はその教材を自力で読むことができることを意味する。その際における、導入を考えてみたい。

＜教材例＞

> In every culture around the world, people have been strongly influenced by colors since early in history. Today, colors still influence our moods and feelings, although we are often not aware of this.
>
> ～以下、省略～

UNICORN English Communication 1（文英堂）より抜粋
（旧学習指導要領実施時）

この教材を生徒が既に自力で読む力があると仮定した場合、導入の段階でするべきことは、①題材に対する興味の喚起、②読む目的の提示であると考えられる。この２点を念頭に置いて、次のような導入を実践した。英文は教師の話すセリフである。

> Look at this picture.（闘牛の写真を見せる）What's this? [It's a bull.] Look at this man carefully.（闘牛士を指しながら）What is he holding in his hands? [赤い布] Yes. It's a red mantle. He is holding his mantle to fight with the bull. Why is this mantle red? [I don't know.] When bulls watch something red, how will they feel? [They will get angry.] That's right. They will get more angry and excited. Their moods and feelings will become more active. In other words, colors influence their moods and feelings. How about us? Do you think colors influence our moods and feelings, like bulls? Now open your books and read the passage.
>
> ※（　）は教師の動作、[　]は生徒の予想される反応

② 生徒の英語力に対して教材の難易度が高い場合

教科書を使用する際、上記のように常に生徒の実力と教科書のレベルが合っているとはかぎらない。その場合は、上記の導入の２つの目的に加え、③未習の語彙、文法事項の提示、④題材内容の提示の２点も追加する必要がある。それらの点を意識すると、上記の導入に引き続いて、以下のような導入を継続することになる。

---

4) 2023年現在の学習指導要領では「コミュニケーション英語Ⅰ」という科目は存在せず、「英語コミュニケーションⅠ」がこれに該当する。

I'm showing you an experiment about it. Do you like playing at tug-of-war? One day team A and team B played at tug-of war. （綱引きの綱を描く） The members of team A played, wearing red T-shirts, and the members of B, blue T-shirts. （それぞれ人の絵の上に赤と青のシャツのカットアウトを貼る） Which team do you think won? [Team A (or team B) won.] The answer is … Team A won. Then they changed their T-shirts. Team A, blue shirts, and team B, red shirts. Which team won? [Team A (or team B) won.] Yes. Team B won. Why? When we wear something red, our moods and feelings become more active. When we wear something blue, our moods and feelings become more relaxed. In other words, colors influence our moods and feelings. ～以下、省略～

このように教科書に出てくる難易度の高い単語を絵やパラフレーズを用いて教えながら、内容の具体例（ここでは、「綱引き」）を挙げて提示することで 題材の概要を理解させようとしている。たとえ担当する生徒のレベルに合わない教材で教えることになっても、こうした導入を行うことで、対処することが可能であろう。

B「英語表現 Ⅰ」の導入事例

科目「英語表現 Ⅰ・Ⅱ」は、「話す」・「書く」といったアウトプットの言語活動を主体とした授業が求められていることは、学習指導要領の記述から明らかである。しかし、これらの検定教科書を見ると、その多くが文法ベースで構成されている。従って、「英語表現 Ⅰ・Ⅱ」を指導するに当たって、文法をいかにコミニュカティヴに教えることができるかが、英語教師の腕の見せ所であると言えよう。そうした授業を行うために、JSを活用する方法を考えてみたい。

① 文法事項「仮定法過去」導入

世間では「学校で習った英文法は役に立たなかった」、「文法ばかり気にしているから、話せるようにならない」と言った言葉をよく耳にする。このように文法が軽視される要因には、以下の点が考えられる。

① 学習した文法事項が、実際の言語使用のどのような場面で使うかが分からない
② ルールは理解できても、それを用いて話したり、書いたりするという練習の不足

これらを踏まえてJSを見ると、ディスクリプタの中には実際の言語使用の場面に言及している箇所が多いことに気がつく。

・内容により緊張を伴う状況でも、自分の感情や感想、夢や希望など個人的なことは伝えられるが、抽象的なことを述べるのには困難がある。 【B 1.1: 話す】
・自分の知識・関心のある身近な話題について、経験した内容や、事実や想像上の出来事、自分の考えや意見、伝えるべき情報などを、わかりやすく詳細に書くことができる。 【B 2.1: 書く】

これらのディスクリプタを意識して、下記のような方法で「仮定法過去」の導入を以下のように試みた。

・**英語による文法事項と使用場面の提示**

> I have a chocolate here. ~ san, do you want this chocolate? [Yes/No.] (Yesと答えた生徒に対して) If ~san comes here next week, I will give him/her this chocolate. Look at this picture. (本田選手の写真を見せる) Who is this man? That's right. He is Mr. Honda. I am a fan of him. Listen. If Mr. Honda came here next week, I would give him all of my money.

※この導入は、ビデオ「英語教育研究シリーズ：文型・文法事項等導入法再検討」(監修：一般財団法人 語学教育研究所／ジャパンライム株式会社) を参考とした。

・**日本語での補足説明**

今、私が ～さんについて言った文と、本田選手について言った文で違いがありましたか？ [comeがcame, willがwouldになっていた？] そうですね。～さんの場合にはcomeとwillで、本田選手の場合はcameとwouldでしたね。この文を板書してみましょう。

<板書例>

> ・If ～san comes here next week, I will give him/her this chocolate.
> ・If Mr. Honda came here next week, I would give him all of my money.

～さんが来週ここへ来る可能性はありますか？ [あります。] そうですね。風邪を引いてお休みすることもありますが、来る可能性は十分にあります。では、本田選手がここに来る可能性はありますか？ [あり得ません。] その通り。まずあり得ませんね。このように、現実には全くあり得ないことを仮定して、「もしそうだったら」と表現する方法を仮定法と言って、現在形であったcomeを過去形のcameに、そして 助動詞もwillから過去形のwouldにするのです。

～以下、省略～

このように、ターゲットとなる文法事項を導入する際には、まずJSディスクリプタを見て、その文法が発話されそうな場面を探すことから始める。この場合には、「B 2.1：書く」の各論ディスクリプタにある「自分の知識・関心のある話題について、想像上の出来事を分かりやすく詳細に書くことができる」という記述から、

> ・知識・関心のある話題：教室の生徒や先生の好きなもの、スポーツ選手
> ・想像上の出来事：「もし本田選手が来週ここに来たら…」

を導き出した。さらに、「B 1.1：話す」の各論ディスクリプタより、「自分の夢、希望などを伝えることができる」ために必要な文法事項として仮定法を捉え、「本田選手が来週ここに来ればいいのになぁ」というかなわぬ希望を表現した。

以上のように、行動中心に記述されたJSディスクリプタを活用して、「学習する文法事項を使わなければ成立しない日常の場面」を設定した導入事例を紹介した。旧学習指導要領（2009）では、4技能の基礎となる文法をコミュニケーションを支える手段としてとらえ、文法指導と言語活動を一体的に行うよう改善を図ることを現場に求めている。そのために最初に教師がするべき事は、指導する文法項目は、どのようなコミュニケーションの場面で使用されるのかについて知ることである。その際に、言語使用の場面が記述されたJSディスクリプタは大きな助けとなる。

3.5 JSを活用した授業

英語の授業で、題材や文法を「導入」した後、「展開」においてより広く、深く学習し、最後に行う手順としては、学習した事柄について「まとめ」をすることである。

A 「コミュニケーション英語Ⅰ」の「まとめ」事例

「コミュニケーション英語 Ⅰ」においては、「導入」をOral Introductionという音声で題材の概要を理解するという活動を紹介した。この活動は、リスニング主体の言語活動である。続いて、「展開」においては教科書を開き、文字で英文を読むというリーディングの活動を通常行う。従って、「まとめ」のステージでは、それ以前に行っていない言語活動として、スピーキング、またはライティングを行うことが望ましい。

① 生徒の英語力と教材の難易度が、JSで同じレベルの場合

教材のレベルが生徒の英語力のレベルに合っている場合には、以下のようなStory Retelling（再話）を行うことが考えられる。以下に、その手順を示す。

＜教材例＞

Perceptions of me are also different between you and your friends and not constant even in yourself. When you find a class interesting, you see me as a swift runner. But your friends in the same class may think of me as a snail. Suppose you couldn't sleep well yesterday. Today you probably think that nights are terribly long. But tomorrow you will feel that nights are short after a deep sleep.

You may think that you can only measure me with clocks or watches, but actually you always measure me in your own way as well.

Unicorn English Communication 1 Lesson 1: This is Me Part 3（文英堂）
（旧学習指導要領実施時）

この教材例に対して、以下のような「導入」を行った。

What is the answer to the question, "Who am I?" Yes, it's time. Time has many faces. For example, spring is one face of time. In Japan, how do you spend in spring? We think that spring is the starting point of our new life. This is our perception. But do you know that most schools in European countries start in fall? For Europeans, fall is the starting season of their new life. Also we Japanese celebrate Christmas in winter. But in Australia, they celebrate Christmas in summer! In this way, our perception differs a lot.（以下、省略）

※生徒とのやり取りの記載は省略

このような導入の後、教科書を開き、読解を進める。その後の手順は以下の通りである。

○Story Retelling（再話）のための指導手順

① 教科書を音読する
② 教科書を閉じる
③ 教師が、Oral Introductionでの板書の縮図となるハンドアウトを配布する
④ 生徒はペアになり、ハンドアウトの絵や文字を頼りに、学習した題材を英語で話す
⑤ ハンドアウトの絵や文字を頼りに、学習した題材を英語で書く

・配布したハンドアウトの例

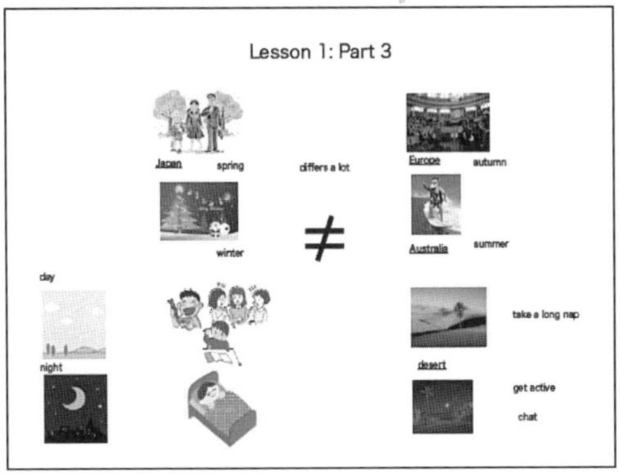

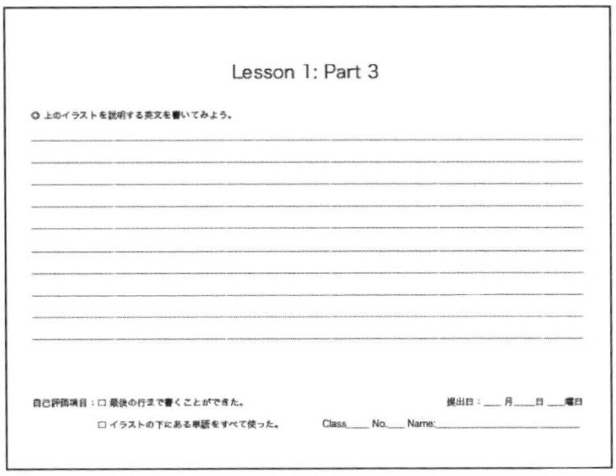

② 生徒の英語力に対して教材の難易度が高い場合

教材の難易度と生徒の英語力にひらきがあるようなら、もう少しスモールステップを踏んだ活動として、Story Reproducing（再生）の活動の方が適切であろう。

○Story Reproducing（再生）のための指導手順

① 教科書を音読する。
② 教科書を閉じる。
③ 板書（上のハンドアウト参照）を見て、内容の要約となる文（4～5文ほど）を教師の後に続いて、リピートする。
④ 板書（上のハンドアウト参照）を見て、内容の要約となる文（4～5文ほど）を教師が文頭の語句だけを言い、その続きを生徒が言う。（全員で言った後、個人でも言う）
⑤ 上のハンドアウトを配布し、ペアになって、ハンドアウトの絵や文字を頼りに、学習した題材を英語で話す。
⑥ ハンドアウトの絵や文字を頼りに、学習した題材を英語で書く。

B「英語表現Ⅰ」における「まとめ」の事例

「英語表現Ⅰ・Ⅱ」の指導手順として、「導入」でターゲットとなる文法事項が使われる場面を提示し、その後「展開」では、従来の文法問題も含めた文構造の定着を図る活動をモデルとして示した。そうした授業における「まとめ」では、やはり最初の導入でも意識したように、JSディスクリ

プタから導き出される自然な場面での言語活動をすることで、授業を終わりにしたい。

○Dictoglossを用いた「まとめ」

「英語表現Ⅰ」の教科書の多くは、レッスンの冒頭に、これから学習する文法事項が使われたダイアローグやモノローグが掲載されている。今回は、このような教材で、Dictoglossという指導技術を用いた「まとめ」の実際を示す。

＜教材例＞

Nancy: Why do you look so sad?
Kenta: We lost the final in the basketball tournament last week.
Nancy: I'm sorry, Kenta, but you still have the tournament next year, don't you?
Kenta: Yes, I do. But the leading players of our team are going to graduate this March. I wish they could play for another year.
Nancy: If I were you, I would practice harder than before.

New ONE WORLD Expressions I（教育出版）
（旧学習指導要領実施時）

Dictoglossとは、まとまった英文を聞き、ヒントとなる語句などを頼りにその内容について、ペアやグループで確認し合い、その後、自分の言葉で内容を書くという活動である。この手順は、英語の「聞く」・「書く」能力を伸ばすためにとても有効だが、A 2.2 ～ B 1.2レベルを目標とした高等学校での指導としては、難易度が高い。そこで、ワークシートを作成し、Dictoglossの主旨を活かした次のような手順を示す。

＜A 2.2～B 1.2 レベルを対象としたDictoglossの指導手順＞

① ワークシートを配布する。
② 質問文の内容を確認し、読み合わせをする。
③ ダイアローグのCDを流す。（2回）
④ ペアで英問英答し、答えを確認する。
⑤ CDを流す。（1回）
⑥ 質問文をもとに、英文を完成させる。

Dictoglossのためのワークシートの一例

Model Dialogue

Task 1 MODEL DIALOGUE を聴いて、下線部に適切な語（句）を入れよう。

1. What club does Kenta belong to? ----- He belongs to a ______________ club.

2. Why does he look sad?

----- Because his team ________________________ in the basketball tournament last week.

3. Who are going to graduate this March?

----- ____ are going to graduate this March.

4. What does he wish? ------ He wishes ____.

5. What did Nancy say to Kenta?

------ Nancy said, "____"

Task 2 友達と質問をし合って、ペアで答えを確認してみよう。

Task 3 上の問答をつなぎ合わせて、以下の英文を完成させなさい。

Kenta belongs to__________________________ at school. He looks so sad because his team ____ last week. He still has the tournament next year, but the lea ding players ________________________ ____ this March. Therefore, he wishes ____. Nancy said to him, "____"

以上、「コミュニケーション英語Ⅰ」、「英語表現Ⅰ」の授業において、JSをさまざまな指導技術に生かし、効果的に用いる方法についての実践例を紹介した。授業を支える指導技術は、生徒のコミュニケーション能力のどの部分を発達させるのに効果的なのか、教師は正しく理解する必要がある。そのために、JSを導入・活用して、これまで行ってきた指導技術の効果を見直し、明日への授業実践へとつなげていくことは、価値があろう。

3.6 JSをベースとしたテスト作成

3.6.1 テスト作成の際に考慮すべき事項：妥当性・信頼性・波及効果

良いテストを作成するためには、その妥当性・信頼性・波及効果の３点について意識しなければならない。JSの活用事例を述べる前にこの３つのポイントについて、簡単に説明しておきたい。

●妥当性

テストの妥当性とは、そのテストが測定すべき技能そのものを測定しているか否かを問うものである。以下の問題について検討する。

問 日本語に合うように（　）に適切な１語を入れ、英文を完成しなさい。
私はこの機械の直し方が分かりません。
I don't know (　　　　) (　　　　) (　　　　) this machine.

この問題は生徒のどのような力を測ろうとしたものなのであろうか。仮に疑問詞＋不定詞の表現である "how + to + 動詞の原形" の理解を問うものとして出題したのだとしたら、この問題には妥当性があるだろうか。この問題では、テスティングポイントとされる文法事項を理解していても、「直す」は英語でrepairないしはfixである、ということまで知っていなければ正解にはならない。つまり意図する文法事項の理解に加え、語彙力まで問う問題となってしまっている。当該文法事項のみを明確に測りたいのであれば、たとえば以下のような形にしなければならない。

私はこの機械の直し方が分かりません。[*直す repair]
I don't know (　　　　) (　　　　) (　　　　) this machine.

●信頼性

第２にテストの信頼性とは、テストの結果が信頼に値するものかどうか、すなわち受験者の技能を正確に表現しているかを問うものである。次のＡとＢの２種類の問題について検討する。

A　彼らは朝からピアノを弾き続けている。
They ＿＿＿＿＿＿＿＿＿＿ the piano since this morning.

B　彼らは朝からピアノを弾き続けている。
They ＿＿＿＿＿＿＿＿＿＿ the piano since this morning.

ア　play	イ　are playing	ウ　have played	エ　have been playing

Ａの問題は完全な解答のみを正解とする場合、時制、語彙・表現、綴り、全てについて正しく書き、それらを採点者が解答者の意図した通りに読み取られなければ正解とならない。一方Ｂは完了進行形についての理解が不十分でも、あてずっぽうで正解となってしまう可能性がある。Ａは偶然

正解となる確率は低いものの、付随的要素（テスティングポイント以外の英語力、文字の丁寧さ、採点者の読みとり方や注意力）が増えれば増えるほど信頼性の揺れが増大する。反面Bは偶然正解となる可能性がある。従って、この1問のみでは信頼性が確保できないものの、付随的要素を極力排除しているため、同じテスティングポイントで同種の問題を複数出題すれば、偶然全問正解となる確率は徐々に下がる。その結果として信頼性を高めることができる。

●波及効果

波及効果とは、そのテストが生徒の学習に及ぼす影響について考察するものである。たとえば以下のような単語テストについて比較してみよう。

A **問** 日本語に合うように、下線＿＿＿に入る与えられた文字で始まる1語を書きなさい。
1人の生徒がこのクラスであなたを待っている。
One p＿＿＿＿ is waiting for you in this class.

B **問** 日本語に合うように、英文の空所に入る語を記号で答えなさい。
1人の生徒がこのクラスであなたを待っている。
One ＿＿＿＿ is waiting for you in this class.

ア pupil	イ passenger	ウ visitor	エ tourist

Aの形式であれば、綴りが正しく書けなければ点数を得ることができない。ただ語頭の文字を与えられることが前提となっていた場合、試験範囲の中にpで始まる語がひとつしかなければ、意味を覚えていなくても正解を導くことが可能となる。（ちなみに語頭の文字を与えなければ、studentも正解になり得るため、生徒はpupilという単語を覚えようとしないかもしれない。）一方、Bの形式であれば、単語の意味をしっかり覚えていなければ正解を導くことができない。ただしスペルは問われていないため、読んで単語の意味が理解できれば足りるということになる。このように、出題形式が変われば、生徒の学習方法も変わってくる。出題者が単語の意味とスペルの両方を正しく理解してもらいたいと考えるなら、次のような出題形式にしなければならない。

問 日本語に合うように、下線＿＿＿に入る1語を書きなさい。ただし語頭の文字が与えられているものについては、その文字から始めること。
1人の生徒がこのクラスであなたを待っている。
One p＿＿＿＿ is waiting for you in this class.

3.6.2 テストの妥当性を確保するためのJS活用法

妥当性を確保するためには、以下の問いかけを自分自身にしてみることである。

作成しようとしているテスト問題は、英語を使って何ができる力を測ろうとしているのか？

この問いかけに対し、JSのディスクリプタを参照し、自分の答えに近いものを探してみる。たとえば、文法事項として「仮定法」を教えた後、テスト問題を作成する際を考えてみる。すると「仮定法」を使って、「できる」事項として、JSのディスクリプタには以下のような表現があることに気づく。

【B2.1：書く】 自分の知識・関心のある話題について、想像上の出来事を、分かりやすく詳細に書くことができる。(一部抜粋)

では、この書く力を測るためには、どのようなテストをすれば妥当性が確保されるのであろうか。以下は、ある大学で実際に出題された入試問題である。

1. If I had been there, he ( ) injured. a. may not be　b. might not be　c. might not have been　d. has not been 2. If we had known her new email address, we ( ) her a message. a. sent　b. will send　c. would have sent　d. would send

いずれも仮定法を問う問題であるが、上記のJSディスクリプタをテスティングポイントとした場合には、十分に妥当性があるとは言えない。なぜならば、これらの問題は、条件節の動詞の形を見て、帰結節の動詞の形を判断するという形式操作である。この問題に正解できる力と、JSで記述されている「分かりやすく詳細に書く」力には大きな隔たりがある。

そこで、次のような問題を作成してみてはいかがであろうか。

●JSを活用したテスト作成の例（1）

次の英文は、現在または過去の現実です。これらに反する「仮想」を書きなさい。 1. I am busy. I can't go out with you. 2. We are not given another day to practice. We cannot win the game.

このような出題をすることで、JSディスクリプタにある「想像上の出来事を、分かりやすく詳細に書く」ことを測るテストに近づけることができる。

加えて、ディスクリプタ冒頭の「自分の知識・関心のある話題について」という記述に対する妥当性も確保しようとすれば、以下のように状況を設定した出題も考えられる。

●JSを活用したテスト作成の例（2）

もし学校にテストがなくなったとしたら、学校はどうなると思いますか？ 以下の書き出しに続けて、あなたの意見を英語で書きなさい。 第1文：If there were no tests at school, ... 第2文：........................ 第3文：........................ 第4文：........................ 第5文：........................

明確な指標がない中で毎回のテストを作成した場合、最終的にどのような力をつけたいのかという点については明らかにならない。逆に年度初めの計画段階において各試験において測りたい能力の大枠を決めておけば、日々の授業においても指導手順および指導内容に柱が生まれ、より効果的な授業の実践が可能となるであろう。JSを基準とすることで、試験そのものにメリハリが生まれ、それが授業の活性化へとつながっていくことを期待できる。

3.6.3 テストの信頼性を確保するためのJS活用法

先に述べたJSをもとに妥当性を確保したテスト作成では、特にスピーキング、ライティングといったアウトプットの技能において、採点に対し困難を感じる場合が多い。それは、JSが行動ベースで記述されているために、そのテストも「直接測れる能力は、直接測る」という原則に忠実になり、実際に話をさせたり、書かせたりという方法が最も理に叶っているという結論に達するからである。

ここでは、そのような採点困難な試験を、少しでも容易にするためにJSを活用する方法を提示したい。具体的には、採点の基準を作成する際にJSを活用するのである。前に示した論述問題（JSを活用したテスト作成の例2）の採点基準を作成する場合、通常、①内容、②語彙・文法のような2つの観点で基準を設けることが多い。

それぞれの観点について、JSディスクリプタの以下の記述を参考に、具体的な採点基準を作成してみると以下のようになる。

●JSを活用した採点基準の例（1）

・「想像上の出来事を分かりやすく詳細に書くことができる」（B2.1 書く）
⇒ 採点基準①：「想像上の出来事」を書く際の文法事項である仮定法過去の形「If＋S＋過去形, S＋助動詞の過去形＋動詞の原形」が正しく作れているか。
⇒ 採点基準②：仮定法を使って書かれた英文は、きちんと「想像上の出来事を」記述するために使われているか。
（現実を記述しているのに、仮定法が使われている場合は減点）

さらに、上記と同じB2.1ディスクリプタの言語面の記述から、以下の採点基準を導き出すことができる。

●JSを活用した採点基準の例（2）

・「文法、語彙、正書法、句読法には比較的高い能力があり、誤りがあっても誤解を招かない」（B2.1 書く）
⇒ 採点基準③：語彙・文法の誤りは、1つ目は許容し、2つ目から1点減点する。

生徒のB2.1程度の英語力を期待している場合、「誤りはある程度許容されるが、誤解を招くのは不可」という基準が考え出される。

JSディスクリプタに示された尺度を基準にテストを作成することで、妥当性の確保のみならず採点基準の明確化も担保し、テストの信頼性の確保を試みることができよう。この方法は、とくに揺れ幅が大きくなりがちな自由記述式の問題を採点する際に大きな効果を発揮する。

たとえば自由英作文を評価する際に、その到達目標をB1.2レベルに定めたと仮定しよう。テストの内容はJSの基準に照らし、得意分野に関する2〜3パラグラフ（200〜300語程度）の文章を書くものであるとする。その場合、評価基準はJSのディスクリプタに則って以下のような形で設定することができよう。

- 語数が200〜300語程度であるか。
- 複数のパラグラフで構成されているか。
- 各パラグラフに主題文と支持文が存在するか。
- 談話構造における等位・従位関係が正しく表現されているか。

それでは、到達目標をB1.2レベルに設定したスピーキングテストを行うとした場合にはどうなるであろうか。同様にテスト内容はJSの基準にそって、なじみのある社会問題について説明を行うものとする。JSディスクリプタに従うと次のような評価基準を設定することができる。

- ほかの事実や情報との比較が行われているか。
- 流暢でないにせよ自分の考えを分かりやすく述べることができているか。
- 幅広い語彙を用いているか。
- 多少複雑な文構造を使用することができているか。

ここに示した評価基準は、具体的・客観的なものが中心となっており、採点者間ないしは採点者内の揺れを取り除く上では有効なものとなるであろう。もちろんこの種のテストの評価を行う際に、主観的基準を導入することを一切否定するわけではない。しかしながら、主観的基準のみで評価を行うことはテストの信頼性確保の観点においてリスクが大きい。それゆえ上記のようなJSに基づく客観的基準を中心とした評価法の方がより良いのではないかと提案したい。

3.6.4 テストの波及効果を高めるためのJS活用法

筆者は勤務校において選択ライティングの授業を５年にわたり担当しているが、毎年定期試験の結果は全体評価の２割にしか影響を与えないと明確に伝えている。８割分の評価は全て授業中に行われる活動や課題等に基づいて行われており、生徒もその点を十分に理解している。当然賢明な生徒は、評価の対象となる一つひとつの活動に熱意を持って取り組んでいる。

なぜ筆者がこの様な異例の評価基準を設け、しかもそれを生徒に公表しているか。もちろんそれは波及効果を期待してのことである。ライティング力は一夜漬けのような付け焼刃の知識で身につくものではない。日常的に書き続け、書くという活動に慣れることが重要であり、そのためには生徒が日常的にライティング活動を行ってもらえるような種をまかなければならない。

教員は「この様な問題を出題すれば生徒はこういった勉強をするであろう」という点を念頭に置いてテストを作成する必要がある。そして「こういった勉強」がどういったものであるべきかについては、たとえ複数の教員がそれぞれ独自の授業を行った場合でも、共通の問題で試験を行う以上は、共通の指標に基づいて決定されなければならない。その指標を司るものとしてJSのディスクリプタは有効であると言えよう。

テスト問題から良い波及効果を生徒に与えるためのJS活用法として、次のように、JSディスクリプタをもとに作成した評価基準を生徒に知らせるという方法がある。

●JSを活用した評価項目の提示例

■これまでに学習した英文のパラグラフ構成を用いて、以下の課題を完成しなさい。

課題：下村博文氏（現 文部科学大臣）は1月15日、公立小中高校で実施されている「学校週5日制」を見直し、土曜日にも授業を行う「学校週6日制」の導入に向けた検討を始めたことを明らかにしました。一方、現在のところ本校は週5日制です。あなたは、本校は週6日制にすべきだと思いますか？それとも5日制を維持すべきだと思いますか？教科書p.87の対比の表現をできるだけ用いて、6日制、5日制を比較しながら、自分の意見を論理的に説明しなさい。

Should Our School Have Classes on Saturdays?

〈評価項目〉

A. 主題文に支持文を加え、読み手を意識してパラグラフ構成をしっかりと書ける。

1　2　3　4

B. 対比の接続詞を使い、2者を比較して自分の意見を論理的に説明することができる。

1　2　3　4

JSが示すディスクリプタを実現するためにはどのような学習方法が有効であるかを考えることで、自ずと「こういった勉強」の中身は確定してくる。本章第２節において述べたCAN-DO型カリキュラムの作成においても言及しているように、JSを基準として同僚との共通認識が確立され、授業を通じて目指すものについて足並みをそろえることができれば、最終的に波及効果を意識したテスト問題の作成を行うことはそれほど困難なことではない。むしろ問題作成の方針も明確になり、確信を持ってテストを作成することが可能となるはずである。加えて、生徒に対して明確に「こういった勉強をしてほしい」というメッセージを恒常的に送ることができ、それにより教員と生徒が同じ方向を向くことが可能となる。

ひとつ具体例を示してみよう。「読むこと」についてB1.2レベルを到達目標とした場合、生徒には以下のようなスキルを身に付けてほしいと考えるであろう。

- 1000語程度の身近な内容の記述文・説明文を読み、必要な情報を探しだしたり、概要をまとめたりする
- 多少難解な文章を、意味を推測しながら理解する
- 繰り返し読み返しながら、筆者の細かい意図やニュアンスを読みとる

するとテスト作成の際には、この様なスキルが身に付いているかどうかを試す問題が出題されるべきであり、生徒もその点を理解した上で、上記の各項目が達成されるよう学習を重ねることとなるであろう。すなわち、生徒は試験対策として、読みやすい内容であれば1000語程度の文章が読めるようになりたい、難しい文章でも意味を推測しながら詳細まで理解したい、と願うようになり、教員もそのスキル習得に向けた指導を日常的に実施することとなる。このように教員と生徒が共通の方向性を有することで、学習効果は高まりお互いの努力が報われる結果となるはずである。

このようにテスト作成の際にJSを活用することで、その妥当性・信頼性を確保するとともに、波及効果を高めることが可能となる。JSに基づいたカリキュラムを構成し、JSをベースとした教材の選定を行い、授業を展開した際には、テスト作成の場面においてもJSを有効に活用し、更なる相乗効果を得ることが可能である。

コラム② | JSを海外留学に活かすには？

本書では、JSを使って英語教育におけるカリキュラム作成、教材開発、授業、評価へと活かす実際例を紹介している。こうしたJSを基軸とした教育は、学習者である生徒が将来海外へ留学したり、あるいは就職したりする際にどのように役立つのであるろうか。

下の図における縦軸は、JSのレベル設定を、日本の学校の学年進行に合わせたものである。この縦軸はCEFRという世界基準のレベル設定を、日本の学校教育へ適用するために重要な役割を果たしている。一方、学習者が海外で活躍することを念頭に置いた場合には、横軸に注目するべきである。この横軸は、JSが各学校の英語教育と世界の英語教育を結ぶ接点として、大切な役割をしていることを示している。

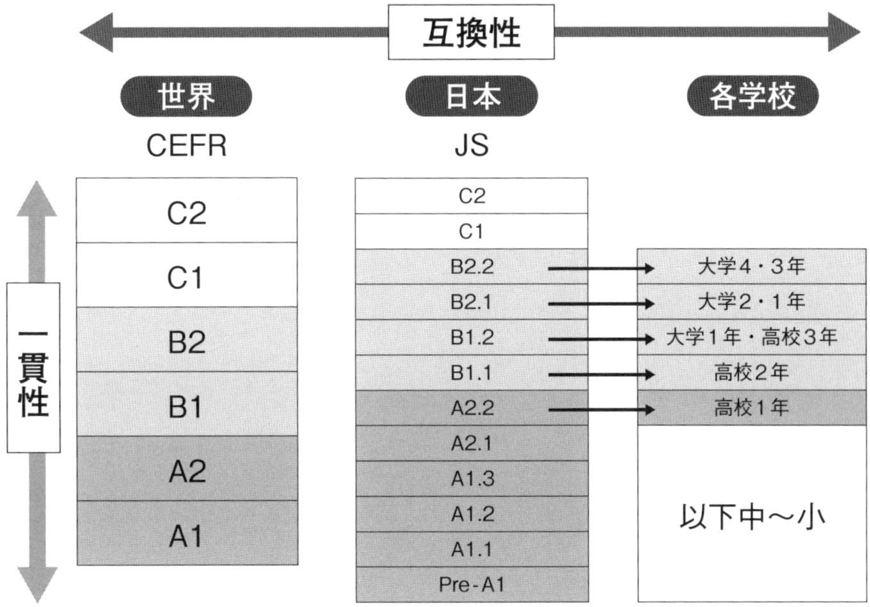

つまり、JSがCEFRとの互換性を重視しているため、CEFRを英語教育のベースとして採用しているヨーロッパ諸国や他の国々へ行っても同じ基準で自分の英語能力のレベルを知ることができる。能力段階を学年進行に合致させた縦軸の一貫性はもちろんのこと、その基準が世界で採用されている基準であるという横軸の互換性も実現させることができるのである。これからは、今まで以上に旅行や留学、仕事など、海外を舞台に活躍する生徒や学生が増えてくるであろう。そうした時代の流れに対応するためには、例えば高校で勉強したことが、大学でも役立つという縦の視点だけではなく、それがいざ海外で出た時に、高校１年生であれ、大学４年生であれ、それぞれの時点で自分が英語を活用して、何が出来るかを提示する必要がある。留学のための指標として代表的なTOEFL、IELTS等の英語運用能力試験も、今やCEFRとの互換性を保った作成がなされている。

それゆえに、CEFRに通じるJSを基盤とした英語教育は、このような海外志向の生徒に対しても、さらに役立つものである。

CEFR

第4章 JSの中学校での実践

4.1 A中学校の場合

4.1.1 A中学校の概況

A中学校は、都内にある中堅の私立共学中学校（偏差値は約50）である。中学高校の6年間一貫教育のため、ほとんどの生徒が中学を卒業後、付属の高等学校へ進学する。教育の特色は、進学・国際・福祉の3つの教育を展開させ、これらの学習を経て生徒一人ひとりの独自性の形成を促すことにある。英語・国語・数学の主要3教科においては、公立中学よりも約700時間も多い授業数（英語においては、公立中学の約1.7倍の授業数）を確保し、中学1年から2年にかけての「基礎期」には十分な時間をかけて体系的に知識を積み重ねていく系統的な学習を実施している。

この私立中学校の英語は標準的な授業時数をはるかに超えているので、一般的な例ではないかもしれない。しかしながら、多種多彩な学習活動や行事が実施されており、その意味において、学習活動のアイデアやヒントが詰まったデパートメント・ストアと言えよう。すべてを参考にする必要はない。特に英語教育の側面から、興味ある活動の様子を知ることにより、自らの指導の場で活かせる英語活動のアイデアや方法のヒントを得ることができることを期待し、この中学校を紹介する。

4.1.2 カリキュラムとシラバス

A中学校では、系統的なカリキュラムとシラバスに沿って学習を進めている。1年次は、英語学習のスタイルに慣れさせるため、ホームルーム単位で英語の授業を実施するが、その後、2年次より3段階に分かれた習熟度別の少人数クラスで授業を展開している。

シラバスは、Lessonごとに定められた習得すべき文法項目と目標に沿って設定されており、最終的にはそれらの文法項目を使用して「身近な話題について話すことができ、書いて発表することができる」という到達目標を設定しながら作られている。

JSはディスクリプタに典型例としての文法も示されているので、教科書の到達目標に合わせて具体的なレベル設定をすることができる。また、習熟度別のクラス分けをする際、JSを利用することにより、試験結果のみでクラス分けをするのではなく、4技能の側面から細かく生徒の習熟度を観察できるであろう。

例えば、図1は、2年生の1学期後半～2学期前半にかけてのシラバスからの抜粋であるが、7月に設定されているMy Dreamというトピックでは、6月に学習した「不定詞」の3用法を使用して自分の夢を表現できるようになることを目標としている（A2.1）。また、9月に設定されている学習内容の「比較表現」では、原級・比較級・最上級の3つの比較表現を使用して身近な話題（家族間の年齢比較や身長比較等）を表現できることを目標としている（A2.2)。

さらに、これらの授業内容の理解を徹底させるために毎週1回復習テストを実施し、合格点に達しない場合は完全習得を目ざしてリピート学習を行っている。この復習テストにもJSによるレベルチェックを加えることが可能であろう【詳しくは第4章4.1.3「使用教材と活用例」を参照】。

図1：シラバスの例

月	週	学習内容（文法・項目別）		到達目標	テキスト (New Treasure)	課題・問題集など
6		体育祭期間				
6	4・5	職業を表す単語	□	職業を表す語を英語で言える・書ける	Lesson 15	教科書ワーク Lesson 4 文法問題集 第24章
6	4・5	不定詞（名詞的用法）	□	名詞的用法の役割を理解し、主語、目的語、補語として使い分けることができる		
6	4・5		□	名詞的用法を用いて、自分がしたいこと・好きなこと・なりたいものを英語で表現できる		
6	4・5	不定詞（副詞的用法）	□	副詞的用法の役割を理解する		
6	4・5		□	副詞的用法を使って、行動の目的・理由、感情の原因・理由を説明できる		
6	5	復習テスト⑦(Lesson 15-1, 15-2)				
6	5	不定詞（形容詞的用法）	□	形容詞的用法の役割を理解する		
6	5		□	形容詞的用法を使って、ものや事柄の分類を表現できる		
6	5	子音の発音と音のつながり	□	正しい発音と強弱のリズムをつかむ		
7	1	自己紹介を聞く	□	適切な情報を聞き分けられる		
7	1	英語で考える	□	英語で違いを理解する		
7	1	将来の夢、職業をたずねる・答える	□	将来の夢や職業をたずねることができる		
7	1		□	将来の夢や職業を答えることができる		
7	1	My Dreamスピーチ作成	□	自分の将来の夢を10文程度の英語で言うことができる		
7	1	復習テスト⑧(Lesson 15)				
7	1	My Dream発表①				
7	1	1学期期末試験　(Lesson 13・15)				
9	2	夏休み明けスペリングコンテスト				
9	2	身につけるものを表す単語	□	身につけるものを表す語を聞いてわかり、英語でも言える	Lesson 14	教科書ワーク Lesson 14 文法問題集 第22・23章
9	2	比較表現	□	さまざまな疑問詞を用いた比較表現を正しく作り、また答えることができる		
9	2		□	原級・比較級・最上級のそれぞれの書き換えをすることができる		
9	2		□	比較表現を強める語句や、比較表現のさまざまな言い回しを理解する		
9	3	復習テスト⑨(Lesson 14-1,14-2)				
9	3	文型（1～3文型）	□	英文の構成素、S・V・O・Cの役割を理解し、英語の文に対する理解を深める		
9	3		□	第1～3文型の役割を理解し、自ら文型を用いて業げんすることができる		
9	3	子音の発音と音のつながり	□	正しい発音と強弱のリズムをつかむ		
9	3	自己紹介を聞く	□	適切な情報を聞き分けられる		
9	3	英語で考える	□	英語で違いを理解する		

（旧学習指導要領実施時）

図2：6年一貫カリキュラムの例

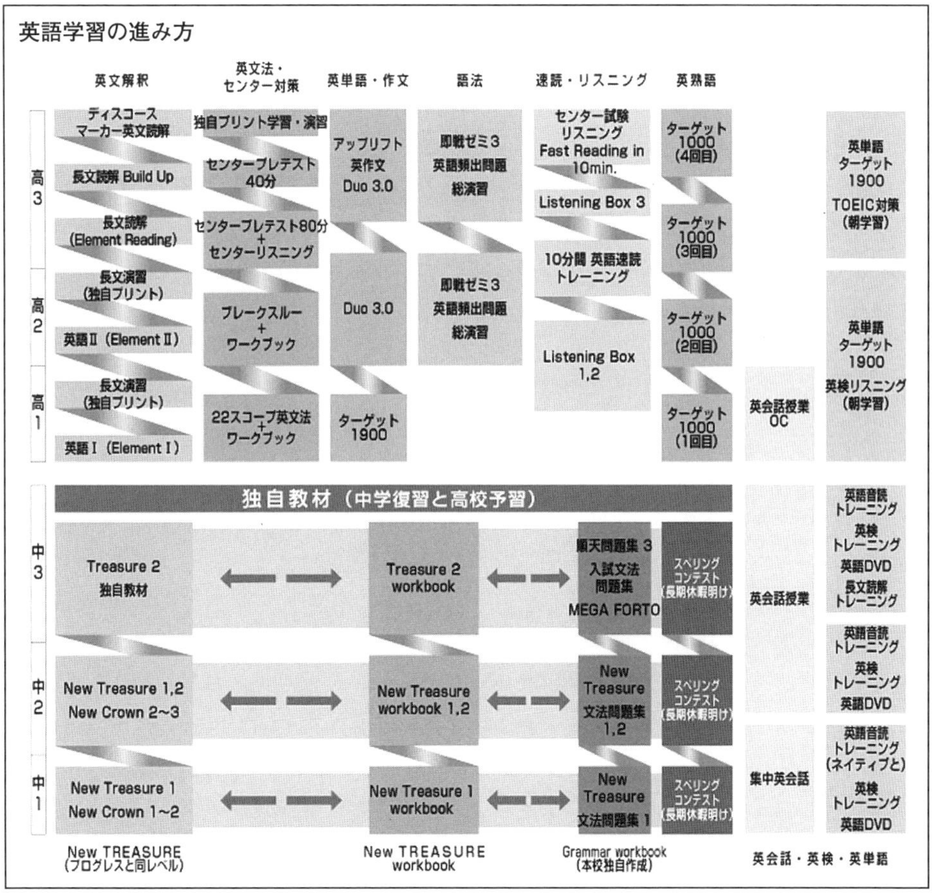

（旧学習指導要領実施時）

参考（生徒作成の英作文活動例）

4.1.3　使用教材と活用例

A中学校では、年間シラバスとカリキュラムに沿って、主な教材としてZ会の*New Treasure*、及びその準拠文法問題集*Workbook*を使用して指導している。このテキストの特徴は、「語彙量と英文量の多さ」である。指導する文法項目は検定教科書とほぼ同じ（*New Treasure 2*以降になると、検定教科書以上の文法項目も扱う）であるが、セクションごとの英文量は、平均的な検定教科書よりもかなり多い。まとまった量の英文に触れることにより、未習の英単語を内容からある程度推測しながら読み進めるという習慣を早くから身につけることができる。

ある程度まじめに勉強している中学生であれば、機械的に文法項目を覚えて問題を解くことはできる。しかし、日本語を母語とする生徒の場合、語源が全く異なる英単語を覚えるという作業は、「英語嫌い」を生む原因になりかねない。「英文に慣れる」ことは、語彙習得を少しでも楽にしてくれる可能性がある。このテキストは、授業内で学習内容をリンクさせ、大量の英文を読ませることができるのが良い点である。また、英検準2級以上の取得率が中学3年次には6割を超えるという事実は、このテキストの語彙量の多さがその一因となっているといっても過言ではない。読むことによる大量のインプットにより、高い目標設定をすることが可能になり、テキストの語彙や内容をJSのディスクリプタ＋言語材料参照表を参照することで、読み終えたあとの達成感を具体的に評価することができるであろう。

このテキストはひとつのセクションに対し、7時間前後の指導計画をたて、1クール毎に狙いとする文法項目や重要表現を含めたTarget Sentences & Words を設定しており、暗記して書けるようになることを目標としている。セクション終了後には、必ず復習テスト（まとめテスト、リスニング問題）を実施する。合格点を70点とし、合格点に満たない生徒は数日以内の放課後に同じ内容のテスト（リピートテスト）をもう一度受けなければならない。復習テスト及び定期テストの後は、リピートノート（復習テスト及び模範解答を添付したノートに、間違った箇所の原因分析及び正解の練習）を作成し提出することになっている。このように繰り返し指導することにより、生徒の学習の定着を図っている。定着がわかりやすいようにJSを利用することも可能である。

テスト作成においては、70点を標準目標レベルに合わせ、70点を超えた場合のレベルはどの程度なのか具体的に認識できると、生徒にとっても学習の励みになる。テストの各問題が、どのレベルに相当するのか示しておくのもよいであろう。例えば、図3の復習テストの例では、表1のようにJSのレベルを示すことができる。各問題の最後にレベルを記すだけでも、生徒が自己の到達度を意識しながら問題に取り組むことができるであろう。

また、この*New Treasure*という教科書以外に、2年次より週1回の英会話の授業では*American Start with English 2*（Oxford）というテキストを使用している。残念ながら、英会話での学習内容は*New Treasure*で学習する内容にリンクしておらず、簡単な日常会話を練習する「聞く」「話す」という活動中心の授業となっているため、英語学習全体の統合性という点では問題が残る。1年次には、長期休業中に集中してフォニックス（つづりと発音の規則を教えること）を導入し、音声中心の英会話の授業を30時間程度実施していることも付け加えておく。

図3：復習テストの例

中１英語　復習テスト⑪

１．音を聞いて理解する力を問う問題

【1】　今から読まれる英語を聞いて、それが以下のどの絵に当てはまるか、記号で答えよ。　１度しか読みません。　（　　/8）

ア　イ　ウ　エ

オ　カ　キ　ク

（１）＿＿　（２）＿＿　（３）＿＿　（４）＿＿

（５）＿＿　（６）＿＿　（７）＿＿　（８）＿＿

【2】　先生が言う英語の質問に対する答えをア～ウから選んで答えなさい。2回読みます。　（　　/16）

(1)＿＿　(2)＿＿　(3)＿＿　(4)＿＿

(5)＿＿　(6)＿＿　(7)＿＿　(8)＿＿

２．文法の理解を問う問題

【３】次の対話が成り立つように、空所に適当な語を１語ずつ入れなさい。　（　　/16）

Clerk:　(　　)(　　) dogs do you have?

Yumi:　I have two, Spot and Toby.

Clerk:　(　　)(　　) are they?

Yumi:　Spot is one year old and Toby is three years old.

Clerk:　Do you often (　　) them for a walk?

Yumi:　Yes, I do.　I (　　) new dog collars for them.

(　　)(　　) is that collar?

Clerk:　It' s ten dollars.

【４】次の対話が成り立つように、カッコ内から最も適当な語を１語ずつ選び、○で囲みなさい。　（　　/8）

Yumi:　Where is (my / me / mine) blue pencil?

Karen: Is it on (you / your / yours) desk?

Yumi:　No, it isn't.

Karen: Look at the pencil under that chair. Is it (you / your / yours)?

Yumi:　No. It isn't (my / me / mine).

【５】次の対話文が成り立つように、空所に適当な語を１語ずつ入れなさい。
*()１つにつき１点　（　　/9)

(1)　A: (　　)(　　)(　　) does Ken have?

B: He has ten balls.

(2)　A: (　　)(　　) is this pencil?

B: It's three centimeters.

(3)　A: (　　)(　　) is that building?

B: It's 30 meters.

(4)　A: (　　)(　　) is this bag?

B: It's 3,500 yen.

【６】　次の日本文の意味をあらわすように、カッコ内の語を並べ替えて全文を書きなさい。　（　　/6)

(1) ジョン、あなたは日本の歌を何曲歌えますか。
(can / many / songs / how / you / Japanese) sing, John?

(2) この湖はどのくらい深いですか。
(this / how / is / deep / lake)?

３．正しく書いて表現する力を問う問題

【７】次の日本文を英語になおしなさい。　（　　/15)

(1) これは誰の傘ですか。

(2) あなたは何枚 CD を持っていますか。

(3) あなたは何歳ですか。

(4) この本はいくらですか。

(5) （（４）の答えとして）８ドルです。

【８】人称代名詞の変化を示した次の表の空所に、適当な語を１語ずつ入れなさい。　（　　/16)

主格（～は、が）	所有格（～の）	目的格（～を、に）	所有代名詞（～のもの）
I	my	me	①
you	your	you	yours
he	②	him	③
she	her	her	④
we	our	⑤	⑥
they	⑦	them	⑧

復習問題！！

【９】　次の英文を、カッコ内の指示にしたがって書き換えなさい。（　　/6)

(1) Our dog runs very fast.　（否定文に）

(2) Taro goes to the sea every summer.　（下線部が答えの中心となる疑問文に）

(3)　He eats an apple every morning.　（下線部が答えの中心となる疑問文に）

得点　　　　/１００

クラス　　番号　　名前

採点者氏名

表１：テスト到達レベルの例

問題	内容	聞く	話す	読む	書く
【1】	聞いて理解する	A1.2			
【2】	聞いて理解する	A1.3			
【3】	文法の理解				A1.2
【4】	文法の理解			A1.2	
【5】	文法の理解				A1.3
【6】	文法の理解				A2.1
【7】	書いて表現する				A1.3

4.1.4　指導と活動の実際

A中学校では、英語の授業内で学期ごとに以下の内容で発表活動を実施している。JSよりレベル表記すると、学習到達度が具体的にわかりやすい。中1がA1.2であれば、JSディスクリプタ＋言語材料参照表をもとに到達目標に合わせた課題や教材作成ができる。

表2：授業内英語活動一覧

	中1（A1.2）	中2（A1.3）	中3（A2.1）
1学期中間まで	英作文：自己紹介① (be動詞のみ使用)	英作文：My City (There is 〜を使用)	インタビューテスト (英検3級〜準2級2次試験対策)
1学期期末まで	英作文：自己紹介② (一般動詞も使用)	英作文：My Dream (to不定詞を使用)	英作文：The place I want to visit in Okinawa (関係代名詞、分詞使用)
2学期中間まで	インタビューテスト (疑問詞を使用)	インタビューテスト (英検3級2次試験対策)	インタビューテスト (英検準2級2次試験対策)
2学期期末まで	レシテーション発表 (課題文暗記、発表)	レシテーション発表 (課題文暗記、発表)	レシテーション発表 (課題文暗記、発表)
3学期期末まで	英作文：有名人紹介 (1年次学習項目使用)	英作文：My Best Tour (2年次学習項目使用)	英作文：卒業自由研究発表 (3年次学習項目使用)

表2からわかるとおり、定期テスト範囲の指導が終わる毎に、そこでねらいとした文法項目等を使って身近な話題に関する英作文に取り組ませ、クラス毎に発表会を行っている。また、2学期中間試験終了後からは、2月の中旬に毎年実施している校内レシテーション大会の課題文（中1・中2は6課題、学年によって難易度が異なる）、中3は3課題（キング牧師や、スティーブ・ジョブズ、セバン・スズキ等のスピーチの一部を抜粋）をそれぞれ練習、暗記させ、クラス毎に発表会を行い、レシテーション大会の出場者を決定する。このような活動を通して、習ったことが知識にとどまらず、活かして使えることを目指すのである。これはCEFRの理念につながる。

授業以外での英語活動としては、表3が示す内容で朝学習が行われている。学校行事に合わせ、校内レシテーション大会に向けてALT と一緒に暗唱例文の練習をしたり、教科書本文の音読やTarget Sentences & Words の練習、さらに高学年になるに従って、速読の練習やパッセージのリスニング等を実施している。

また、各学期最初の授業時には、前学期に学習したTarget Sentences & Words のスペリングコンテスト（図4）を実施する。

表3：朝学習の内容

	1学期	2学期	3学期
1学年	・簡単な英会話 ・簡単なリスニング ・教科書音読筆写 ・中間期末試験対策（生徒作成の問題）	・文化祭発表の歌の練習 ・英検対策 ・レシテーション練習 ・教科書音読筆写 ・中間期末試験対策（生徒作成の問題）	・リスニング ・英検対策 ・期末試験対策（生徒作成の問題）
2学年	・100 words 程度のリスニング ・英検対策 ・英文速読 ・中間期末試験対策（生徒作成の問題）	・文化祭発表の歌の練習 ・英検対策 ・レシテーション練習 ・100 words 程度のリスニング ・英文速読 ・中間期末試験対策（生徒作成の問題）	・200 words 程度のリスニング ・英検対策 ・英文速読 ・期末試験対策（生徒作成の問題）
3学年	・200 words 程度のリスニング ・英検対策 ・英文速読 ・中間期末試験対策（生徒作成の問題）	・文化祭発表の歌の練習 ・英検対策 ・レシテーション課題文練習 ・200 words 程度のリスニング ・英文速読 ・中間期末試験対策（生徒作成の問題）	・英検対策 ・200 words 程度のリスニング ・英文速読 ・期末試験対策（生徒作成の問題）

図4：スペリングコンテスト例

Ｈ２５年度　スペリングコンテスト～夏休み明け！！～
☆★☆　eJunten Junior High School　★☆★
合計　点

Target sentences　Class.____ No.____ Name:

	Japanese	English
1	私はここの新入生です。	
2	あなたは中国出身ですか？	
3	ここはあなたの教室です。	
4	これは私のホームページです。	
5	彼は学生ではありません。	
6	それは私のコンピューターです。	
7	あれらはアメリカのりんごです。	
8	私たちは良い友達です。	
9	あの少年は誰ですか。	
10	あのペンは新しいですか、それとも古いで	
11	私は犬がとても好きです。	
12	私はスポーツが好きではありません。	
13	その熊は小さいが、強いです。	
14	彼を知っていますか。	
15	私には一人も姉妹がいません。	
16	見てはいけません。	
17	外に行きましょう。	
18	いいえ、やめましょう。（17に答えて）	
19	私たちは何を歌うことができますか。	
20	今、何時ですか。	

※　ターゲットセンテンスは　完答各２点

＜裏面＞　Class.____ No.____ Name:

Target　Words

1	先生		21	教会		41	料理をする	
2	医者		22	～才（2語）		42	歌う	
3	看護師		23	ファン		43	描く	
4	歌手		24	バスケットボール		44	走る	
5	エンジニア		25	テニス		45	泳ぐ	
6	パイロット		26	バドミントン		46	踊る	
7	会社員（2語）		27	ソフトボール		47	観る	
8	アメリカ		28	悪い		48	練習する	
9	オーストラリア		29	小さい		49	開ける	
10	中国		30	古い、年老いた		50	閉じる	
11	韓国人		31	短い		51	座る	
12	兄（弟）		32	低い		52	洗う	
13	父		33	注意深い		53	使う	
14	祖父		34	遅れた		54	乗る	
15	おじ		35	放課後（2語）		55	行く	
16	夫		36	朝に（3語）		56	書く	
17	友達		37	お腹の減った		57	～が聞こえる	
18	日本語		38	彼を（目的格）		58	～を聴く	
19	科学		39	人気のある		59	～を運転する	
20	美術		40	忙しい		60	～を助ける	

※　ターゲットワーズは　各１点　×　６０問　＝　６０点　　裏面合計：　点（満60点）

A中学校の英語学習活動を4技能の側面からまとめると、表4のようになる。4技能の視点から英語活動を見なおし、JSとリンクさせることにより、スパイラルに到達目標の設定をすることができ、指導の具体性が見えてくる。

表4：英語活動と4技能

受容技能		産出技能	
Listening	Reading	Speaking	Writing
・各授業時のCD聞き取り ・復習テストのリスニング問題 ・英会話授業時の聞き取り活動 ・朝学習のリスニング問題	・各授業時の本文理解 ・復習テスト内の所見問題 ・朝学習の英文速読	・各授業時の音読活動 ・発表活動 ・英会話授業時の発話活動 ・レシテーションコンテスト	・各授業時の書き取り活動 ・発表活動

参考（生徒作成の英作文活動例）

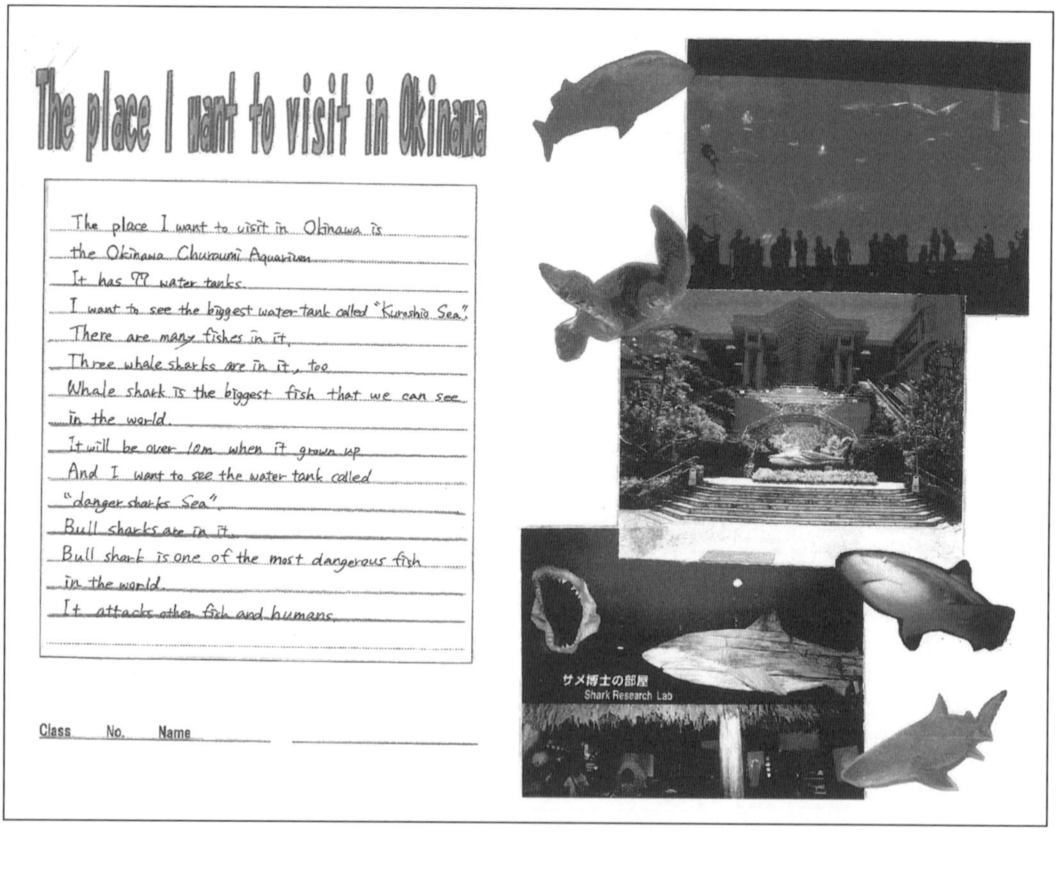
The place I want to visit in Okinawa

The place I want to visit in Okinawa is
the Okinawa Churaumi Aquarium.
It has 77 water tanks.
I want to see the biggest water tank called "Kuroshio Sea".
There are many fishes in it.
Three whale sharks are in it, too.
Whale shark is the biggest fish that we can see
in the world.
It will be over 10m when it grown up.
And I want to see the water tank called
"danger sharks Sea"
Bull sharks are in it.
Bull shark is one of the most dangerous fish
in the world.
It attacks other fish and humans.

Class No. Name

4.1.5 評価とふりかえり

A中学校は、私立の中高一貫校であるため、公立の生徒のように、「受験勉強のため」という意識ではなく、「もっと難しい英文が読めるように」とか「外国の人とコミュニケーションができるように」という意識で英語学習に取り組んでいる生徒が多い。中には、「覚えることが多くて大変な科目」という気持ちを持っている生徒もいる。また、他の教科の勉強にも時間がとられるので、「英語の学習ばかりに時間をかけられない」というジレンマを抱えながら苦労している生徒も多いというのが現状であろう。

生徒を評価する際は、定期テストの点ばかりではなく、さまざまな活動を通して、生徒一人ひとりを観点別に評価できる機会をなるべく多く設けている。

日本の将来にとって、英語を使用し、グローバル社会で活躍できる人材を育成しなければならないのはいうまでもなく、英語習得は一つの重要な鍵となっている。では、学校教育において、どのように英語を習得させていけば良いのだろうか。そのためにはまず、明確で普遍的な規準が必要である。JSのディスクリプタのように学習到達度をはっきりと具体的に示すことができれば、段階的な学習につながり、目標設定も明らかになってくる。

また、グローバル社会での活躍を期待するならば、英語の知識ばかりでなく、教養や思考力も養う必要があろう。社会科のある教員は、中学2年生の授業で、リンカーンの有名なスピーチ、"government <u>of</u> the people, <u>by</u> the people, <u>for</u> the people"の前置詞を答えさせるという指導をしていた。このように、英語をさまざまな教科を統合する「教科間の潤滑油」と考え、英語の知識を他の教科でも指導したり、他の科目の内容を英語で指導したりすることによって、英語の有用性にもっと触れる機会を増やし、英語を身近なコミュニケーション手段ととらえさせることが必要になるだろう。生徒は「日本語」+「英語」という2言語で知識を深めることになり、これは、生徒達の知識の定着が一層深まるきっかけとなるだけでなく、「英語」=「英語の授業で習うこと」というしばりから、「英語」=「コミュニケーション手段の一つ」という考え方へと変化していくことが期待できる。これを推し進めるのがCLILという指導法である。中学校におけるCLILについては第5章2.1以降で具体的に詳しく述べる。

理想的な授業の取り組の例として、

1) 中1で過去形を学習した際に、歴史的な人々の偉業を英語で指導してみる。
2) 中2で助動詞will を学習した際に、理科で行う実験の結果予測を英語で表現してみる。
3) 中3で関係代名詞を学習した際に、国語で学ぶ文章のある一部を英訳してみる。

応用は色々と出来そうであるが、各教科で同時期に何を指導しているのかを把握することが必要である。上記具体例の1)・3)は、A中学校の場合などは復習テスト等に取り入れてみて、生徒の理解力を図ることも可能である。

また、2)については理科で行っている実験を英語で説明し(ここはある程度教員が行っても良い)、その後の結果予測の文を英語で表現させてみる、ということも可能であろう。

コラム①｜中学校1年生の今：小学校英語活動から中学校英語教科学習へ

（⇒小中連携に関しては4.2.1を参照）

早ければ小学校低学年から週１回程度の割合で楽しい英語学習を経験してきた生徒たちが、Ａ中学校入学後に実際に授業が開始してみて抱く感想は、次のようなものであろう。

「こんなに宿題が多いの？」

「これが英語の勉強なの？」

「こんな勉強楽しくない」

しかし、毎日出される課題の多さにも毎週行われる復習テストにも徐々に慣れて、１学期終了時には、多くの生徒が評定４以上（５段階）の成績をとれるようになっている。しかし、中には、「小学校ではこんなに英語を書いたことなどない」「英語なんか大嫌い」と苦手意識を持つ生徒も毎年数名は発生している。このような生徒は、ネイティブ教師による会話形式の英語学習には積極的に取り組むのに、「書いて覚える」というような活動は面倒がり消極的になってしまう。

英語と日本語の言語構造は大きく違うので、習得するには難しい面もあるが、英語はすでに国際語であり、社会のグローバル化にともない「使える」ことが求められている。「使える」までには苦しい道のりもあるが、英語を学習することによって、ことばや文化の違いを知り、世界観が広がり、将来の可能性も広がっていく楽しみがある。

科学技術が発達して何かと便利な現代の世の中において、「地道に何かを習得する」という作業を面倒がる生徒が増えていることは確かであるが、英語を学ぶ楽しみや、英語が使える喜びを味わう体験を通し、意欲的に学習に取り組み、人間の幅を広げてほしいと願う。面倒だからこそ得られる何かを英語学習で見つけて欲しいと思う今日この頃である。

（旧学習指導要領実施時点）

4.2 JSは中学校英語にどのように利用できるか

4.2.1 小学校から中学校へ —— プレイスメント・チェックへの利用

小学校の5・6年生の外国語活動（英語）が2011年度にスタートし、2012年度に中学校に入学した1年生は、全員が英語活動を経験していることになる。[1]「英語に親しむ」という姿勢とモチベーションをぜひ中学でも維持したいものだ。しかしながら、コラム1（p.94参照）からもうかがえるように、小学校の英語活動から中学校の英語教科学習への橋渡しは、なかなかスムーズにはいかないようである。生徒たちが小学校で経験してきたさまざまな英語活動によって、どの程度の英語の力が身についているのか計り知ることは容易ではない。どのように中学校では生徒を教科学習の土俵にのせたらよいのか、中学1年の英語を担当する教師は授業計画の際に頭を悩ませる。

JSは、生徒たちが中学校に入学した段階で、どのような英語の力を身につけてきたのかを知るプレイスメント・チェックとして有効に利用できる。

JSの想定する学年対応【p.36参照】のモデルを見ると、小学校6年がA1.1となっている。それに従いA1.1のディスクリプタと言語材料参照表【pp.217-220参照】を4技能の活動に合わせて参照することにより、授業展開時に使用する発話や、文字による指導の具体的な指標が見えるのではないだろうか。特に、中学校では、文字による活動と学習（読む・書く）が小学校の活動に比べて比重が大きくなるため、入学段階でどの程度の文字の認識・知識があるのかなどを探る手がかりとなる。

たとえば、*NEW CROWN ENGLISH SERIES 1*（三省堂）[2]の教科書を例にあげると、Lesson 1では、あいさつや自己紹介の場面設定となっている。JS：A1.1のディスクリプタと言語材料参照表を参考に、場面設定に沿ってまずは確認しておきたい目標表現をあげるとよいであろう。

表5：目標表現の設定

目　標　表　現
Hello. How are you? I am fine, thank you. And you? Nice to meet you.
Good morning / afternoon / evening. Goodbye. See you soon.
What's your name? My name is ______ .
Where are you from? I am from ______ .
How old are you? I am ______ years old.

目標表現の設定ができたら、その材料を用い、場面に即したダイアログやクイズを、4技能の活動にあわせ、JSディスクリプタ＋言語材料参照表にある評価基準参考を考慮しながら、作成する。

以下は、そのような手順によるプレイスメント・チェック作成例の一部である。

1) 新学習指導要領では、2020年度から小学校3・4年生に外国語活動、小学校5・6年生に外国語科の指導が始まっている。
2) 旧学習指導要領準拠版

●例1：聞く（ALTなどの協力があるとよい。）

以下の内容を、非常にゆっくりと注意深く発音して聞かせる。状況によっては、話すスピードなどを調節してもよい。

New Friend —— 英語の先生（A）と外国からやってきた、新しい仲間（B）との会話です。

スクリプト

A: Good morning. Welcome to our school. How are you?
B: I'm fine, thank you.
A: Great. What is your name?
B: My name is Peter.
A: Nice to meet you, Peter. Where are you from?
B: I'm from England.

このような対話を聞かせたあと、内容について尋ねる。プレイスメント・チェックとして記録するためには、ワークシートを用意し、各々記入させたほうがよいであろう。質問は状況に応じて、英語でも構わない。

ワークシート1　会話の内容について答えましょう。

Class　　　　Name ＿＿＿＿＿＿＿＿

1．いつの会話でしょうか。　（ 朝 ・ 午後 ・ 夕方 ・ 夜 ）○をつけましょう。
2．新しい友だちの名前は何ですか。　（　　　　　　　　　　）
3．新しい友だちの出身地はどこですか。　（　　　　　　　　　　）

この活動により、A.1.1の総論ディスクリプタ「非常にゆっくりと注意深く発音してもらえれば、日常生活のごくありふれた単語や表現（あいさつ、人の名前、年齢）などが理解できる。」が確認できるであろう。その他、目標表現の設定から、いろいろなワークシートへと発展させ、生徒たちの状況が把握できる。

●例2：書く（または口頭英作文）

ワークシート2　正しい文を組み立ててみましょう。

1．さようなら、またね。 [you] [See] [soon] ⇒ (　　　　　　　　　　).
2．何歳ですか。 [you] [How] [are] [old] ⇒ (　　　　　　　　　　)?
⋮

●例3：読む

ワークシート3 英語と正しい意味を線で結びましょう。	
1．How old are you?	元気です。
2．I'm fine.	元気ですか。
3．How are you?	何歳ですか。

4.2.2 JS準拠のシラバス・デザイン

中学校の現場で、実際にJSをどのようにシラバスに反映させながら英語の授業が展開できるだろうか。前述のA中学校では、カリキュラムに沿って各教科で年間のシラバスを作成しており、同時期に、生徒が英語を含め他の教科で何を学んでいるかがひと目でわかるようになっている。

たとえば、第1学期6月3〜4週目の中学校2年生の各教科における学習内容をまとめると、以下のようになる。

表6：全教科シラバス（6月3〜4週目）

教科	学習内容
英語	不定詞名詞的用法（〜したい事）、不定詞副詞的用法（行動の目的、感情の原因） 職業を表す単語
数学	代数：連立方程式の利用（文字、数、値段、人数、速さに関する問題） 幾何：相似な図形（三角形の相似の証明）
国語	現代文：『雲』（山村暮鳥）印象的な表現に注目し、作者が伝えようとしていることを考える。 古典：『徒然草・仁和寺にある法師』仮名遣いの理解。法師の尋ねた経路をたどることができたか。法師の失敗内容が理解できたか。
社会	歴史：武士の台頭と鎌倉幕府・鎌倉について班別学習　※鎌倉遠足
理科	第1分野：フレミングの左手の法則・電磁誘導と誘導電流 第2分野：天気とその変化・雲のでき方と水蒸気
体育	男子：バスケットボール（ルールを守ってゲームをすることができる） 女子：ソフトボール（ルールを守ってゲームをすることができる）
技家	技術：エクセル：VLOOKUP関数を利用した表とグラフの作成 家庭：（後期10月より）
美術	デザイン：防災ポスター（文字のレイアウト・下絵を考える）
音楽	歌唱：「ふるさと」混声3部（各パートの音取りの確認）

授業が英語使用の場となるようなアクティビティを考える際、生徒の学習状況を把握することは大きな助けとなる。英語学習のみならず、他教科における学習内容に注目することは、学習者の身近な知識と経験を活かした統合的な学習に効果的であろう。JSはそのような授業計画の際にも役立つ。

JSの想定する学年対応から、中学校2年生の目標とするモデルは、A1.3となっている。JSのディスクリプタを参照しながら、典型例や評価基準を参考に、以下のような活動を授業の展開に組み入れることが可能であろう。

表7：JSと言語活動

活動	JSディスクリプタ	活動内容
聞く	個人的な経験（スポーツなど）に関連する話題について、簡単な対話を理解できる。	バスケットボールやソフトボールのゲームやルールに関する簡単な対話を聞かせる。(体育)
話す	練習を重ねれば、学習した基本的な語彙、表現、文法、文構造などに限られるが効果的に使って意志を伝えたり、発表したりすることができる。	不定詞の学習と表現の練習を重ね、鎌倉遠足における、班ごとのコース計画について、発表させる。(社会)
読む	短い内容（天気予報など）を読んで、必要な情報を見つけられる。	天気とその変化について、簡単な説明文を未知語の指導などを加えながら読ませる。(理科2)
書く	必要に応じて辞書などを使用すれば、身近でよく知っている簡単な内容（絵はがき、メッセージ、カード、記録）などを書くことができる。	防災ポスターに書き入れるメッセージやフレーズを英語で書かせる。(美術)

不定詞の用法などは、JSのディスクリプタでは読む活動のA2.1に含まれるが、実際にはその基準にとらわれることなく、言語使用に必要な表現や文法はおおいに取り入れ、達成レベルのアップにつなげたい。中学2年生の目標レベルはA1.3であっても、学習者の生活領域や学校領域で重ねた知識や経験と関連させることで、さらにA2.1（中3）、A2.2（高1）へと高い目標の設定をすることが可能であろう。

教科内容と言語学習を統合して指導することを内容言語統合型学習（Content and Language Integrated Learning: CLIL）といい、とくにヨーロッパの外国語教育を中心に、2000年以降盛んに実践されている【第1章1.2.8「CEFRと関連しながら広がるCLIL」を参照】。CLILの掲げる原理は、「使いながら学び、学びながら使う」(Learn as you use, use as you learn)（Mehisto, Marsh & Frigols. 2008）であるが、では「何を使い、何を学ぶのか」を、具体的に現場に即し、わかりやすく示しているのがJSであると言える。

生徒の学習状況を把握することにより、生徒が学習で得た知識や経験をもとに、英語の授業におけるアクティビティを効果的に計画することができる。その際に、JSを参照しながら授業が英語使用の場となるような教材作りや活動計画をすることにより、アセスメントもしやすく、年間を通して統合的なシラバスの計画ができるであろう。

以下は、中学校2年生を対象に、第2学期の各教科のシラバスを参考に作成した英語の授業で扱う活動計画の一例である。活動の目標はJSを参照しながら右欄に示してあり、A1.3からA2.1への推移がうかがえる。

表8：英語活動のトピック

月	トピック	活　動	目標モデルとディスクリプタ（要点）
9	1．雲ができるまで（理科）	読む	**A2.1**：推測を働かせて読む
	2．食塩水の濃度（数学）	聞く	**A1.3**：日常よくある状況での簡単な内容
10	3．伊豆の踊り子（国語）	読む	**A2.1**：推測を働かせて読む
	4．鉄の燃焼（理科）	聞く	**A1.3**：日常よくある状況での簡単な内容
11	5．幼児のおもちゃ（家庭科）	話す・書く	**A2.1**：練習時間が与えられた短いプレゼンテーション
	6．生物を作る細胞（理科）	聞く	**A2.1**：繰り返し聞きながら、要点を理解する
	7．豊臣秀吉天下統一（社会）	読む	**A2.1**：推測を働かせて読む
12	8．グラフと図形（数学）	聞く・書く	**A2.1**：繰り返し聞きながら、要点を理解し、メモする

コラム②｜英語学習とコミュニティー：英語で何ができるか

前述したとおり、CLILの掲げる原理は、「使いながら学び、学びながら使う」であり、その方法論として、Coyle & Marsh (2010) によれば、内容 (Content)、言語 (Communication)、思考（Cognition)、協学（Culture）を有機的に結びつけ、この枠組みに即して教材を作り、授業案を考え、指導を行うことにより、言語学習と内容理解の相乗効果（synergy）が生まれ、高品質の教育が実現されるとされている。

では、実際に中学生が英語を「使いながら学び、学びながら使う」にはどのようにすればよいのだろうか。「外国人に道をたずねられたら」などというテーマで対話の練習を重ねても、実際に街で外国人に道をたずねられる経験をする中学生は何人いるのだろうか。「道をたずねられた」場合にそなえて、対話のパターンを練習し、それを実体験する機会を待つよりも、自ら経験したことを英語学習に活かす方が効率的ではないだろうか。

例えば、A中学校では、家庭科や美術でおもちゃ作りをする。そして、そのおもちゃを持って地元の保育園や老人ホームに出向き、おもちゃの遊び方などを説明しながら人々とふれあい、地域社会へととけ込む機会を設けている。自分が作ったおもちゃが評価されることの喜びや、時には恥かしさなどの感情を経験し、また、普段の生活領域とは異なる様子をみることでいろいろと考えることもあるだろう。そのような機会を、母語によるフィードバックばかりではなく、英語の学習に活かすことによって、豊かな語彙や表現の発展につながるのではないだろうか。

教科学習や体験を英語とリンクさせることから、英語でできる何かが発見できるかもしれない。最新のニュースや身のまわりの出来事など、英語教師は英語学習に活かせるリソースを求めてあらゆる方面にアンテナを張りめぐらせていなければならない。忙しいことではあるが、楽しくもある。

4.2.3 JSを利用したCLIL指導のすすめ

学習者の知識や経験と英語学習を関連づけることで学習効果があがり、生徒の自律学習やモチベーションの維持を促すことができる。英語教育において、CLILの実践はJSの支えによってその可能性を高めるであろう。確かに、中学校の現場では、4.1からもわかる通り、学習内容に加え学校行事も多く、学習指導要領にそった毎時間の授業目標にあわせた計画は隙間のないように練られている。その中にあって、50分間の授業が英語使用の場となるような授業展開はどのように工夫したらよいであろうか。

本来のCLILは、各教科担当の教師が英語で授業を行うことが理想だが、現状では難しい。また、英語の教師が他教科の内容について英語で指導することも容易ではない。そのような中で中学校におけるCLIL指導の可能性を考えてみたい。まずは、50分の授業の中で、言語活動に使われる時間から逆算することにより、CLIL指導の導入が見込めるのではないだろうか。

50分の授業計画は「warm-up → 復習 → 導入 → 展開（学習＋活動）→ 整理」という手順を組むのが一般的である。この流れの中で、CLIL指導をどのように組み入れることができるであろうか。授業の流れの一貫性を考えると、warm-upか展開の活動に組み入れるのが妥当ではないだろうか。各々割くことができる時間は、warm-upでは5分から、展開（活動）では、せいぜい多くても10分程度であろう。

次に、4技能の活動としては何を扱えばよいのかを検討する。中学校の段階では、インプットに重点をあて、読む活動か聞く活動が適当であると考えられる。CLIL教材は、生徒の学習段階や背景知識を考慮しながら、活きた（authentic）材料をある程度加工する必要がある。聞く活動の場合、ALTなどの協力があれば問題ないが、音声の加工などの授業準備が求められる。そのため、CLIL指導の初期段階としては、読む活動からはじめるのが妥当であろう。

どのようなトピック（内容）を選択するかについては、表7（p.96）と表8（p.97）で示したとおり、生徒が身近に学習し経験したことを扱い、言語の側面では何を学ばせるかについては、JSを参照し目標設定をすることができる。この場合、CLIL指導をwarm-upで扱うのか、展開（活動）で扱うのかによって、ディスクリプタや典型例に注意を払う必要があるだろう。

「CLILにより内容を選択し、JSによって教材を吟味する」という繰り返しが、学習者の知識の構築と、英語学習の足場作り（scaffolding）となり、目標設定を段階的に高め、最終的には学習者の「自律学習」という目的を達成できるのではないかと考えられる。

4.2.4 JSを利用したCLIL教材の作成手順例

実際に、JSを利用してCLIL教材を作成するには、どのようにしたらよいであろうか。この項では、中学2年生を対象に、理科の第2分野で「雲のできかたと水蒸気」という内容を学習していると仮定して、読む活動のためのCLIL教材の作成手順を紹介する。

1）トピックの選択 ―― 生徒の学習状況を把握する

生徒が他教科で何を学んでいるか、また英語学習で何を身につけたかをまず把握することが大切である。もちろん、他教科の学習ばかりでなく、学校行事や身近な体験（遠足や体育祭など）についても配慮するとよいであろう。ただし、一部の生徒だけが体験したこと、興味のあることに偏ることなく、全員が何を学習または体験したかということに注目するとよい。この点から、学校における生徒たちの学習経験を全体的に把握すること、つまりクラス単位で参加する授業内容の把握から始めるとよいであろう。

たとえば、表6（p.95）から、中学２年生の６月には、理科の第２分野で「雲のでき方と水蒸気」を学習している。また、国語でも現代文の材料として『雲』を扱っているし、「雲」は比較的身近に経験的に学習できるものであるので、トピックの候補として挙げやすいであろう。

また、英語学習においては、不定詞と職業を表す単語の学習が計画されているが、もちろん６月までに学習した英文法、表現、語彙などにも、JSを参照にしながら配慮する必要がある。必ずしも不定詞を扱う必要はない。既習の英語で内容を理解し、英語に親しむことができ、興味をもって未知語の推測などに発展できる教材が理想的である。

2) CLILを考慮した材料の選択と採用

英文はなるべく生きたオリジナルのものを採用することをお薦めする。また、加工を最小限にとどめるため、中学校の場合は、英語圏の小学校の中〜高学年の教科書レベルのものから英文を採用するとよいであろう。外国の教科書の入手は難しいかもしれないが、洋書の児童向けのテキストなどを参考にしてもよいし、CLILを主眼においたアクティビティのマニュアルも出版されているので、活用できるであろう。

Westermann出版『*Starter CLIL Activity book for beginners: Geography, History, Sciences*』
Cambridge出版『*CLIL Activities: A resource for subject and language teachers*』

また、インターネットのサイトなどでも、子どもの科学などを扱ったものがあるので、活用できる。例えば、「雲」を扱ったサイトは、以下の通りである。YouTubeなどの映像もあるので、聞く活動などに活用できるであろう。

http://www.universetoday.com/46489/how-are-clouds-formed/
http://www.weatherquestions.com/How do clouds from.htm
http://www.metoffice.gov.uk/learning/clouds/what-re-clouds
http://www.youtube.com/watch?v=bZHymnnrSzc

以下の英文は、インターネットのサイト：weather WizKizから採用したものである。

What are clouds?

A cloud is a large collection of very tiny droplets of water or ice crystals. The droplets are so small and light that they can float in the air.

How are clouds formed?

All air contains water, but near the ground it is usually in the form of an invisible gas called water vapor. When warm air rises, it expands and cools. Cool air can't hold as much water vapor as warm air, so some of the vapor condenses onto tiny pieces of dust that are floating in the air and forms a tiny droplet around each dust particle. When billions of these droplets come together they become a visible cloud.

(http://www.weatherwizkids.com/weather-crouds.htm より)

3) JSを利用した材料の検討

JSでは、中学２年生の目標モデルはA1.3である。上記の材料を読む活動で扱えるように、ディスクリプタの「読むこと」を参照にしながら英文を検討するが、当然のことながら、生徒の状況に応じて、レベルを上げたA2.1を参照してもよいし、レベルを下げたA1.2を参照してもよい。ここでは、A.1.3とA.2.1のディスクリプタを比較しながら、両方のモデルの橋渡しができるよう検討してみる。

表９：読むことのディスクリプタ（抜粋）

読むこと	A1.3	A2.1
総論ディスクリプタ	複雑でない文章構造で書かれた短い文章で、日常生活で使われる内容（掲示、案内、指示など）であれば、一文一節ずつ理解できる。	よく使われる一般的な語彙で書かれた日常的で簡単な文章（私的な手紙、パンフレット、メニューなど）であれば、ほとんど問題なく読める。
各論ディスクリプタ	短い内容（絵葉書や天気予報）などを読んで、必要な情報を見つけられる。	多少難しい内容の文章であっても、文脈に応じた簡単な推測を働かせて、必要な情報を読み取ることができる。
	短い内容の文章であっても、使われている語句や文法によっては、読むのに時間がかかることがある。	始めて触れる文であれば、短い一説であっても、読む速度はまだゆっくりである。

上記表９に示した、網掛けの箇所を考慮し、以下のように英文の加工を検討してみる。

What are clouds?

A cloud is a large **collection** of very <u>tiny</u> <u>**droplets of water**</u> or ice crystals. The <u>droplets</u> are so small and light that they can **float** in the air.

How are clouds formed?

All air <u>contains</u> water, but near the ground <u>it</u> is usually in the **form** of an **invisible** gas <u>called</u> water vapor. When warm air rises, it **expands** and cools. Cool air can't hold as much water vapor as warm air, so some of the vapor **condenses** <u>onto</u> <u>tiny</u> pieces of **dust** <u>that are floating</u> in the air <u>and forms</u> a <u>tiny</u> droplet around each dust **particle**. When **billions of** these droplets come together they become a **visible** cloud.

下線は、語彙や表現、文章構造に変更を加えた部分であり、意味を加筆した未習語句は太字になっている。また、既習内容を考慮して、英文法、表現、語彙などに注意を払って加工してあるが、「i＋1」[3)]の要素も残している。たとえば、ice crystalsやwater vaporの語彙や、so 〜 that …の構文を推測させるなどである。字体は、教科書とは異なる教材であり、さまざまな英文のスタイルに親しみを持たせるため、オリジナルの字体を採用してよいだろう。以下は、加工したものである。

What are clouds?

A cloud is a large **collection**（集まり） of very small **drops of water**（水滴） or ice crystals. The drops are so small and light that they can **float**（浮く） in the air.

How are clouds formed?

All air holds water, but near the ground the water is usually in the **form**（形） of an **invisible**（目に見えない） gas. The name of the gas is water vapor. When warm air rises, it **expands**（ふくらむ） and cools. Cool air can't hold as much water vapor as warm air, so some of the vapor **condenses**（凝縮する） and gets on very small pieces of **dust**（ほこり） in the air. The vapor makes a very small drop around each dust **particle**（小さな粒）. When **billions of**（何十億もの） these drops come together they become a **visible**（目に見える） cloud.（162words）

合わせて、内容と英語について自己評価をさせ、自らの意見や考えなどを記入させることにより、統合的な学習が期待できるであろう（次ページのハンドアウト例を参照）。またCLIL指導を継続的に行うと、将来的にはポートフォリオ作成にも活用できる。

3）クラシェンのインプット仮説。学習者の言語習得を促すには理解可能なインプットが求められ、学習者の発達段階を少しだけ超えた「i＋1」（アイプラスワン）の文法を含んだインプットを与えることが鍵になるとされる。

完成例

Date (　　　　　　)

Class (　　　) No. (　　　) Name (　　　　　　　　　　)

※次の英文を読んで、〈ふりかえり〉をしてみましょう。

What are clouds?

A cloud is a large **collection**（集まり） of very small **drops of water**（水滴） or ice crystals. The drops are so small and light that they can **float**（浮く） in the air.

How are clouds formed?

All air holds water, but near the ground the water is usually in the **form**（形） of an **invisible**（目に見えない） gas. The name of the gas is water vapor. When warm air rises, it **expands**（ふくらむ） and cools. Cool air can't hold as much water vapor as warm air, so some of the vapor **condenses**（凝縮する） and gets on very small pieces of **dust**（ほこり） in the air. The vapor makes a very small drop around each dust **particle**（小さな粒）. When **billions of**（何十億もの） these drops come together they become a **visible**（目に見える） cloud.

ふりかえり[4]

☆自分に合うと思う番号に○をつけましょう。

・内容が：3）よくわかった　2）だいたいわかった　1）あまりわからなかった　0）全くわからなかった

・英語が：3）全てわかる　2）少しわからないところがある　1）ほとんどわからない　0）全くわからない

☆自分の意見を書きましょう。

・空に浮かぶ雲を見て、どんなことを考えますか。

4）教科や題材により、未知の単語の推測（数学・理科）や、英語の年表作成（歴史）など工夫の可能性は限りない。

4.3 CLIL 指導の実際

4.3.1 CLIL 指導の導入

実際のところ、4.2.3でも述べたように、中学校においてCLILを毎回の授業で扱うことは容易ではないであろう。教科書の進度予定にあわせた授業計画もあることだから、各単元の学習に区切りがついたところが妥当かもしれない。また、未知語や内容の解説に割く時間はあまり取れないだろうから、推測が難しい語彙や表現については簡単な補足を母語で行う程度に留め、生徒の自主的学習に任せる教材がよいであろう。他教科の内容に関しては、まだ記憶に新しい一週間前の既習内容を材料とし、知識の応用が促されるようにしたい。現在の教育現場において導入に無理のないスタイルを選択する必要がある。その点から考えても、中学校で限られた時間で継続的なCLIL指導ができる可能性は読む活動ではないだろうか。

CLIL指導にはさまざまな形態と方法があり、渡部・池田・和泉（2011）は、図5のようなバリエーションを提示している。中学校におけるCLIL指導は、図5から考慮すると、英語教育のために(Soft CLIL)、定期的ではあるが少数回（Light CLIL)、授業の一部（Partial CLIL）で、日本語も交えつつ（Bilingual CLIL）行う、弱系CLIL（Weak CLIL）のバリエーションを選択するとよいであろう。

図5：CLILのバリエーション

Soft CLIL	目　　的	Hard CLIL
英語教育		科目教育
Light CLIL	頻度・回数	Heavy CLIL
単発的／少数回		定期的／多数回
Partial CLIL	比　　率	Total CLIL
授業の一部		授業の全部
Bilingual CLIL	使用言語	Monolingual CLIL
英語・日本語		英語

（渡部・池田・和泉：2011 p.10より）

参考までに、前述のバリエーション：Soft CLIL × Light CLIL × Partial CLIL × Bilingual CLIL × Weak CLILを採用し、A中学校2年生（37名）のクラスで実際に「雲のでき方と水蒸気」(p.102)の教材を、第2学期中間試験後のwarm-upとして実施したところ、所要時間10分で、以下のような回答結果が得られた。現段階では、教科における学習理解度の検証と長期的観察が必要であるが、学習知識が英語（言語形式）理解の不足を補い、内容理解に貢献していることがうかがえる一方で、英語はある程度読めても（訳せても)、内容が理解できない学習者が存在することも明らかである。

表10：自己評価結果（雲のでき方と水蒸気）

内容が	よくわかった	だいたいわかった	あまりわからなかった	全くわからなかった
	7名（19%）	19名（51%）	11名（30%）	0名（0%）
英語が	全てわかる	少しわからないところがある	ほとんどわからない	全くわからない
	5名（13%）	24名（65%）	8名（22%）	0名（0%）

（2014年実施結果）

また、「空に浮かぶ雲を見て、どんなことを考えますか」という自由記述に関しては、以下のような回答を代表的なものとして紹介しておく。学習者が何をどのように感じているかを知ることは、CLIL指導と教材作成の展開におおいに参考となるであろう。

・わからなかったことを英語で知ることができてよかった。
・同じ形の雲は絶対に2度とできないと思います。
・どこで発生して、何キロメートル動くのか？　なぜ雨雲は黒いのか？
・雲は空の青さとマッチしていてよいと思います。白い雲の方がきれいです。
・雲に乗れたらいいのにと思ったけど、乗れないことがわかった。
・たくさんの水滴や結晶が集まって雲になるのはすごいと思った。それが目に見えることもすごいと思う。
・こんな複雑なでき方をするんだな。
・もっと雲について知りたいと思う。
・白くてきれいだな。
・とても難しい。

4.3.2 CLIL教材の実例

JSを利用したCLIL教材の選択の検討や作成手順については、すでに4.2.4で述べたとおりである。この項では、実際に作成されたCLIL教材について紹介する。JSのディスクリプタ＋言語材料参照表の典型例を参照しながら、教材として使用できる言語材料の参考にしていただきたい。[5)]

●例4：三浦氏、80歳のベレスト登頂に関するニュース（A2.2 読む活動）

※太字の語彙は、母語による補足を与える。

※次の英文を読んで、〈ふりかえり〉をしてみましょう。

A journey to the roof of the world. An 80-year-old Japanese **mountaineer**, Yuichiro Miura, has become the oldest man to reach the **summit** of Everest. The **octogenarian** has climbed the mountain twice before. But Mr Miura's record could be **short-lived**; an 81-year-old Nepalese climber is preparing to make his **ascent** this week. (52 words)

ふりかえり

☆自分に合うと思う番号に○をつけましょう。

・内容が：3) よくわかった 2) だいたいわかった 1) あまりわからなかった 0) 全くわからなかった

・英語が：3) 全てわかる 2) 少しわからないところがある 1) ほとんどわからない 0) 全くわからない

☆自分の意見を書きましょう。

・三浦さんについてどう思いますか。何か挑戦してみたいことがありますか。

BBC Learning English: Wednesday, 29 May 2013 より

●例5：火山の活動について（A1.3 母語解説を加えながら聞く活動）

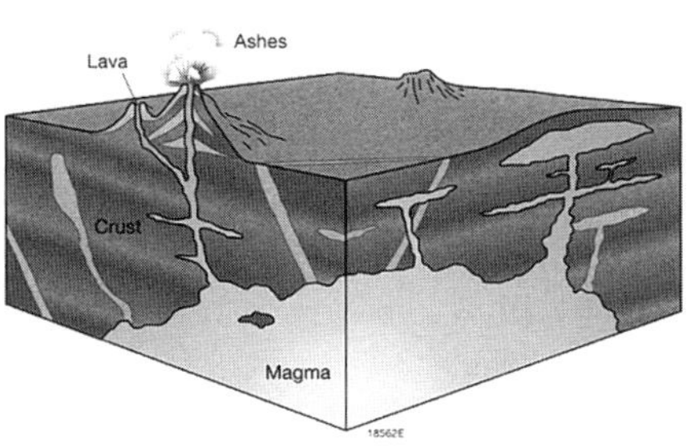

CLIL Activity book for beginners より

Under the Earth's **crust** there is often **molten** rock called magma. Magma is lighter that the **surrounding** rock so it **rises** upwards and **escapes** in a kind of explosion. When magma comes out of a volcano is called lava. Ashes come out of the volcano together with the lava and both from different **layers** that make the volcano grow.

Both the hot lava and the hot ashes are very dangerous to the people living close to the volcano.

---

5) 2023年現在、日本の小中学校の授業づくりに役立つCLILのアイデアや教材が紹介されている書籍及びWebサイトが多数あるので、参考にしていただきたい。

●例6：おいしい紅茶の入れ方（A1.2　書く活動・話す活動）

Look at these pictures. Number them in the correct order. Then fill in the blanks with the words from the box.

~~Fill~~	Put	Pour	Leave	Boil

____  _______ for a few minutes.	____  _______ the tea into the cup.	____  _______ some tea into the teapot.
1  Fill the kettle with water.	____  _______ the water.	____  _______ the teapot with boiling water.

Weaving It Together 1 (Heinle Cengage Learning）より

●例7：棒グラフの読み方（A1.3　聞く活動・読む活動）

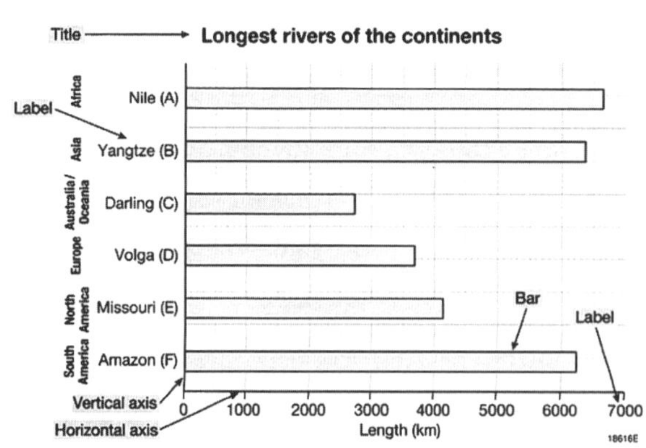

M5 Longest rivers of the continents

Bar chart

The title of the bar chart is "Longest rivers of the continents" (or: *The bar chart shows* the length of the longest rivers of the continents).

The bars show the length of the rivers.

The Amazon River is *nearly* as long as the Yangtze River.

The Yangtze River is the *second longest* river.

The Volga River is *not as long as* the Missouri River.

The Darling River has *less than half* the length of the Amazon River.

CLIL Activity book for beginners より

4.3.3 CLILと学習者 ── 自己評価とふりかえり

実際に、生徒は英語の学習をどのように受け止めているのだろうか。また、日常生活における英語の存在は、どの程度生徒たちに影響を及ぼしているのだろうか。

CLIL指導という観点から、Coyle（2010）が示す「４つのC」【詳しくは第１章1.2.8「CEFRと関連しながら広がるCLIL」を参照】の視点から、渡部・池田・和泉（2011）を参考にして、中学校の観点別学習状況の評価基準表をもとに学習調査のためのアンケートを作成した。このアンケートは、実施に許される時間と生徒の集中できる時間（10分程度）を想定し、「教室内の学習（授業内で）」で期待される項目と「教室外の学習（授業外で）」で期待される項目を最小限に選定し10項目ずつ組み入れ、全20項目で構成した。なお、「教室内の学習（授業内で）」で期待される項目は、その内容から、CLIL 4 CのContent（内容）・Communication（言語）の土台となる可能性があり、「教室外の学習（授業外で）」で期待される項目は、Cognition（思考）・Culture（協学）の土台となる可能性があると想定している。

回答方法は、４つの評価（３：いつもそうです、２：どちらかといえばそうです、１：あまりそうではありません、０：まったくそうではありません）が与えられ、肯定的評価と否定的評価に二極するようにし、中間値は設けていない。以下、アンケートの質問内容である。

教室内学習 Content Communication	１．あなたは熱心に英語学習に取り組んでいますか。 ２．もっと英語ができるようになりたいと思っていますか。 ３．教科書を使った学習に興味をもって積極的に取り組んでいますか。 ４．新しく学んだ英語の文法や使い方を自分からすすんで理解しようとしていますか。 ５．授業で学習した大切なところ（英語や話の内容など）が理解できていますか。 ６．授業で学習した文法の仕組み説明でき、正しく使うことができますか。 ７．わからない英語の意味や単語の発音を、自分で調べたり、先生に質問したりしていますか。 ８．授業中、グループ学習などで友達と協力してコミュニケーション活動をしていますか。 ９．聞いた英語を理解し、英語で会話できるようになりたいと思っていますか。 10．学習したことをノートにまとめたり、プリントの整理をしていますか。
教室外学習 Cognition Culture	11．日常生活の中で、学習した英語を生かしていますか。 12．家庭で、英語を使っている映画やテレビなど見ていますか。 13．英語で日記や手紙を書いたことがありますか。 14．外国の人や仲間同士で話す機会を見つけて、英語で対話していますか。 15．授業で興味を持った内容などについて、本を読んだり調べたりしていますか。 16．英語で書かれた本や新聞、インターネットのサイトなどを読んでいますか。 17．英語の本や雑誌を読んだり、英語の手紙やメールを書いたりしたいと思っていますか。 18．外国の異なる文化を理解すること（異文化理解）や国際的な問題や状況を理解すること（国際理解）に積極的だと思いますか。 19．自分の興味がある事（スポーツ・音楽など）に関する英語には積極的に取り組んでいると思いますか。 20．学校以外で、英語を使う、または英語が気になる機会が増えたと思いますか。

Ａ中学校の２年生37名に対し、上記のアンケートを実施した。小人数のデータであるため、信頼性に欠けるかもしれないが、参考までにその結果を挙げる。

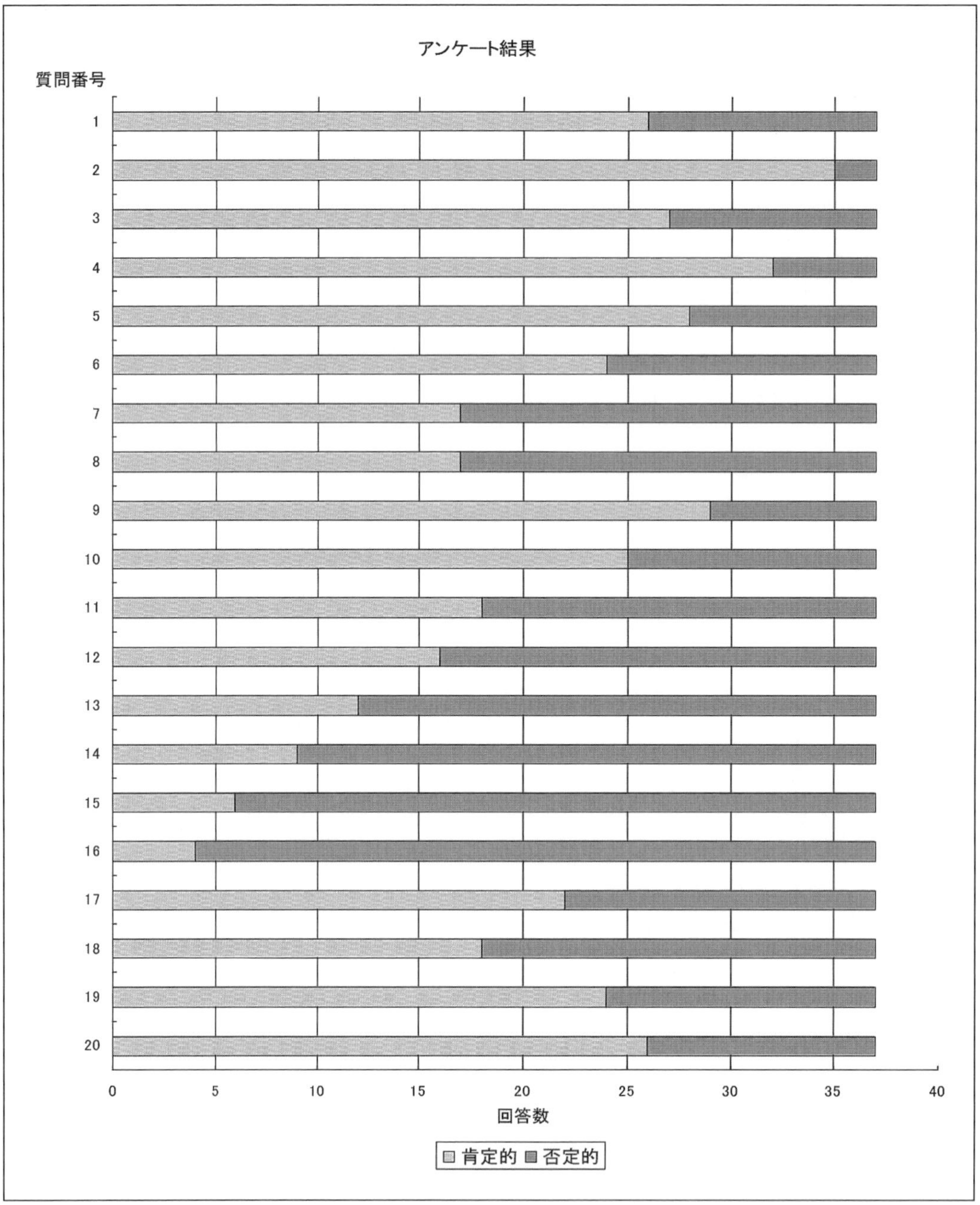

(2014年実施結果)

全体的にみると、教室外学習におけるNo.11～16にかけて、否定的回答が高くなっている。

No.11　日常生活の中で、学習した英語を活かしていますか。

No.12　家庭で、英語を使っている映画やテレビなどを見ていますか。

No.13　英語で日記や手紙を書いたことがありますか。

No.14　外国の人や仲間同士で話す機会をみつけて、英語で対話していますか。

No.15　授業で興味をもった内容などについて、本を読んだり調べたりしていますか。

No.16　英語で書かれた本や新聞、インターネットなどのサイトなどを読んでいますか。

これらは、授業以外でも英語を使って積極的に何かをしてみるとか、考えてみるという「思考」に関する質問である。結果的には、与えられる課題に対して取り組む姿勢はあるが、自ら英語を使ってみるという姿勢には結びつかない。もっとも、中学校の段階では、各教科学習における課題も多く、知識の基盤を構築するインプットの時期であるのでやむを得ないかもしれない。

なお、「協学」という側面において、No.18（外国の異なる文化を理解することや国際的な問題や状況を理解することに積極的だと思いますか）においては、肯定的回答と否定的回答がほぼ同数である。中学２年生の生活領域・学校領域においては、まだ興味が向かない分野であるかもしれない。一方で、No.19（自分の興味があること：スポーツや音楽に関する英語には積極的に取り組んでいると思いますか）とNo.20（学校外で、英語を使う、または英語が気になる機会が増えたと思いますか）の回答においては、肯定的回答が半数を上回っている点は、今後の発展的成長に期待ができるのではないだろうか。

最後に、「英語を使って、何ができるようになりたいですか」という自由記述の回答に関しては、「英語を使って、不自由なく海外で観光したい」、「ネイティブ・スピーカーとの会話についていけるようになりたい」、「いろいろな外国から来た人と、英語を使って会話したい」、「英語を将来の仕事に役立てたい」というように、英語使用の夢は共通しているようである。

JSは「英語を使って何かをしたい」学習者が、具体的に段階を追ってどのような目標設定をし、その目標に向けどのように英語学習を進めていけばよいのかを示すコンパスである。「英語を使って何ができるのか」という答えを的確に示してくれる尺度であり、特に中学校では、学習者の自律をめざす教材作成や指導計画をする上で、ゆるぎない規準となると言えよう。

CEFR

第5章 JS Pre-A1 小学校における英語活動とカリキュラム

5.1 小学校における英語活動とカリキュラム

5.1.1 小学校英語教育の変遷とJS Pre-A1の必要性

日本の小学校英語教育は今日、大きく様変わりしつつある。グローバル化、デジタル化をはじめ、要因はさまざまあるだろう。その中で、日本型英語到達基準JSは、児童や教師にとってどのような役割を果たすだろうか。小学校英語教育は、一部の私立小学校を中心に長い歴史があるが、2000年代から2010年代にかけて文部科学省が先導する形で公立小学校にもひろがってきた。本項ではその変遷を振り返りながら、小学校段階におけるJSの役割を説明する。

2011年度より公立小学校5・6年で外国語活動が必修化され、年間35単位時間（週1単位時間、以下週1時間と略記）が導入された。しかし、この必修化により外国語活動（英語活動）がすべての小学校で新しくスタートしたというわけではない。とくに私立小学校では必修化以前からすでに英語活動を実施しており、その活動内容は多様をきわめている。

小学校での英語活動拡大の一里塚は、2002年度の新学習指導要領の実施に伴い、小学校で「総合的な学習の時間」を使って、国際理解の一環として「外国語活動（英語活動）」が実施できるようになったことである。2003年度には全国の小学校の88%、2007年度には97%が何らかの形で英語活動を実施していた（文部科学省, 2008）。

また、文部科学省は研究開発学校や構造改革特別区域研究開発学校（以下、研究開発校）などを指定してきた。研究開発校の中には、英語を教科（「英語活動科」や「英語科」）として小学校1年生から週1時間の授業を実施しているところ、1年生から徐々に時間を増やし高学年では50時間を超え実施しているところ、小学校中学年から取り入れているところなど、英語の扱いはさまざまであった（文部科学省, 2005）。

私立小学校においては、イマージョンプログラム[1]などをとり入れて英語教育に非常に力をいれている小学校もあれば、他方、それほど英語に力をいれていない小学校もあり、学校差は公立以上に大きい。

必修化は教科化とは違い、教科書の使用は義務づけられていない。ただ必修化に先駆け、文部科学省は5・6年生対象の外国語活動（英語活動）で使用できる『英語ノート』を配布資料とした。調査によると、『英語ノート』は90%の公立学校が活用しており、その年間使用率は90%以上が

1) 母語以外のすべての科目を外国語で教え、学習者を外国語の中に浸すバイリンガル教育プログラム。日本では一部の科目で母語が使われる部分イマージョンが多い。

44%、70%以上が68%にもなっていた（ベネッセ教育総合研究所，2010）。しかし、2013年度には、配布資料がより使いやすい『Hi, friends!』に代わった。この『Hi, friends!』も多くの公立小学校で使用されてきた。

公立小学校では、主に学級担任が英語活動を担当しているが、学校によっては民間から派遣されたALT（外国語指導助手）や地域のJLT（日本人外国語指導員）に頼りきっているところもある。調査によると、学級担任が英語活動の中心となる学校が2006年の３割弱から４年間で７割弱に増えている（ベネッセ教育総合研究所，2010）。年間指導計画なども各校まちまちで、公立小学校では、自治体が指導計画・指導書の協力・提供を行っていたところもあるが、各学校で独自に組んでいたところもある。『英語ノート』や『Hi, friends!』などの文部科学省配布資料の指導資料には年間計画が入っており、これが独自に年間指導計画書を作成する教員にとって役立っていた。

私立小学校では専科教員が英語の授業を担当していることが多く、日本人、外国人、日本人と外国人のティームティーチングなどさまざまである。また、独自のカリキュラムや年間指導計画書などを作成しているところも多い。指導教材に関しては、独自に作成した教材を使用している学校、市販の教材を使用している学校と多様である。英語を教科として導入し、他の教科と同様に評価を実施している学校もある。

低学年から英語活動に取り組む小学校も少なくない。全国1,309の国公私立小学校が回答した「小学校の外国語活動及び英語活動等に関する現状調査」（日本英語検定協会，2013）によると、小学校１・２年生で65%、３・４年生で73%が何らかの形で英語活動を行っていた。

上述したような英語活動の実施状況から、英語の早期指導へのニーズは高まっていたと判断できるだろう。政府の教育再生実行会議は2013年５月、小学校での英語教科化や実施学年の早期化、英語専門教員の配置などを提言した。また、文部科学省は同年10月、2020年までに英語必修化の開始時期を３年生に早め、５・６年生では英語を正式教科とするとの方針を打ち出した。この方針の中には、英語の時間数を増やすことが盛り込まれている。教科化に伴い、５・６年では、読み書きを指導するなど、内容が高度化される。「英語に親しむ」ことを目的とした外国語活動からカリキュラムをどのように再編成するのか。検定教科書の内容はどのように決定されるのか。児童の成績をどのような規準で評価するのか。学習内容の高度化に伴い、専門の英語教員をどのように養成するのか。さまざまな課題が山積していた。

2013年12月、文部科学省は「グローバル化に対応した英語教育改革実施計画」を発表、計画の具体化に向け「英語教育の在り方に関する有識者会議」が設置された。この会議では、学者、学校現場、ビジネス界を代表する委員たちが検討を重ね、2014年９月、「今後の英語教育の改善・充実方策について」と題する報告をまとめた。報告は、小学校英語について、中学年（3・4年）では「体験的」な理解とコミュニケーションの態度を養う活動型の授業をすること、高学年（5・6年）では教科型の「系統的」な指導により中学英語へとつなげることを提言している。中教審の審議を経て2017年度３月に公示された小学校の新学習指導要領では、これまでの議論の方向性に沿う形で、2020年から中学年に外国語活動が、高学年には教科化された外国語が新たに導入され、それぞれ週１時間、週２時間が配当されることとなった。移行期間の2018年度から高学年で使用できる文部科学省配布の英語教材『We Can!』では、読み・書きの要素を取り入れ、英語の基礎を学ぶ教科としての色合いが強まった感がある。

本項で見てきたように、小学校英語教育には学校ごとに異なる多様な取り組みがなされている。

「教科化」はその統一に貢献するという見方もある。このような状況において、到達目標を明記した基準を設定し、その基準のどのレベルに各小学校が到達目標を合わせているかが明示できるなら、大きな恩恵を得られるにちがいない。開始学年、授業時間数、教材、担当教員、教育環境などが多様であっても、一つの基準の上で、それぞれの到達目標を比較・検討することが可能になるからである。

欧州では、CEFRがそのような基準となることが期待された。しかしCEFRは、もともと大人の学習者向けに開発された基準である。そのまま子どもの学習者に適用するのは難しい。そのためフィンランドでは、一番下のA1レベルをさらに細分化し、子どもの発達段階に応じた言語能力を評価しようとしている。他方、日本では、フィンランドよりも、さらに英語の熟達度が低いことから、A1の下のPre-A1を設定し、「アルファベットが読める」「あいさつができる」など極めて基本的なパフォーマンスも評価することが提唱された（岡，2013）。これを受け、JSプロジェクトの下で作成された子どもの学習者向けの基準が「JS Pre-A1 ①・②・③」(①・②・③はPre-A1レベルの下位区分；本書見出しなどでは「JS Pre-A1」と略記）である。その詳細は、次項以降で述べることになるが、ここでは、上位レベルと同様CEFRの理念と基準にもとづきながら、日本の社会文化的状況を考慮した能力基準が設定されていることを強調しておきたい。

JS Pre-A1を踏まえ、児童の発達段階や学校の状況、地域、文化などを考慮してカリキュラムを編成し、それに沿った年間指導計画を立てていくことは、現在の多様な小学校英語活動・英語教育の中で貴重な共通財産になろう。小・中連携を考える上でも、到達目標を明示できれば、無用な混乱を避けることにつながるであろう。

5.1.2 JS Pre-A1の表について

作成の経緯・手順

Pre-A1レベルのディスクリプタは当初、「JSにおけるPre-A1」(栗原，2013）に設定されていた。筆者ら（相羽・藤原）は、教育現場での長年の実践経験を踏まえ、次のような各種教材の調査と技能別分類表の作成を通じ、その検証に取り組んだ。

- 文部科学省配布教材、20種類を超える市販の児童英語テキスト、筆者らの小学校などで使用している英語教材およびシラバス、日本・欧州の児童英語テスト等を精読して、語彙・表現・文法構造などを抽出し、3つの言語能力レベル①・②・③に分類する。
- 抽出した言語事項を4技能（Speaking, Listening, Reading, Writing)、およびVocabularyの項目に分類する。異文化・日本文化・物語の紹介・CLILを含むCultureの項目を加える。

このような手順で作成された独自の表を、JSにおけるPre-A1と比較し、この基準の検証を行った。検証結果を踏まえ、以下の3点が提案された。

1）継続的に対応できる低学年からの共通参照レベルが必要である。

現在、低学年でも英語を導入している公立小学校も多くあり、将来的には、それ以外の小学校でも英語導入期が早められる可能性も高くなってきている。そのため、どの学年から開始しても対応できる共通参照レベルが必要である。また、ほとんどの公立小学校で使用される文部科学省の配布学習教材の変更が今後あったとしても対応できるような参照レベルが必要であろう。低学年から英語を始める場合、学習年数が長くなるため、高学年から英語を始めるより学習内容を増やすことができる。

2）文字の導入にも力をいれたディスクリプタが必要である。

コンピューターが普及し、文字によるコミュニケーションの重要性が増している現在、早い時期からのリテラシー（読み書き能力）[2] の育成が必要であると考えられる。筆者らは今まで長年小学校低学年から文字の導入を行ってきたが、児童は低学年から楽しく読み書きをしており、文字が英語学習のモチベーションを高める役目も果たしている。また、欧州型の児童向けテスト *Cambridge Young Learners English Tests* (YLE) などを実施してみると、リスニングレベルは到達していても、読み書きができないと対応できないものがある。これらを考慮すると、CEFRを再編成し、日本の基準を設けるにしても、やはり早期からの文字学習に関する項目が必要であろう。

3）CLILの導入に対応できることが望ましい。

筆者らは他教科の内容や特定のテーマを英語で学ぶCLILを児童教育現場で実践している。この学習法は学年に合ったトピックを選んで行えるので、児童は興味を持って英語を学習している。また内容によっては日本語で理解しているものもあり、不安感がなく、楽しみながら英語が身についているようである。このような点からCLILを英語学習法として入れることは、児童が英語を学ぶ際、大きな効果があるのではないかと思われる。CLILにも対応できる包括性が共通参照レベルにも求められている。

以上の提案について、岡秀夫先生より、再編成したものを各レベルで技能別にわけグリッドとして表すと分かりやすい、態度・意欲（Enthusiasm & Attitude）なども加えるとよい、自己評価など学習の促進にも役立てるようなものができることが望ましい、などのご示唆をいただいた。これらの提案事項を反映して完成した表がJS Pre-A1 ①・②・③である。

使用上の留意点

JS Pre-A1 ①・②・③のディスクリプタは、各技能・態度の到達目標を示している。到達目標に直線的に向かうというよりも、あくまで緩やかな螺旋を描いて進んでいくことをイメージしてもらいたい。児童は、繰り返し練習することで、英語が定着し、さらに一歩先のレベルに進むからである。以下、この表を使用する上での留意点を項目別に説明する。

1）Goal：まず総合的な達成目標としてGoalがある。JS Pre-A1 ①・②・③は、音声によるコミュニケーションを中心としているが、早い時期からのリテラシー教育の重要性も考え、文字の読み・書きも盛り込んでいる。また、ここで歌について触れているが、歌は、児童にとって楽しく覚えられ、英語が定着しやすいため、児童英語教育には欠かせない。児童は、「しっかり歌う」ことができる歌を数曲持つことで自信を持つ。自信が持てると、それが児童のモチベーション向上につながる。歌は何曲導入してもよいが、まず数曲しっかり歌えることを目標としている。

2） 書きことばの理解と表現に関わる能力。早期英語教育においても、最も基本的な識字のレベルから、物語や論理展開のレベルまでを含む広範な概念である。

2) Speaking、Listening、Reading、Writing：技能別の項目には４技能のSpeaking、Listening、Reading、Writingを設けた。Speakingは、Interaction 1とInteraction 2の２種類に分けている。Interaction 1は、「質問ができる・質問に答えられる・対話ができる」ことを意味し、Interaction 2は、「質問がわかる・質問に答えられる」ことを意味している。したがってレベルとしては、Interaction 1が上となる。ここでは、指導者が何度も同じ質問をくり返すことにより、児童が質問を覚え、質問ができるようになっていく過程を重視した。たとえば、JS Pre-A1①でInteraction 2のレベルであったものが、JS Pre-A1②ではInteraction 1にステップアップする。そこに新しい単語などが加わっていく場合もある。このようなステップアップは、この表のJS Pre-A1②・③でも同じように構成されている。

・Interactionは、指導者の援助を受けて児童が答えても、目標に達したとみなす。たとえば教員が、"What color do you like ?" と質問し、児童が返答できない場合、"I like red." と教員が誘導すると、児童が"I like orange." と言う場合である。また、"How old are you? " と言い、"Are you seven years old? Eight? Nine?" と誘導し、児童が"（I'm）seven. " と言える場合も同じである。このようなやり取りを行っていくうちに、児童は一人で答えられるようになる。

・ListeningはSpeakingと密接に関わっており、Listeningのみ単独で考えるのは難しいが、ここでは会話を伴わないものとして扱っている。そのため、指導者がゲームなどの指示をした場合、聞いて理解できるか、質問や単語がわかるか、Speakingに出てくる英語が聞いてわかるか、英語を聞いて適切な絵を選べたり、並べたりできるかなど、Listeningのみに焦点をあてている。

・ReadingとWritingに関しては、日本語と英語では全く文字形態が違うため、日本の児童の場合、アルファベットの習得には時間がかかる。そのため初期のレベル①から導入し、時間をかけて学ぶことが必要と思われる。文字導入は英語嫌いにつながるとの指摘もある。しかし、筆者らの指導経験では、早い時期から文字を導入することにより、児童は余裕をもって楽しみながら文字を学び、文字に興味を持つ。たとえば、ABCの歌を歌いながらアルファベットの順番を覚えたり、絵の中に隠れている文字を探したり、アルファベット順に結ぶドット・トゥ・ドット（dot to dot alphabet）や単語をさがすワード・サーチ・パズル（word search puzzle）などの活動がある。アルファベット導入の際、日本人は大文字に慣れているので、大文字から練習することが良いと思われる。小文字を書かせるときは、文字の大きさなどを把握するために、線を示し、その線を意識して書かせることも大切である。児童は、アルファベットの読み書きができることにより、単語が写せ、ワークシートに書き込める【第５章5.2.3参照】。

・フォニックス (Phonics)[3] 学習はリテラシー教育に大変役に立つ。ここでは、Reading の項目の中にPhonicsを設けた。フォニックスの学習が英語の音の理解を助け、英語を読みやすくする【第５章5.2.3参照】。

・高頻度語を使用した絵本やサイトワードリーダーを取り入れ、くり返し読むことで、児童は頻出する単語に慣れてくる。このようなリテラシー教育は、児童の英語へのモチベーションを高め、自ら英語を読もう・書こうとする姿勢を育成していく【第５章5.2.3参照】。

3) Enthusiasm & Attitude: 児童の態度・意欲をEnthusiasm & Attitude として加えた。これは児

3) 文字と音の関連性をもとに、読み方を訓練するための指導法。アルファベットの文字が単語となったとき、どのように発音されるのかを整理したもの。

童が興味をもって積極的に活動に参加しているか、外国語（英語）活動を楽しんでいるか、などを知る上で大切なことである。また、歌やチャンツ[4)]、会話、グループワークなどに積極的に取り組んでいるか、などからも、児童が英語学習に興味を示しているかがわかる。

4) Culture: 言語と文化は密接な関わりがあり、言語を学習する際、その言語が使用されている国や地域の文化を理解することが必要である。現在すでに異文化理解として外国の文化や行事などを体験している児童も多いであろう。それと同時に、自国の文化・習慣などを積極的に発信していくことも大切であると思われる。筆者らは日本の文化・習慣を英語を使って発信する活動で、児童が自国の文化・習慣を積極的に学び、自分があたかも先生になったかのように、生き生きと自信を持って外国のゲストに英語で紹介している様子を観察してきた。このような取り組みは英語を学習する上で、児童のモチベーションを高める試みであると考えられることから、この項目でも日本文化について触れている。

5) Vocabulary: 語彙は、授業で取り入れる歌、ゲーム、アクティビティ、使用教材などで異なるため、ここの語彙はあくまで参考ということになる。CLILなどを取り入れる場合、その内容により語彙が全く異なるので、このリストにそれらの語彙が加わることになる。

6) 別表「学年別CLILトピック例／JS Pre-A1 レベル別英語目標」を付し、JS Pre A-1 ①・②・③でのCLILの導入例も示している。これは一例にすぎないが、このような形で他教科を英語に取り入れることができる。CLILの学習は実際に体験した内容や現在体験しつつある内容をさらに発展させることができるため、児童にとっては大変興味深いようである。また日本語で理解できていることもあり、英語が大変良く身につく。CLILはさまざまな教科を取り入れることができるので、今後の英語を学習する上で期待できる指導法と思われる。

JS Pre-A1 ①・②・③は自己評価にも使用できる。表中の□に「もうすこし」なら斜線を引く、「できた」なら半分色を塗る、「よくできた」なら全部塗るなど、到達度に応じて、塗り足していける。ただし、児童に実施する場合には工夫が必要である。たとえば、低学年の児童は、先生と一緒に自己評価を書き込むと良い。また、児童に自己評価表を配布する際には、①・②・③を別々にし、見やすい大きさの文字で、学年に応じてひらがなを使うなどの配慮が必要となる【第５章5.4.3参照】。

2023年追記

第５章の原稿は、2013年に執筆を開始し、2018年に加筆したものである。それ以降、小学校英語を取り巻く状況は変化を続けている。2020年度から３・４年生では外国語活動が必修化され、また５・６年生では教科としての英語が始まり、検定教科書も配布されている。ICTの活用、学びの個別最適化、学習指導要領における「主体的で対話的」な学び、教科横断型の学びなど、教師たちの抱える教育課題は積み重なり、複雑になる一方である。その中で教師と児童が、謙虚な気持ちで英語を学ぶという基本を見失わないためにも、JS Pre-A1 ①・②・③が一つの手引きとなることが期待される。

---

4)　フレーズや語彙などの言語材料をリズムに乗せて発話する教材・教授法。歌の苦手な児童、高学年の児童でも恥ずかしがらず、楽しく取り組むことができる。

JS Pre-A1 ①・②・③[1)]

◸…もうすこし　◪…できた　■…よくできた[2)]

	Pre-A1 ①	Pre-A1 ②	Pre-A1 ③
Goal	・身の回りの単語が言える。[6)] ・挨拶ができる。 ・簡単な質問ができる・答えが言える。 ・自分の名前/年/好きなものが言える。 ・英語の指示通りに動ける。 ・アルファベットが読める。 ・大文字が書ける。小文字や単語が見て書ける。 ・英語の歌が３曲しっかりと歌える。	・相手に日常的なことを質問でき、質問されたことに答えられる。 ・簡単な英語の話を聞いて、質問に答えられる。 ・短いスキットなどを発表することができる。 ・物語を聞いて先生と一緒に繰り返して言うことができる。 ・Pre-A1 ①のInteraction ②の欄の質問ができる。 ・小文字が書ける。文章を正確に写せる。 ・英語の歌が新たに５曲しっかりと歌える。	・自分や家族、友達についての会話ができる。 ・短いスピーチがわかる・できる。 ・5W〈who/what/when/where/why〉と1H〈how〉を使って質問ができる・答えられる。 ・Pre-A1 ②のInteraction ②の質問ができる。 ・例文を参考にして簡単な自己紹介文や手紙が書ける。 ・英語の歌や詩が新たに５つしっかりと歌える・言える。
Speaking: Interaction ①[3)] <質問・返答>	□あいさつができる・返せる。 ・Hello. Hi. ・Good morning.[7)] Good morning. ・How are you? Good. ・Good-bye. See you. ・Nice to meet you. Nice to meet you, too. □名前や年齢が質問できる・答えられる。 ・What's your name? My name is Jim. /I'm Jim. ・How old are you? I'm nine (years old).[8)] □お礼やお詫びなどを言うことができる・返せる。 ・Thank you. Sure. /You're welcome. ・Here you are. Thank you. ・I'm sorry. That's OK. ・Are you OK? Yes. /No. □好きなもの/持っているもの/欲しいものが質問できる・答えられる。 ・Do you like/have/want grapes? Yes, I do. /No, I don't. ・What do you like/have/want? I like/have/want cherries. □色や形が質問できる・答えられる。 ・What color (is this/that)? (It's) red.	□曜日/時間/天気/日にちが質問できる・答えられる。 ・What day is it? It's Sunday. ・What time is it? It's eight thirty. ・How is the weather? It's sunny. ・What's the date? It's May 4. □誕生日/電話番号/住所が質問できる・答えられる。 ・When is your birthday? (It's) April 2. ・What's your telephone number/cellphone number? (It's) 1234-5678. ・What's your address? (It's) 9-9-9 Asahi, Chiyoda-ku, Tokyo. □好きな色/食べ物/動物/スポーツ/科目が質問できる・答えられる。 ・What color/food/animal/sport/subject do you like? I like red/bananas/cats/baseball/math. □これ/あれはあなたのものか質問できる・答えられる。 ・Is this/that your pen? Yes, it is. /No, it isn't. □いくつ持っているか質問できる・答えられる。 ・How many pencils do you have? I have three (pencils). □どこにあるか質問できる・答えられる。 ・Where is the book? It's in/on/under the bag. □道が聞ける・案内ができる。	□出身地/住んでいる場所/交通手段について質問できる・答えられる。 ・Where are you from? I'm from Tokyo. ・Where do you live? I live in Shibuya. ・How do you come here? By subway. □兄弟/好きなこと/趣味/就きたい仕事とその理由について質問できる・答えられる。 ・Do you have (any) brothers or sisters? Yes. I have one sister. /No. (I'm an) only child. ・What do you like to do? I like to sing. ・What's your hobby? /(What are your hobbies?) I like playing the piano. ・What do you want to be? I want to be a doctor. ・Why? Because I want to help people. □好きな教科/学年/クラブについて質問できる・答えられる。 ・What's your favorite subject? I like math. ・What grade are you in? I'm in the fifth grade. ・What club are you in? I'm in the computer club. □日常生活の時間について質問できる・答えられる。 ・What time do you get up/get to school/eat lunch/go to bed? I get up at six thirty. □今何をしているか質問できる・答えられる。 ・What are you doing? I am/We are cleaning.

	・What shape (is this/that) ? (It's a) circle. □これ/あれは何か質問できる・答えられる。 ・What's this/that? (It's a) spider. □数が質問できる・答えられる。 ・How many books (do you have)? Three. □買い物ごっこができる。 ・May I help you? Apples, please. ・How much? Two dollars. □ゲームなどでの表現が使える。 ・Are you ready? Yes. /Not yet. ・Show me, please. /Hint, please. /OK.	・Where is the park? Over there. /Go straight. / Turn right. /Turn left. □写真を見ながら、誰か質問できる・答えられる。 ・Who is this? (It's) my dad. □職業が質問できる・答えられる。 ・Is your mother a teacher? Yes, she is. /No, she isn't. ・Is your father a doctor? Yes, he is. /No. He is a pilot. □～ができるか質問できる・答えられる。 ・Can you ski? Yes, I can. /No, I can't. □許可を求める質問ができる・答えられる。 ・May I go to the restroom? Sure. ・Hello. May I speak to Jim? Just a moment, please. □準備はできたか/終ったか質問ができる・答えられる。 ・Are you ready/finished? Yes, (I am). /No, (I'm not). Not yet. □別れるときの挨拶が言える・応えられる。 ・Have a nice day/weekend/holiday/vacation. Thank you. You, too.	・What is he/she doing? He/She is singing. ・What are they doing? They are dancing. □家族や友達の好きなもの/好きなことが質問できる・答えられる。 ・What food does your mother like? She likes pizza. ・Does your mother like to play/like playing tennis? Yes, she does. /No, she doesn't. □1000までの数で足し算/ひき算/かけ算/割り算の問題が質問できる・答えられる。 ・What's 500 plus/minus/times/divided by 2? 502/498/1000/250. □これ/あれ/それはだれのものかを質問できる。私の/あなたの/～のと答えられる。 ・Whose hat is this/that/it? It's mine/yours/Tom's. □英語のスペリング/言い方を質問できる・答えられる。 ・How do you spell pencil? P-E-N-C-I-L. ・How do you say *enpitsu* in English? /What's *enpitsu* in English? Pencil.
Speaking: Interaction 2 [4] ＜返答＞	□曜日/時間/天気の質問に答えられる。 ・[What day is it?][9] (It's) Sunday. ・[What time is it?] (It's) six o'clock. ・[How is the weather?] (It's) sunny. □好きな色/食べ物/動物/スポーツの質問に答えられる。 ・[What color/food/animal/sport do you like?] I like red/bananas/cats/baseball. □これは～ですかの質問に答えられる。 ・[Is this a book?] Yes. /No. □準備ができたか/終わったかの質問に答えられる。 ・[Are you ready?] Yes. /No. ・[Are you finished?] Yes. /No. □指示を聞いて動作で応えられる。 ・[Touch your head.] 自分の頭を触る。	□出身地/住んでいる場所の質問に答えられる。 ・[Where are you from?] I'm from Japan. ・[Where do you live?] I live in Tokyo. □兄弟/将来の職業/学年/好きなこと/好きなものなどについての質問に答えられる。 ・[Do you have any brothers or sisters?] Yes. I have one/a sister. /No. ・[What do you want to be?] I want to be a doctor. ・[What grade are you in?] I'm in the fifth grade. ・[What do you like to do?] I like to cook. ・[What's your favorite food?] I like ice cream. □何時に起きるか/寝るかについて質問できる・答えられる。 ・[What time do you get up/go to bed?] I get up/go to bed at six thirty.	□どうしたのですかとの質問に答えられる。 ・[What's wrong/the matter?] I have a headache. / This room is too hot! □～についてどう思うかの質問に簡単な英語で答えられる。 ・[What do you think of Tokyo?] (I think it's) nice. □過去についての質問にいくつか答えられる。 ・[What did you do yesterday?] I played tennis. ・[Where did you go?] I went to *Asakusa*. ・[What did you have for lunch?] I had pizza. □家族や友達の職業/一日の行動などの質問に答えられる。 ・[What does your mother do?] She is a nurse. ・[What time does Kenji get to school?] (He gets to school) at eight ten.

	□別れるときの挨拶に応えられる。 ・[Have a nice day.] Thank you. You, too.	□何をしているかの質問に答えられる。 ・[What are you doing?] I'm cooking. □これ/あれ/それはだれのものかの質問に、私/あなた/〜のものと答えられる。 ・[Whose hat is this/that/it?] It's mine/yours/Tom's. □簡単な足し算/ひき算/かけ算/割り算の問題を聞いて数字が言える（100までの数）。 ・[What's 2 plus 2?] 4. [What's 4 minus 1?] 3. [What's 3 times 2?] 6. [What's 10 divided by 5?] 2. □レストランで注文ができる。 ・[What would you like?] (I'd like) spaghetti, please.[34]	□これら/あれらは誰のものか・〜があるかの質問に答えられる。 ・[Whose books are these/those/they?] (They are) mine. ・[Is there a sofa in the living room?] Yes, (there is)./No, (there isn't). ・[Are there any cups in the kitchen?] Yes, (there are)./No, (there aren't). □〜してくれますかの依頼に応えられる。 ・[Would/Will you open the window?] Sure. □驚きの表現が言える。 ・[Here is a present for you.] Oh, a hat. How cute! / What a beautiful hat! □時間がどれくらいかかるかの質問に答えられる。 ・[How long does it take?] 20 minutes.
Listening	□Pre-A1 ①のVocabularyの単語が聞いてわかる。 □Pre-A1 ①のSpeakingの英語が聞いてわかる。 □指示に従って動作ができる。<注33)参照> □英語のヒントや短い会話を聞いて、2〜3個の絵の中から適切な絵が選べる。	□Pre-A1 ①②のVocabularyの単語が聞いてわかる。 □Pre-A1 ①②のSpeakingの英語が聞いてわかる。 □ゲームやアクティビティの指示がよくわかる。 □簡単な物語や会話を聞いて、内容に合った絵が選べる。	□Pre-A1 ①②③のVocabularyの単語が聞いてわかる。 □Pre-A1 ①②③のSpeakingの英語が聞いてわかる。 □やや複雑な指示が聞き取れる。 □簡単なスピーチを聞いて、順番に絵を並べられる/選べる。
Reading	□アルファベットの大文字がランダムに読める。[10] □アルファベットの小文字が順番に読める。 □自分の名前が英語で書かれた名札が探せる。 □簡単な単語が先生と一緒に読める。 **Phonics** □A-Zのフォニックスチャンツでアルファベットの文字と音に慣れる。[11] A-/æ/-apple, B-/b/-banana……Z-/z/-zebra □頻出する簡単な単語の始めの文字を選べる。	□アルファベットの小文字がランダムに読める。 □頻出する単語が探せる・読める。 □短い文が先生と一緒に読める。 **Phonics** □アルファベットの文字と音を認識できる。 □短母音を含む簡単な短い単語が読める。	□頻出する単語や、3〜6語からなる簡単な文が読める。 □曜日・12ヶ月・数字などの単語が書いてあるカードを順番に並べられる。 **Phonics** □sh, ch, thで始まる単語がいくつか言える・読める。 □長母音を含む簡単な単語がいくつか読める。
Writing	□アルファベットの大文字が書ける。[12] □アルファベットの小文字が見て書ける。 □自分の名前が書ける。 □簡単な単語を見て写せる。	□アルファベットの大文字・小文字・自分の名前が正しく線上に書ける。 □与えられたアルファベット3〜4文字を組み合わせて、頻出する簡単な単語が書ける。 □短い文を正確に丁寧に写せる。	□与えられたアルファベットの文字を並べて簡単な単語が書ける。 □与えられた単語を並べて簡単な文が書ける。 □例文を部分的に入れ替えて、自己紹介文や簡単な手紙などが書ける。

Enthusiasm & Attitude	□楽しく英語活動ができる。 □積極的に挨拶ができる。 □はっきりと英語を繰り返すことができる。 □英語の指示を聞いて、積極的に行動できる。 □積極的にチャンツが言える・歌が歌える。	□積極的に英語の質問に答えられる。 □学んだ英語を積極的に使える。 □友達と助け合いながら、積極的にグループワークができる。 □積極的に海外からのゲストやALTの話を聞くことができる。	□積極的に質問に答えられる。質問できる。 □学んだ表現を積極的に使える。 □積極的にグループで会話を練習したり、発表したりできる。 □積極的に海外からのゲストやALTと話そうとする。
Culture	□ハロウィン、クリスマスなどの外国の行事などを体験して楽しむ。[13] □ピザやキムチなど、なじみのある食べものがどこの国からきたかわかる。 □海外の絵本/歌/マザーグースなどに親しむ。[14] □福笑い/けん玉など日本の遊びを英語で楽しむ。	□日本の昔話や、海外の物語[35]を英語で聞いたり、演じたりする。 □世界地図を広げて知っている国・都市・大陸を探す。 □Show and tell[36]で日本独特のものや海外のものを紹介する。 □色々な国の料理の作り方などを英語で楽しむ。	□サンクスギビングなどの外国の文化の概略を理解する。[54] □海外の人々の暮らしをグループで調べ発表する。 □日本の文化や習慣を積極的に伝える。
Vocabulary[5]	□アルファベット：A-Z □数：1-30 □色[15] □曜日[16] □食べ物/飲み物[17] □果物/野菜[18] □スポーツⅠ[19] □天気[20] □形Ⅰ[21] □家族Ⅰ[22] □形容詞Ⅰ[23] □体Ⅰ[24] □衣服などⅠ[25] □生き物Ⅰ[26] □自然[27] □職業Ⅰ[28] □身の回りの物Ⅰ[29] □おもちゃ/乗り物[30] □動作[31] □Halloween・Christmas[32] ＊教室での指示[33]	□数：1-100 □12ヶ月・季節[37] □序数[38] □教科[39] □場所[40] □日本の食べ物[41] □前置詞Ⅰ[42] □天体[43] □スポーツⅡ[44] □形Ⅱ[45] □家族Ⅱ[46] □形容詞Ⅱ[47] □体Ⅱ[48] □衣服などⅡ[49] □生き物Ⅱ[50] □身の回りの物Ⅱ[51] □一日の行動[52] □世界の国々Ⅰ[53]	□数：1-1000 □クラブ名[55] □趣味[56] □病気[57] □前置詞Ⅱ[58] □職業Ⅱ[59] □部屋名[60] □身の回りの物Ⅲ[61] □世界の国々Ⅱ[62]

★語彙は扱う教材により異なりますので、下のリストは参考語彙となります。
★授業で取り入れる歌・ゲーム・アクティビティの内容に応じた表現・語彙が上記に加わります。
★CLILを取り入れる場合は、その内容に応じた表現・語彙が上記に加わります。

注

1) この表はPre-A1 ①を、小学校低・中・高学年いずれの時期から始めても対応できるように作成されています。
2) □にチェックを入れてください。先生がチェックしても児童がチェックしてもよいでしょう。児童にチェックリストを配布する場合は、①・②・③を分けてもっと記入しやすくする必要があります。
3) ここでのinteraction 1は質問ができる・質問に答えられる・対話ができることを意味します。
4) ここでのinteraction 2は、質問がわかる・質問に答えられることを意味します。時には絵を見たり、単語を与えられたりすると答えられることも含みます。
5) ここに出てくる語彙はステップ①・②・③で繰り返し使用します。絵カードなどを使って語彙練習をするものも含みます。
6) 環境、状況、学年などにより、異なる場合もあります。
7) 下線部は単語を入れ替える部分を示しています。
8) (　)は省略可能な部分を示しています。
9) [　]は先生による質問を示しています。
10) 日本人は大文字に慣れているので、アルファベットは大文字から読む練習をするのがよいでしょう。日本語の文字とアルファベットは違いが大きいので、早い時期からABCの歌で順番を覚えたり、絵の中に隠れている文字を探したり、アルファベット順に線を結ぶ dot to dot alphabetや単語を探すword search puzzleなどをして、楽しみながら時間をかけて文字に慣れていくのがよいでしょう。
11) フォニックスチャンツでアルファベットの文字の読み方と文字の音を学びます。
12) なぞって書くことから始めるとよいでしょう。正しい書き順を教えましょう。
13) 担当のALTやゲストの出身国のトピックを選ぶとよいでしょう。
14) 絵本の例：*Brown Bear, Brown Bear, What do you see?, Little Red Hen's Cake, The Three Little Pigs*, etc. 歌/マザーグーズの例：ABC Song, Head Shoulders Knees and Toes, Baa Baa Black Sheep, Hickory Dickory Dock, Mary Had a Little Lamb, etc.　絵本、歌、マザーグースは、どれを選択するかにより、語彙が異なります。
15) red, blue, yellow, pink, green, brown, orange, purple, black, white, gray
16) Sunday, Monday, Tuesday, Wednesday, Thursday, Friday, Saturday
17) hamburger, hot dog, French fries, steak, fish, meat, spaghetti, pizza, sausage, fried chicken, sandwich, bread, rice, noodles, egg, cheese, salad, tuna, octopus, curry, omelet, cookie, ice cream, cake, yogurt, chocolate, doughnut, candy, pudding, jam, milk, juice, tea, soda, water, coffee, etc.
18) fruit, vegetable, apple, banana, strawberries, cherries, grapes, melon, peach, kiwi fruit, lemon, pineapple, orange, watermelon, potato, tomato, onion, carrot, cucumber, pumpkin, lettuce, green pepper, cabbage, etc.
19) baseball, soccer, swimming, skiing, dancing, etc.
20) sunny, rainy, windy, snowy, cloudy, etc.
21) circle, triangle, square, star, etc.
22) mother, father, grandmother, grandfather, brother, sister, mom, dad, grandma, grandpa, etc.
23) big, small, little, hot, cold, short, long, tall, up, down, fast, slow, good, bad, happy, fine, sleepy, hungry, thirsty, tired, sad, clean, dirty, yummy, etc.
24) head, hair, ear, eye, nose, mouth, shoulder, knee, hand, toe, etc.
25) T-shirt, shirt, blouse, pants, skirt, shorts, sweater, dress, socks, cap, hat, shoes, etc.

26) dog, cat, rabbit, horse, cow, lion, tiger, zebra, monkey, mouse, hamster, turtle, snake, frog, spider, bird, duck, bee, ant, butterfly, bug, etc.
27) tree, leaf, flower, grass, seed, etc.
28) doctor, teacher, nurse, fireman/firefighter, police officer, baseball player, soccer player, pilot, farmer, etc.
29) cup, knife, fork, spoon, glass, pencil, eraser, pen, ruler, marker, crayon, pencil case, notebook, book, glue, scissors, chalk, telephone, CD, computer, TV, chair, desk, table, bag, umbrella, bed, clock, piano, calendar, etc.
30) ball, yo-yo, kite, doll, robot, jump rope, puzzle, top, marbles, dinosaur, computer game, comic book, teddy bear, bat, bike/bicycle, car, taxi, bus, train, airplane, boat, etc.
31) walk, run, jump, sing, dance, stop, wait, go, play, sleep, cook, eat, drink, read, study, draw, write, ride, etc.
32) Halloween, ghost, costume, mask, bat, witch, jack-o'-lantern, trick or treat, etc. Christmas, present, card, stocking, bell, candle, angel, turkey, snowman, light, star, tree, Santa Claus, eve, etc.
33) open/close your book, listen, repeat, come here, stand up, sit down, look at~, line up, count, make a pair, clean up, say~, touch~, point to~, color~, paste~, cut~, put~down, don't~, stop~, be quiet, etc.
34) ここではI'd like〜をレストランごっこで使います。
35) *Momotaro, Omusubikororin, The Very Hungry Caterpillar, The Gingerbread Man*, etc.
36) 実物や写真を見せながらその物について紹介する。
37) January, February, March, April, May, June, July, August, September, October, November, December, spring, summer, fall/autumn, winter
38) first〜thirty-first
39) Japanese, English, math, social studies, PE, science, music, arts and crafts, home economics, etc.
40) school, police station, fire station, department store, post office, airport, hospital, stadium, library, flower shop, bookstore, restaurant, supermarket, store, convenience store, hotel, home, mountain, beach, lake, etc.
41) *sushi*, rice ball, rice cracker, rice cake, *miso* soup, *natto*, green tea, etc.
42) in, on, under
43) sky, cloud, moon, star, sun, etc.
44) tennis, table tennis, basketball, volleyball, ice skating, etc.
45) rectangle, oval, heart, diamond, etc.
46) aunt, uncle, cousin, child, children, baby, etc.
47) delicious, beautiful, cute, ugly, angry, mad, scary, nice, great, interesting, etc.
48) arm, leg, foot/feet, finger, eyebrow, elbow, back, stomach, etc.
49) jacket, coat, raincoat, jeans, scarf, gloves, boots, slippers, sneakers, etc.
50) goat, sheep, penguin, koala, kangaroo, alligator, crocodile, insect, ladybug, worm, etc.
51) pencil sharpener, stapler, cellphone, backpack, map, trash can, sofa, brush, comb, towel, handkerchief, soap, dish, plate, chopsticks, mug, napkin, place mat, etc.
52) get up, brush my teeth, wash my face, brush my hair, go to school, get to school, eat breakfast/lunch/dinner, take a bath, go to bed, do my homework, study, watch TV, etc.

53) Japan, U.S.A., China, Korea, Singapore, India, etc.
54) 担当のALTなどの出身国の文化について触れるのがよいでしょう。
55) art, track, school band, drama, *judo*, gymnastics, etc. <注19)と44)を参照>
56) playing the piano, practicing *kendo*, collecting stamps, playing computer games, listening to music, etc.
57) sick, headache, stomachache, toothache, etc.
58) in front of, behind, between, next to, by, near, over, etc.
59) musician, flight attendant, dentist, journalist, engineer, businessman, etc.
60) kitchen, living room, bathroom, bedroom, upstairs, downstairs, first floor, etc.
61) refrigerator, cupboard, oven, microwave oven, cutting board, bowl, frying pan, pot, garbage can, drawer, vase, picture, bookcase, radio, CD player, printer, newspaper, magazine, comic book, toothbrush, toothpaste, mirror, lamp, curtain, rug, etc.
62) Australia, New Zealand, Canada, England, France, Germany, Spain, Italy, Mexico, Brazil, Russia, etc.

学年別CLILトピック例／JS Pre-A1レベル別英語目標

学年 CEFRレベル	CLILトピック例	各レベルの英語目標
1・2年生 Pre-A1 ①	朝顔の栽培 大豆やヒマワリの栽培 日本の遊び	挨拶 身の回りの単語 基本的な動詞
3・4年生 Pre-A1 ②	チョウの一生／カエルの一生 自分の町のようすと地図記号 日なたと日かげ	身の回りのものに関する表現 自分についての表現 日常の行動に関する動詞 動詞の現在進行形
5・6年生 Pre-A1 ③	日本の国土・農産物 世界の国々について 和食について	5W1Hを使った会話表現 日常の行動に関する動詞の三人称単数形 基本的な動詞の過去形 簡単なスピーチや発表

5.1.3 学習開始期とJS Pre-A1

JS Pre-A1 ①・②・③は、JSの上位レベルと同様、学年の枠を超えた到達目標を記述している。このことは、さまざまなカリキュラムが混在する教育現場では特に重要な意味を持つ。言い換えれば、英語学習の開始期がいつであっても対応できるように作成されているということである。

小学校英語教育では開始期の違いは総授業時間数の違いとなり、到達目標にも影響する。2011年度より外国語（英語）活動が必修化され、2017年時点では、すべての公立小学校で5・6年生を対象に、年間35時間外国語（英語）が導入されている。これを踏まえて小学校で週1時間程度の英語の授業があると想定し、開始期を小学校高学年、中学年、低学年の3種類に分けるとすると、それぞれの到達目標をどのようにして決めたらよいだろうか。

以下では、小学校1年生から6年生までの、異なる学年から英語を開始した児童が6年生でどこまで到達したかに関し、筆者らが教員として長年見てきた児童の様子をもとに例を示す。

1) 小学校低学年から開始した場合の例: 小学校1年生から6年間英語を導入した場合、小学校1・2年生ではJS Pre-A1 ①まで、小学校3・4年生ではJS Pre-A1 ②まで、小学校5・6年生ではJS Pre-A1 ③までの達成が可能となる。このように長期にわたり学習できる場合には、言語習得段階に応じた内容、たとえば異文化体験、日本文化紹介、歌、物語、CLIL、劇、ゲームなどをふんだんに取り入れることができ、余裕のある楽しい授業が展開できる。
2) 小学校中学年から開始した場合の例: 小学校3・4年生でJS Pre-A1 ①まで、小学校5・6年生でJS Pre-A1 ②までとなる。この場合はJS Pre-A1 ③までのレベルに到達することは難しいであろう。4年生から英語を開始する場合は、JS Pre-A1 ①は4・5年、JS Pre-A1 ②は5・6年にまたがって進めるようになることもある。常に児童の様子を見ながら、調整することが必要である。Pre-A1 ①のCAN-DOリスト【第5章5.4.3参照】で進度を確認して次のステップへ進むことが望ましい。
3) 小学校高学年から開始した場合の例: 必修化により、すべての公立小学校5・6年生で英語を教えるようになった。たとえば、小学校5年生から開始する場合、小学校5年生でJS Pre-A1 ①、6年生でJS Pre-A1②まで達成することが望ましい。文部科学省の配布教材である、『Hi, friends!』を使用した場合、意識的にPre-A1 ①・②のパターンを使い、インタラクションを行っていくことにより、JS Pre-A1 ②までの達成は可能になるであろう。

2020年度から実施される新学習指導要領では、中学年で年間35時間の英語活動が必修化となり、5・6年生では年間70時間の外国語（英語）が教科として導入される。このような新体制での英語教育下においては、総時間数が、本項で想定した小学校1年生から週1時間程度実施した場合とほぼ同じになると考えられ、JS Pre-A1 ③までの達成が可能になると想定される。

5.1.4 年間計画とJS Pre-A1

英語活動の年間計画は、細分化されて学期計画に、さらには1時間のレッスンプランになる。年間計画を立てる上で最も大切なことは、1年間の明確な到達目標を決めて計画を立てることである。その際、学校の授業環境、児童の発達段階や英語経験、授業時間数などを考慮した上で、児童がコミュニケーションを楽しみながら目標の英語を身につけていけるような計画を立てるようにしたい。

英語活動が楽しいものであれば、JS Pre-A1①・②・③のEnthusiasm & Attitudeで示すように、児童は積極的にコミュニケーションを取るようになり、英語活動に対する児童のモチベーションも上がる。しかし、年間計画の進度にとらわれ過ぎて、児童に無理をさせてしまったり、退屈させてしまったりしては意味がない。児童の様子を観察しながら、柔軟に対応できるようにすることが大切である。

JS Pre-A1①・②・③【第5章5.1.2参照】を参照しながら年間計画を立てる場合、前項でも述べたように、開始期により到達度や進度が異なるため、年間計画にも影響が及ぶ。たとえばJS Pre-A1①レベルを1・2学年の2年間かけて行う場合は、JS Pre-A1①に書かれた学習内容を分割し、年間計画を作成する方法と、明記されている学習内容を1年生と2年生で段階的に導入しながら、繰り返し行う方法がある。学校や対象児童の状況などを考慮に入れ、いずれかに決めるとよい。教材により、JS Pre-A1①・②・③のリストとは学習内容の順番が異なることもあるが、最終的に到達目標が合えば良い。

年間計画を立てる場合、学習内容である表現、文型、語彙などを導入順に明記した表を作成し、その中に、さまざまなタスクやアクティビティを組み入れるとよい。フォニックスや文字学習、ストーリー・テリング[5)]、異文化学習や体験・日本文化紹介、CLILなどのタスクやアクティビティを明記した年間計画を作成すると、内容的に充実しよう【第5章5.2.1参照】。

ここでJS Pre-A1①・②・③に組み入れることができるCLILのアクティビティの一例を紹介しておく。JS Pre-A1①・②・③を小学校1年生から各レベル2年間かけて行うと想定した場合、Pre-A1①では1年生で「朝顔の栽培」(生活科)【第5章5.3.2参照】、2年生で「大豆やヒマワリの栽培」(生活科)、Pre-A1②では3年生で「チョウの一生」(理科)、4年生で「自分の町のようすと地図記号」(社会)、Pre-A1③では5年生で「日本の国土・農産物」(社会)、6年生で「世界の国々について」(社会)などを入れることができる。ただし、導入期などは各小学校の状況により多少ずれる場合もあるので、計画を立てる前に確認をすることが必要である。

CLILは、児童の英語経験年数などにより、使用する英語のレベルや語彙を変えて行える。また、場合によっては指導が長期にわたったり、生育の状況により指導時期が異なる場合も生じるので、それらを考慮した年間計画が必要であろう。その他のアクティビティとして異文化・日本文化紹介、歌、ストーリーなどを授業に取り入れる場合、季節性のあるものであれば、一番適切な時期に入れるように年間計画を組むことがより効果的な授業となる。

---

5) 子どもの英語熟達度に応じた物語を教員が読んで聞かせ、インプットを行う指導法。絵本や紙芝居などを使えば内容を視覚的に理解させることができる。

5.2 小学校英語教材・指導法とJS Pre-A1

5.2.1 教材を選ぶ際の留意点

児童に英語を教える際、児童に合った教材・副教材を用いると、授業が活気づき楽しく展開できる。児童向けのものは書店やインターネットに溢れんばかりにあるが、授業内容（達成目標)、児童の発達段階、教室環境などに応じて選択したい。

JS Pre-A1①は、初めて英語に触れる段階である。そのため、たとえば歌やチャンツなど、英語の音に慣れるために、聴覚教材をふんだんに使用することが必要になる。また、英語力が非常に限られるため、絵カードや写真などの視覚教材も大いに活用するとよい。動画などの教材は、視覚・聴覚双方から学ぶことができるので非常に効果的である。視聴覚教材は、歌やチャンツ、語彙・表現の学習、異文化・日本文化の学習、さまざまなアクティビティやゲームなどの導入にも活用できる。色々な種類のワークシートを利用すると、楽しみながらアルファベットを覚えることができる。絵本や紙芝居などは絵が内容を理解する助けとなり、楽しく英語を学べる教材である。

JS Pre-A1②レベルになると、英語に慣れてくる。①のレベルよりやや高度な視聴覚教材を使用したり、少し長い文の絵本や物語などを聞かせたりして、継続的に多量の英語の音をインプットすることが必要となる。そのとき、曖昧なインプットの中から、必要な情報をピックアップする練習も行いたい。また、インタラクションにも慣れ、英語で簡単な質問もできるようになってきているので、ペアワークなどの協同作業が行えるようなゲームやアクティビティの教材を取り入れてもよい。ピクチャー・ディクショナリーなどを使って、着実に語彙を増やしていくこともできる。読み書きも、アルファベットから単語へと移行していくので、ワークシートも単語を書きこむようなものにしていくとよい。フォニックスにもとづくワークシートで単語力をのばすこともできる。物語や劇など、多くの児童が参加でき、演じられるような教材も適している。

JS Pre-A1③では、かなり英語にも慣れ、自分のことが言えるようになってきているので、インターネットなどを使い、さらに進んだインプットを与える。現実の場面から採録した「生」の映像・音声を教材として使用することもできる。また、一般によく外国で歌われる歌や、短い詩、簡単なスピーチ、②レベルで使用したものより少し長めのストーリーや実際の会話などさまざまなものが視聴覚教材として使える。また、少しずつ読めるようになってきている段階なので、簡単な物語や、徐々にレベルが上がっていくリーディング教材（Graded Readers）を楽しめるようになってくる。グループで行うさまざまなアクティビティ、発表、異文化学習などでは、インターネットの活用が内容の理解を深めるのに役立つ。

JS Pre-A1①・②・③の各レベルでCLILなどを導入する場合は、連携する教科の先生と話し合い、独自の教材などを作成したい。近年はICT（情報通信技術）を取り入れた授業などが増え、外国に行かなくても生の英語が手軽に聞けるなど、時代とともに教材は変化している。さまざまな教材を取り入れることで、授業はより一層活気のある楽しいものになっていく。

5.2.2 併用する副教材

使用テキストを決めた場合でも、さまざまな副教材を使用することにより、バリエーションが広がり、楽しい授業が行える。ここでは筆者らが実際に使用している歌、物語、アルファベットワークシート、ICT、ゲームなどの副教材の一部を紹介する。

1) 歌：マザーグースのわらべ歌やいろいろな歌を通して、英語の音に慣れる。はじめは歌えるところから歌うようにし、徐々に歌える部分を増やしていき、最後は歌詞が全部をしっかり歌えるようにする。また、歌に合わせて動作などをいれることで楽しく覚えられるものもある。JS Pre-A1 ①・②・③レベルを低学年から英語学習を開始した場合を想定し、実際に使用している歌の一例を以下に紹介する（表1）。ただし、児童の年齢などによって適している歌が違うので、表のレベル分けにとらわれず、児童にあった歌を選択するとよい。
2) 物語：絵本は視覚的に楽しむことができる。絵本の魅了的な絵が、物語の内容を理解する助けになり、読み聞かせやストーリー・テリングを英語だけで行っても、ほとんど児童はついてこられる。教室で絵本を使用する場合には全員が見えるように配慮したい。たとえば、教室用の大型絵本（ビッグブック）を使用したり、絵を画面に映し出したりするような工夫が必要である。
　教員が児童に問いかけをしながら絵本を読み進めていくと、児童は英語で積極的に参加してくる。

表1：併用できる歌の例

Pre-A1 ①	Pre-A1 ②	Pre-A1 ③
・Alphabet Song ・The Hokey Pokey ・Head, Shoulders, Knees, and Toes ・Hickory, Dickory, Dock ・Sunday, Monday, Tuesday ・Seven Steps ・The Itsy Bitsy Spider ・Teddy Bear ・London Bridge Is Falling Down	・Are You Sleeping? ・The Farmer in the Dell ・Mary Had a Little Lamb ・Old MacDonald Had a Farm ・Peas Porridge Hot ・Row, Row, Row Your Boat ・This Is the Way We Wash Our Face ・Twinkle, Twinkle, Little, Star ・Rain, Rain, Go Away	・Bingo ・Baa, Baa, Black Sheep ・Grandfathers' Clock ・Do-Re-Mi ・If You're Happy ・It's a Small World ・Take Me Out to the Ball Game ・There's a Hole in the Bottom of the Sea

表2：併用できる物語の例

1　物語教材 ・*Brown Bear, Brown Bear, What Do You See?* ・*Today Is Monday* ・*Five Little Monkeys Jumping on the Bed* ・*The Very Hungry Caterpillar* ・*Dear Zoo* ・*Little Red Hen* ・*From Head to Toe* ・*No, David* ・*Three Little Pigs* ・*Chicka Chicka Boom Boom* ・*Goldilocks and the Three Bears* ・*Gingerbread Boy* ・*The Gigantic Turnip* ・*Who Took the Cookies from the Cookie Jar?* ・*Three Billy Goats Gruff* ・*Town Mouse and Country Mouse* ・*Jack and the Beanstalk* ・*Frog and Toad*	・*Ikkyu-san* ・*Kasajizo* ・*Kintaro* ・*Momotaro* ・*Omusubikororin* ・*Urashimataro* 2　サイトワード教材 ・Sight Word Readers/Science/ Fun & Fantasy1, 2, 3/Math(Scholastic) 3　Graded Readers ・Oxford Reading Tree (Oxford) 4　オンライン教材 ・Raz-Kids ・Starfall

このような紙芝居方式によるストーリー・テリングで絵本を使用すると、教員と児童の間でインタラクションが起こり、クラス全体で楽しむことができる。日本の物語も、同じように紙芝居を使い、英語で楽しむことができる。エプロンシアターや手袋シアター（エプロンや手袋を舞台に見立て、人形などを付けたり外したりして物語を進めていく）、指人形、パペットなどの教具を使ってストーリー・テリングを行うと、さらに生き生きとしてくる。児童の英語クラスで使う絵本は、数えきれないほどたくさんあるが、表2のリストは筆者らの学校で実際によく使う絵本の一例である。

3）アルファベット学習のワークシート【第5章5.2.3参照】

4）CLIL 【第5章5.3.1参照】

5）ICTなど：ICTを活用した教材にはさまざまなものがある。たとえば、iPadなどを用いて、絵カードをデジタルカードにし、児童に見せながら授業を行うと楽しい。また、写真や絵などを用いてフラッシュカードを作成し、見せ方に工夫をすることもできる。たとえば、使い方の例として、モニターにモザイクをかけた写真を見せて“What's this?”と聞き、徐々にはっきりさせていく、など見せ方・使い方でさまざまな授業に使える。学習内容に関する外国の子ども向けのYouTube動画などを使うこともできる。アプリなどを使って、教員と児童がインタラクションを行っていくような授業も行える。

6）外国文化・日本文化：外国の文化を理解する上で、外国の行事・習慣・遊びなどを英語の授業で体験することは大切である。とくにALTの出身国などの文化・習慣を体験することで、より身近に感じることができるであろう。また、日本の遊び・行事・マナーの紹介などを英語で体験し、外国の人に紹介する経験は、児童の英語へのモチベーションを高める効果がある。インターネットやスカイプ、電子メールなどを活用して、外国の文化に触れたり、日本を紹介したりすることもできる。

7) ゲーム：ゲームは楽しみながら自然な形で児童が英語を積極的に使うようになる。サイモン・セズ (Simon Says)[6] やビンゴなどは、あらゆる授業で行える。またカードなどを使ったカルタ、マッチングゲーム（カード合わせ）、ミッシングゲーム（なくなったカードを当てる）、ゴーフィッシュゲーム（Go Fish）（同じカードを２枚か４枚集める）なども語彙や表現を覚える良い教材である。ゲームを行う際、まず使う表現を教え、何度も行うと、英語だけでゲームができるようになってくる。

5.2.3 4技能の育成とJS Pre-A1

前述したように、JS Pre-A1 ①・②・③には、Speaking, Listening, Reading, Writingの４技能それぞれに到達目標が記述されている。ディスクリプタが示す個別の目標達成に向けて、小学校の英語教育ではどのような指導が必要になるだろうか。筆者（藤原）の勤務する私立小学校では、１年生から６年生まで45分授業が週に２回ずつある。学習レベルで見ると、１年生・２年生がほぼPre-A1 ①、３年生・４年生がPre-A1 ②、５年生・６年生がPre-A1 ③に相当する。技能別に指導する場合にも、JS Pre-A1 ①・②・③【第５章5.1.2参照】を参照すれば、その技能を習得していく流れを段階的にとらえることができ、技能相互の関連にも気づく。

JS Pre-A1 ①・②・③の特徴の一つは、低学年児童の言語能力への対応である。以下では、リスニングを中心に他の技能につなげる指導や、これまで問題視されることも多かった低学年からの文字指導など、小学校低学年から始める４技能育成について説明する。

リスニング指導

４月の入学当初は、英語に触れたことのある児童は大きな声を出しているのに対し、英語に触れたことのない児童は、うつむき、戸惑っているように見える。どちらの児童も英語を楽しみ、授業から学べるにようにするには、リスニングが一番有効であるように思われる。第二言語習得論では、「理解可能なインプット」を与えることが重要であるとされている。児童のレベルに合わせて、相当量のインプットを与えることが求められる。

筆者は、児童にたっぷり英語を聞かせることで「英語が聞ける耳」を育て、これを土台として、話す、読む、書く技能へとつなげている。児童に聞く力が備わることで、学校ではコミュニケーション活動がしやすい。児童には自分のリスニングの記録をカードに記させることで、自律学習を促している。指導者は、その日のレッスンや単元ごとに目標となっている表現を繰り返し使うことで、児童にもインプットされる。

リスニングは自宅学習にも適している。筆者の小学校で使用している教材には、通常音声がついているので、児童は家庭で音声を繰り返し聞くことができ、学習した英語を定着させることができる。また、音声があれば、次の授業の英語を自由に聞くことができるため、英語に慣れていない児童もスムーズに授業に入ることができる。

---

6) サイモンという名の王様になった人が動作を指示し、他の人はその言葉通りに動くゲーム。初めは指導者が王様になるが、その後は学習者同士で楽しめる。

夏休みは、リスニングを通して英語力を高める絶好の機会である。夏休み明けに記録を見ると、定期的にリスニング活動をしているのがわかる。それを通して英語のリズム、イントネーション、ナチュラルスピード、語彙を身につけ、休み明けにクラス全体でコーラスすると、声の大きさも明瞭さも高まっている。4月初めには、消極的だった児童が、休み明けに発音が向上し、アイコンタクトをしながら自信をもって英語を話すようになる例も目にする。

歌やチャンツを通したリスニング、リーディング、スピーキング指導

カリキュラムには各学年、何曲かの英語の歌やチャンツを正確に歌うことが入っている。歌やチャンツは英語をインプット、アウトプットするのに最適の教材である。リズムのはっきりしたチャンツや歌が覚えやすい。筆者の観察でも、児童が音声を自宅で聞くようになると、授業に出てきたとき、歌の最初の一節をハミングするだけで、歌を歌い出すことができる。

歌詞を見ながら繰り返し歌うことで、確実に読む力もつくことも強調しておきたい。正確に歌うことができれば、発表の機会も増え自信につながる。また、歌に出てくる表現や文型は、すぐにコミュニケーションに応用できる。JS Pre-A1①・②・③でGoal項目に「英語の歌が3～5曲しっかりと歌える」などという目標が設定されているのは、このような理由からである。

文字指導

文字学習は、アルファベトになじむことから始める。まず、歌・チャンツ、パズル、文字探し、カード遊びなどさまざまなアクティビティを通して、アルファベットに慣れ親しませる。アルファベットの歌は、伝統的な歌から、ラップ、ロックまでさまざまな種類があるが、いずれの場合でも、文字を指さしながら音楽に合わせて文字を目で追うなどの指導が効果的である。文字の一部を見せて文字当てクイズをしたり、アルファベットカードを順番に並べるなどのアクティビティを取り入れて、文字に親しむとよい。アルファベットは、日本語の文字と全く異なるので、児童が楽しみながら文字に慣れるよう、時間をかけて指導したい。

歌でアルファベットの文字の順番を覚え、文字を認識することが、文字を読み・書きする上で助けとなる。大文字、小文字の順で4線の上に正確に、丁寧に書けるように指導する。アルファベットをマスターすることは、日本の児童に大きな達成感を与える。また、アルファベットが言えて書けることで、フォニックス、リーディング、ライティング、その他のアクティビティの幅が大きく広がる。

JS Pre-A1①・②・③のディスクリプタに直接反映されている活動を低学年から学年別に示すと次のようになる。1年生では、学習した単語を写したり、簡単なワード・サーチ・パズル【第5章5.3.2参照】ができる。2年生では、学習した短い文を正確にノートに写すことができる。提出物にも英語で名前が書ける。3・4年生では、習ったストーリーを書き写したり、リーディング教材の質問に対する答えを2つのうちどちらか選んで書くことができる。5年生では、自己紹介などの例文を入れ替えて書ける。6年生では、与えられた例文を入れ替えて、自己紹介文や手紙などが書けるようになる。

フォニックスの指導

フォニックスの指導は、英語の音にたっぷり触れてから始めるのがよい。フォニックスのルールを一つずつ覚えることで、単語が読めるようになり、文章が読めるようになる。フォニックス学習により、児童は英語の文字に興味を持つ。筆者の小学校では、1年生の終わりごろから4年生まで、フォニックスのルールを段階的に導入し、それに沿った、短いストーリーを読んでいる。フォニックスの段階的な導入はPre -A1①・②・③の表のReading項目を参照されたい【第5章5.1.2参照】。

サイト・ワードの指導

リーディングを成功させるには、フォニックス学習に加えて、サイト・ワード（sight words）[7]を指導するとよい。サイト・ワードとは、目で見てすぐにわかる単語のことで、リーディングの際に役立つ頻出語が中心である。たとえば、次の13のサイト・ワード（a, and, for, he, is, in, it, of, that, the, to, was, you）だけでも、英文全体の25%を占めると言われている（Beech, 2007)。筆者の小学校では、3年生で50、5年生で100のサイト・ワードを読めるようにしている。フォニックスの学習とサイト・ワードの学習をすると、児童は段階式リーディング教材（Graded Readers）などを自発的に楽しむことができ、自律学習ができるようになってくる。

コミュニケーションを通した文法指導

リスニングで "Do you like apples?" を何度も聞くと、数えられる名詞の複数形についての説明がなくても、その仕組みを自然に吸収することができる。どこかの時点で文法を説明しなければならないが、小学校低・中学年では説明よりもリスニング練習を先に行いたい。コミュニケーションのために英語を使いながら、無意識のうちに英語のルールを身につけることができるというように活動を工夫する。

高学年になると、自分がなんとなく使っている英語が気になり始めるため、筆者の小学校では、5・6年生のクラスで、中学1年程度の文法をコンテクストの中で教えている。コミュニカティブなコンテクストの中で基本文法を提示し、楽しくアウトプット練習ができるようにする。毎年行うアンケートでも、文法の説明があることで英語がよくわかり、コミュニケーションにも自信がもてると答える児童が多い。5・6年生クラスのコミュニケーションの言語項目については、JS Pre-A1③を参照されたい【第5章5.1.2参照】。生きたコンテクストの中で文法を教えることは、小学校英語と中学校英語の連携を考えるときの鍵になろう。

筆者らが読み書きを取り入れた学習を行っている低学年生を対象に行った調査(Byrd, Fujiwara, & Aiba, 2006)では、95%の児童が英語が好きと答えている。その後毎年行っているアンケートでもほぼ同じような結果が得られている。少なくとも、低学年から文字指導を導入しても、英語嫌いになることはない。

筆者の小学校では、ここに挙げたもの以外にも多様な指導法を使って英語の授業を進めている。第5章3節で紹介するCLILもその一つである。これら私立小学校での4技能育成、およびJS Pre-A1と個々の指導の関連が、教科化・低学年化が見込まれる公立小学校の英語教育にとって参考になれば幸いである。

7）頻出語を中心に、単語全体を視覚的に覚えさせる指導法。スペリングに素早く反応できるようになれば、文レベルのリーディングも容易になる。フォニックスと同様、もともと英語を母語とする児童に対して行われていた。

5.3 CLIL実践とJS Pre-A1

5.3.1 小学校でのCLIL実践にあたって

CLILには、内容（Content）、コミュニケーション（Communication）、認知（Cognition）、文化(Culture)という4つの概念的な構成要素（4C）があり、これらが相互に関係しながら、内容学習と言語学習を統合する（Coyle et al., 2010）。

内容は、生活科、家庭科、社会科、理科、体育、音楽、算数、国語とどんな分野からも取り入れることができる。それぞれの学校で取り組んでいる題材、学年で一番力を入れている題材、児童が楽しんでいる題材、または既習の内容をさらに発展させる題材など、状況に応じて題材を選定するのが望ましい。英語教員の場合、内容選定には小学校教員との相談が不可欠となる。

児童のコミュニケーション能力を判断するには、JS Pre-A1①・②・③を活用することができる。この基準は、日本の子どもの言語生活を反映し、教員の経験にもとづく検証を経ているため、授業の中で児童が示すパフォーマンスを予測する手がかりとなろう。

CLILを行うまでの手順

1. 適切な内容を選定：小学校教員（担任）とよく相談の上、適切な内容を選定する。
2. 他教科の教科書や教材の研究：他教科で使用している教科書、プリント教材、ガイドブックをよく研究する。
3. 素材収集：英語を母国語とする国の幼稚園児・小学生向き教材・雑誌・ネット情報、絵本など(外国の子ども向け教材は、イラストや色使いが日本のものとは違い、これらを使うことは、児童の興味を深める)。
4. 教材開発・作成：児童のJSレベルへの対応づけと4Cを取り入れることを考えた教材、内容がよく理解でき、児童が学びやすく、わかりやすい教材、絵やイラストで明確に内容をあらわした教材、指導者や周りの児童と活発なコミュニケーションがとれる教材、覚えやすく定着しやすいTPR、チャンツ、歌を用いた教材、文字や絵で内容が確認できるワークシートの作成、児童が内容を理解し英語が定着したかを確認するCAN-DOリストの作成、理解度の確認のためのテストの作成などを含む。

筆者らはCLILの授業を進めるにあたって、独自の教材を作成している。小学校教員と相談して適切な内容を選択し、素材を収集した上で、児童のJSレベルにあったもの、児童が内容をよく理解でき、指導者や周りの児童と活発なコミュニケーションがとれる教材を作成することが肝心である。

筆者らの観察では、児童は嬉々としてCLILの活動に参加し、この活動を通してコミュニケーションを楽しみ、英語、内容をよく身につけている。扱っている題材が学校の教科や日常生活など、なじみのある内容であるので児童にとって理解しやすく、小学校担任の教員にとっても扱いやすい。同じことを違った言語で繰り返すことにより、学習内容が定着し、さらには学びを発展させることもできる。また、通常の授業で興味がなかったものが、英語を使って、違った角度から学ぶことで興味を持ち直すこともある。

5.3.2 実践例の紹介

筆者の教える私立小学校の1年生英語クラスでは毎年、朝顔の栽培をCLIL学習としている。英語の授業は1回45分で、週に2回ある。5月の半ばすぎ、児童が各自鉢をもらい朝顔の種を植えるころからCLILの学習は開始する。この時点で、児童は英語の学習を始めて約1ヶ月経ち、英語の音声に多少慣れてきている。CLILに使う時間は、週に1回で5分～10分程度である。夏休みの前までに、朝顔の栽培過程の学習を一通り終えるが、種の採取が冬まで続くので、朝顔についてのコミュニケーションは一年中続く。

教室では、児童が言葉の意味を体で覚えられるようにAsher (1977)が提唱するTPR（Total Physical Response）[8]を用いたり、サイモン・セズ【第5章5.2.2参照】などのゲームや朝顔の歌(Fujiwara, Aiba, & Byrd, 2010）を通して成長過程に関する表現を身につける。教員が同じ質問を繰り返すことで、児童は質問の内容を覚え、よく答えられるようになる。児童は自分の朝顔をとても大切にしているので、朝顔を話題にしたコミュニケーションを楽しむことができる。

学習手順詳細（JS Pre-A1 ①レベルの場合）

1．成長段階に応じた語彙の学習：実物や絵カードを使う。

朝顔（morning glory/morning glories)、種（seed/seeds)、穴（hole/holes)、水（water)、日光（sunshine)、葉（leaf/leaves)、つる（vine/vines)、つぼみ（bud/buds)、花（flower/flowers)、色（white, pink, purple, blue, greenなど)、支柱（stick/sticks)、鉢（pot)、土（soil）など。

2．成長過程の表現学習（英語表現と動作は朝顔の歌（表1）を参照）

1）TPR：教員は、英語を言いながら動作をする。

2）児童は教員の英語を聞き、動作を見てまねる。

3）児童は教員の英語を聞き、動作で応えられるようになる。

4）児童は教員と一緒に英語を言い/歌いながら英語の意味する動作ができるようになる。

5）1）～4）を成長段階に応じて繰り返すと、栽培過程の英語が身につく。

6）成長過程の会話を楽しむ。

3．文字による確認

英語を聞いて、ワークシートの絵を指さしたり、単語を写すことで、学習内容を確認し（図1)、ワードサーチ・パズルにチャレンジする（図2)。

4．発表

1）グループで協力し、英語に合わせて独自の動作を考え、練習して皆の前で発表する。

2）家族に朝顔の歌を動作とともに伝える。

5．リスニングテスト（図3)・CAN-DOリスト（図4）による児童の理解度の確認

図3のリスニングテスト用紙は、質問を変えることでくり返し使用できる。

---

8) 指導者が全身の動作で学習者に反応を促し、言葉を学習させる教授法。早期英語教育で広く用いられている教授法の一つである

表３：朝顔の歌

Morning Glories Song（ロンドン橋の替え歌）		
	歌詞	動作（TPR）
1	Morning glories, *asagao* Pretty flowers, pretty flowers Make holes Plant the seeds Water Sunshine Grow, grow, grow	右手、左手を上にして花を作る 両手を動かし、花が可愛いい様子を表わす 人差し指で鉢の土に穴を空けている動作 種を穴の中に入れている動作 朝顔に水をやっている動作 両手で太陽を作る 両手の人差し指を下に向け、根が伸びる様子
2	Look, look, coming up Coming up, coming up Leaves, vines Grow, grow, grow Leaves, vines Grow, grow, grow	朝顔の芽が出て来たのを見ている様子 両手を合わせて、下から芽が出て来た様子 合わせた手を開き葉を、人差し指を上にしてつるを表わす 人差し指をまわしながら上げ、葉やつるがのびる様子 上の動作を繰り返す
3	I see buds, I see flowers White and pink, purple and blue I see brown seeds Pick, pick, pick Brown seeds Pick, pick, pick （© 2009 Fujiwara, Aiba, and Byrd）	両手でつぼみを作り、見る　両手で花を作り、見る 右手の人差し指で花を一輪ずつ４回指さす 両手でさやを作り、なかの種を見る 右手で，さやの中から種を取る 上の動作を繰り返す

以下、観察１では、児童が朝顔の水やりをする時によく使っている英語表現を拾っている。観察２は、教員と児童の会話例である。

観察１: 児童が自分から使っていた英語

Water, sunshine, grow, grow, grow,（お水と、お日様で、大きくなあれ。）
Coming up! Coming up!（芽が出たよ。）
Leaves!（葉が出たよ。）
Vines! Long!（つるが、伸びてるよ。）
Grow, grow, grow,（どんどん伸びて。）
Look, look!（見て、見て。）
Buds, buds!（つぼみだ。）　Two!（２つあるよ。）
Flowers! Pink! Blue!（花がさいたよ。ピンクと青。）
Pretty!（かわいい。）

観察2：朝顔を話題にした児童との会話例

T（Teacher)	Ss (Students)
T: *Asagao* seeds are big?	Ss: No. Small.
T: Do you make two holes?	Ss: No. Five.
T: What's this?	Ss: Water.
T: Where is your morning glory pot?	Ss: …….
T: In the classroom?	Ss: No.
T: Where?	Ss: (Point to the playground.)
T: Playground?	Ss: Yes.
T: Do you see new leaves?	Ss: Yes. /No.
T: How many leaves do you see?	Ss: Two. /Four. /Many, many.
T: Do you see long vines?	Ss: Yes. /No.
T: Do you see buds?	Ss: Yes, two/three. /No.
T: Do you see flowers?	Ss: Yes.
T: How many flowers do you see?	Ss: Two. /Three.
T: What color?	Ss: Pink.
T: How many seeds do you have?	Ss: 21、49、78、89、100！

（児童は秋の終わりごろ、自分が採取した種を学校に持ってくる。自分の採取した種の数を言いたいので、100までの数え方を積極的に覚える。）

この実践例では、児童がJS Pre-A1①レベルの言語技能を身につけていることがわかる。実際の授業で用いているテスト（図3）はJS Pre-A1①のListening項目のディスクリプタ（「英語のヒントや短い会話を聞いて、2～3個の絵の中から適切な絵が選べる」）に、CAN-DOリスト（図4）はEnthusiasm & Attitude項目のディスクリプタ（「楽しく英語活動ができる」「はっきりと英語を繰り返すことができる」「英語の指示を聞いて積極的に行動できる」）に反映されている。またWritingワークシート（図1）のタスクは、Copy and say the words.であるが、これはJS Pre-A1①のWriting項目のディスクリプタ「簡単な単語を見て写せる」につながっている。児童の発話で用いられる既習の語彙、CLILの新出語彙はすべて、JS Pre-A1①のVocabulary項目のディスクリプタ（色、形容詞I、数など）にある。教員の質問は、JS Pre-A1①のSpeaking Interaction 1のディスクリプタ（これ／あれ、色や形、数の質問と答え）に含まれるもの、およびそのバリエーションがほとんどである。

朝顔の栽培のCLIL実践は、児童が2年生になっても応用することができる。筆者の勤務する私立小学校では、2年生の生活科で大豆の栽培を行い、英語科でも大豆の栽培のCLIL学習をする。児童は1年生の時に、朝顔の栽培で植物の成長の基礎を英語で学んでいるので、2年生では、楽しみながら、より詳しい内容にチャレンジできる。

CLILのアプローチで植物の栽培を学んだ私立小学校の1・2年生の保護者を対象に行ったアン

ケートでは、回答した136人の保護者の98.5%がこの試みに賛同し、次のようなコメントをしている。「日本語と英語で同じ内容を学ぶのはいい。」「子どもがこのような英語学習を楽しんでいる。」「子どもが英語で何かを伝える力を身につけた。」「もっとこの方法を英語の授業に取り入れてほしい。」(Fujiwara, Aiba, and Byrd, 2010)。

最後に、同じ内容のCLILを公立小学校で行った事例にも触れておきたい。筆者らは公立小学校の5・6年生クラスで英語の授業を年間5〜10回ほど担当しており、朝顔のCLIL指導を毎年行っている。朝顔の栽培は、高学年の児童にとっても経験した内容であり、1年生が世話をしているのを毎年見ていて親しみのある内容なので、楽しく授業に取り組める。復習の要素を含む題材でも、違った言語で触れることに児童は興味を示す。低学年で1年間にわたり学習する内容を、5・6年生のクラスでは2〜3回で学習している。

学習手順は、低学年とほぼ同じであるが、動作より、絵カードを中心に進めている。

1. 絵カードやTPRで語彙を学ぶ。絵を見ながら栽培過程の英語表現を学ぶ。
2. 絵を見て質問に答えたり、絵カードを順番に並べたりとゲームで楽しみながら栽培過程の英語を使う。
3. ワークシートで内容を確認する。グループで栽培過程をいくつかに分けて練習し、発表する。
4. 光合成に関するheat, light, energy, oxygenのような語彙をいくつか加えると、さらに内容が深まり、高学年らしい授業になる。
5. 日本文化と朝顔の関わりあいについてグループで話し合い、簡単な英語で説明する。

図1

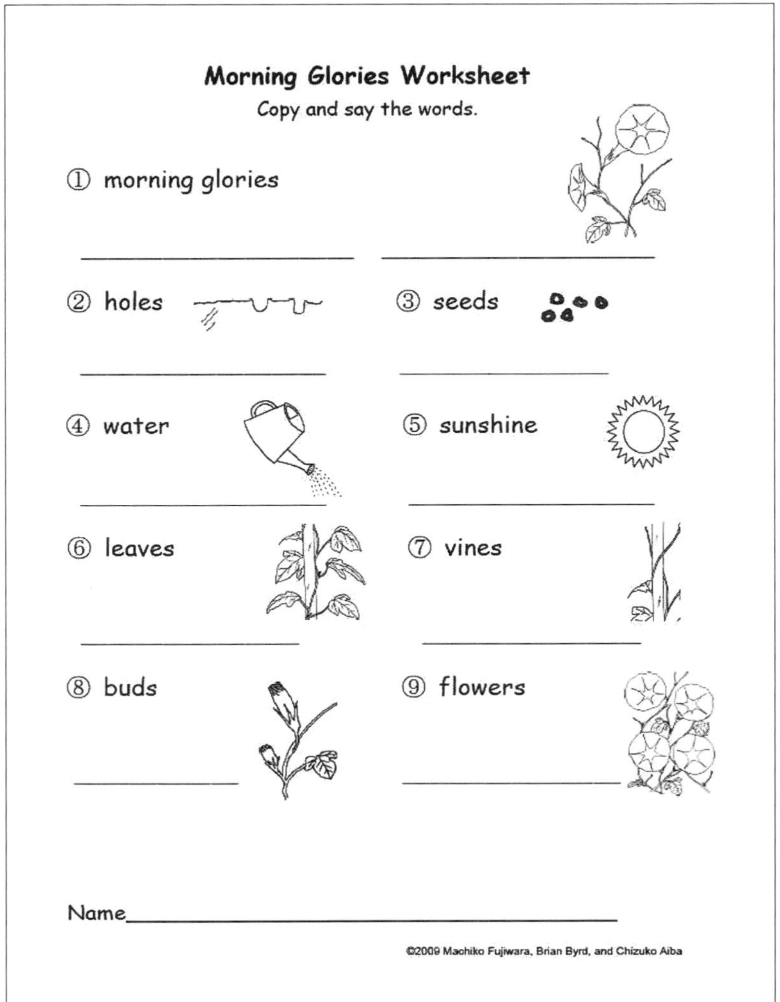
Morning Glories Worksheet
Copy and say the words.

① morning glories
② holes
③ seeds
④ water
⑤ sunshine
⑥ leaves
⑦ vines
⑧ buds
⑨ flowers

Name

©2009 Machiko Fujiwara, Brian Byrd, and Chizuko Aiba

図2

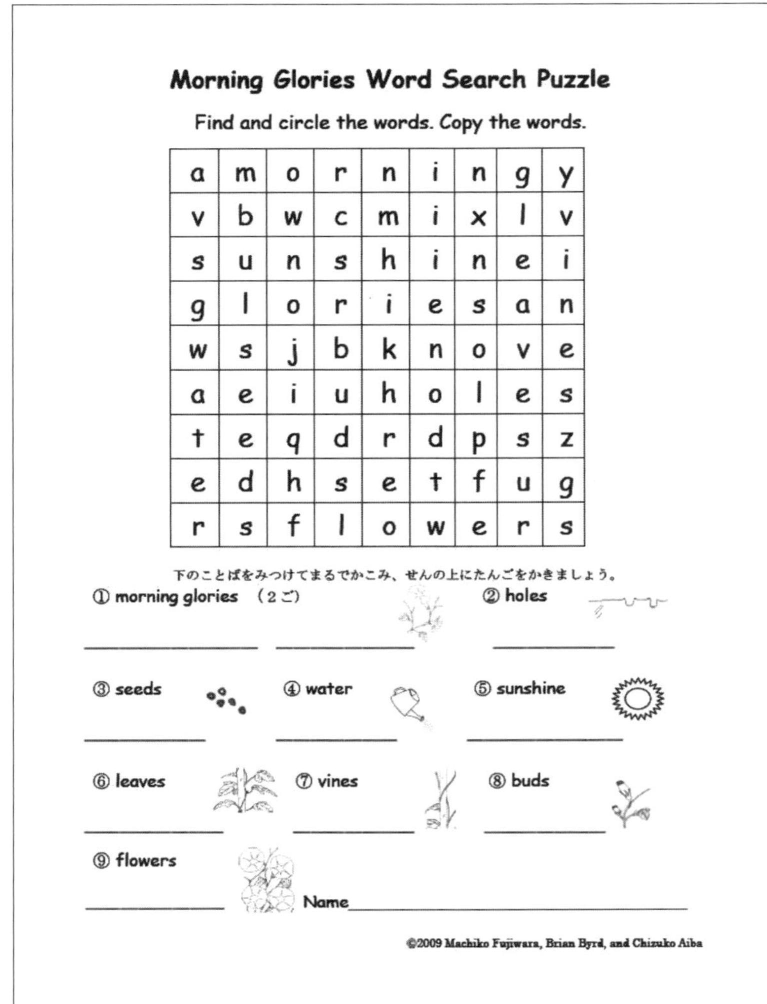
Morning Glories Word Search Puzzle

Find and circle the words. Copy the words.

a	m	o	r	n	i	n	g	y
v	b	w	c	m	i	x	l	v
s	u	n	s	h	i	n	e	i
g	l	o	r	i	e	s	a	n
w	s	j	b	k	n	o	v	e
a	e	i	u	h	o	l	e	s
t	e	q	d	r	d	p	s	z
e	d	h	s	e	t	f	u	g
r	s	f	l	o	w	e	r	s

下のことばをみつけてまるでかこみ、せんの上にたんごをかきましょう。

① morning glories （２こ）
② holes
③ seeds
④ water
⑤ sunshine
⑥ leaves
⑦ vines
⑧ buds
⑨ flowers

Name

©2009 Machiko Fujiwara, Brian Byrd, and Chizuko Aiba

図3

Morning Glories Test

Listen to the teacher and choose the right picture.

えいごをよくきいて、AかB、正しいほうに○をつけましょう。

1. A  B 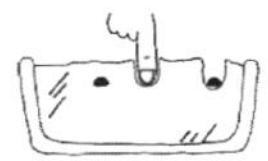

2. A  B 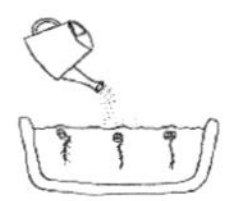

3. A  B 

4. A  B 

5. A  B 

Name ____________________

Questions　教師用スクリプト

1. Make holes and plant the seeds.　2. Water and sunshine.
3. I see leaves and vines.　4. I see buds.
5. I see four flowers.

図4

Morning Glories　CAN-DO LIST

Name ____________________

☆に色をぬりましょう。
よくできた　★★★　　できた　★★☆
もうすこし　★☆☆

1. えいごで、あさがおのがくしゅうが、たのしくできた。

☆　☆　☆

2. 先生のまねをして、えいごをはっきりということができた。

☆　☆　☆

3. ともだちといっしょに、なかよくれんしゅうできた。

☆　☆　☆

4. あさがおのさいばいのえいごを、体をうごかしながら、いったり、うたったりできた。

☆　☆　☆

たのしかったこと、じょうずにできたこと、むずかしかったことなど、
なんでもかいてください。

5.4 評価とJS Pre-A1

5.4.1 小学校での外国語活動における目標と評価

評価は、目標がどこまで達成できたかを把握するために行うと考えられている。しかし、評価の役割はそれだけではない。評価には、アセスメントとエバリュエーションがあるとされる。アセスメントでは学習者の学習に関する情報を収集するのに対し、エバリュエーションでは、アセスメントで収集された情報をもとに価値判断を行う。つまり、アセスメント評価は、教育指導の終点ではなく、児童のニーズを見出し、これからの指導をいかに有効に行っていくための材料になる。

小学校での外国語活動においても、カリキュラム編成（目標の設定）から教材の準備、教室での指導へと至る一連のサイクルを締めくくるものとして、評価の存在は大きい。評価が新たな目標の設定へとつながり、サイクルの循環を促すからである。

小学校英語の評価を考える第一歩として、文部科学省の掲げる小学校における外国語活動の目標と、評価の観点および趣旨について見てみたい。2008年の小学校新学習指導要領において、外国語活動の目標は次の３本柱から成り立っている。

① 外国語を通じて、言語や文化について体験的に理解を深める。
② 外国語を通じて、積極的にコミュニケーションを測ろうとする態度の育成を図る。
③ 外国語を通じて、外国語の音声や基本的な表現に慣れ親しませる。　（文部科学省，2008）

他方、2010年の初等中等教育局長通知「児童・生徒の学習評価及び指導要録の改善等について」（文部科学省，2010）では、外国語活動の評価の観点として、コミュニケーションへの関心・意欲・態度、外国語への慣れ親しみ、言語や文化に関する気付きの３つの観点で評価するとしている。文部科学省の目標と評価の観点を比較してみれば、「態度」「慣れ親しみ」「体験」などをキーワードに両者が対応していることがわかる。

ところが、中教審の答申によれば、新学習指導要領（2017年公示）下の学習評価については「知識・技能」「思考・判断・表現」「主体的に取り組む態度」の３つの観点に整理するものとし、外国語教育における学習評価についても、年間を通じた目標、単元目標に基づき、これらの観点別に評価を行うことが重要であるとされた。特に、小学校高学年の教科としての外国語教育の評価については、筆記テストのみならず、インタビュー（面接）、スピーチ、簡単な語句や文を書くこと等のパフォーマンス評価や活動の観察等、多様な評価方法への言及がある。

このように、小学校英語における評価は、必修化、教科化の流れの中で様変わりしつつある。教室内外での児童の生き生きとした学びを３つの観点に整理する上で、JS Pre-A1 ①・②・③をどのように活用することができるであろうか。本節では、CAN-DOリストを用いたパフォーマンス評価や児童の自己評価など、その手がかりとなる具体的な事例を説明する。

5.4.2 評価のための情報収集

指導者が適切な評価を行うには、できるだけ多様なアセスメントを行い、学習者の情報を多く得なければならない。小学校英語でアセスメントの対象となるのは、次のようなものである。

1）ペーパーテスト／リスニングテスト／インタビューテスト
2）平常のパフォーマンス：態度／スキット・歌／音読などの発表
3）CAN-DOリストによる自己評価

1）は、リスニングテスト【第5章5.3.2参照】の「次の2つの絵から正しい方を選びましょう。」の例を見るとわかるように、客観的・数量的にスキルを測定することができる。これに対し、2）は、評価のための課題を特別に設けるのではなく、歌を歌ったり音読したりする平常の児童の教室活動の様子を指導者が観察し、情報を得る方法である。1）の場合、児童が個人で活動するスキルのみが測定対象となるのに対し、2）ではクラスメートと協働する児童の態度も対象となる。

1）、2）のアセスメントは、いずれも指導者が行うのに対し、3）は児童自身が行う自己評価である。たしかに自己評価には主観が入り、妥当性が低いという欠点がある。実際に自己評価と客観テストの相関を調べた結果には大きなばらつきがある。しかし、その一方で、自己評価には、自分で評価を行うことによる学習効果、すなわち、自らの学習に対する意識を高め、自主性を養うという効果が期待できる。

文部科学省が「評価の観点」に掲げる児童の「関心・意欲・態度」のような心理面は、1）のテストでは測定することが難しく、2）のパフォーマンス評価や、3）の自己評価が必要になってくる。前節で朝顔の栽培をテーマにしたCLIL授業の終わりに、児童が自分の活動を振り返るために用いるCAN-DOリストを示したので参考にされたい【第5章5.3.2参照】。他方、指導者自身によるパフォーマンス評価を行うには、評価の対象となるような活動を授業に含める必要がある。指導者は、児童の自己評価表と自身の観察結果をもとに、その時間の目標を達成したかどうかを判断し、次の授業の計画に反映させることになる。

毎時間の評価とは別に、指導者は、単元、学期末、学年末、レベル別など、さまざまなスパンで評価を行うことがある。評価の方法としては、一般に振り返りによる自己評価と、行動観察による態度・意欲面での評価、ポートフォリオ等による学習の記録を総合する。CAN-DOリストは、児童の自己評価、行動観察、ポートフォリオのいずれの評価にも活用することができる。

このような比較的スパンの長い評価は、指導者にとってはカリキュラムの改善や目標の再設定につながり、児童にとっては、一人ひとりの目標と達成度を確認すること、ひいては児童一人ひとりの自律学習につながると考えられる。筆者の勤務する小学校では、児童のポートフォリオをコンピュータで管理している。これを見れば、児童が、いつアルファベットが書けるようになり、フォニックスの基礎をマスターし、サイト・ワード50語を読み、10曲歌えた、25曲歌えた、サイト・ワード・リーダーが25冊読めたか、児童英検・実用英検の記録、自宅学習リスニングの記録、などがわかるようになっている。

5.4.3　CAN-DOリストとJS Pre-A1

本項では、筆者らがJS Pre-A1①・②・③をもとに児童が記入しやすいように作成したCAN-DOリストを紹介する。リストには、スキル別の評価規準に態度・意欲面での評価規準が加わっている。また、児童にとって、「～ができる」ということばだけではわかりにくいため、英語の文型例を挙げるなど、それぞれの段階で具体的に何ができるかを示した点も大きな特徴である。より具体的な言語目標を掲げることは、指導者にとっても、学習計画、評価がしやすくなるというメリットがある。

児童は、CAN-DOリストのそれぞれの項目について自己評価をし、よくできたら☆を3つ、できたら2つ、もう少しの場合は1つ好きな色で塗る。できない場合は色を塗らない。児童はこの作業で、英語の学習内容がどれくらい身についているかを確認することができ、次の学習に対して動機づけられる。また指導者は、リストから児童が「よくできる」「できる」「もう少し」と感じている項目が把握でき、この結果を後の指導に反映できる。

児童に振り返りをさせるにあたっては、授業の目標がはっきりとしていなければならない。指導者は授業の目標を立て、その目標に向かって、どのような教材を使ってどのように授業を進めるか、目標が達せられるような授業をするにはどのようにしたらよいかを考え、授業計画を綿密に立てることが大切である。その際にもCAN-DOリストの利用を勧める。

CAN-DOリストは、その日の授業での振り返りだけでなく、単元、学期末、学年末、レベル別など、より長いスパンでの振り返りなどにも利用することができる。単元による振り返りや、学期末での振り返りでは、どれだけのことが児童の身についたか、どんな活動がよかったかなどを確認できる。学年での振り返りは、次年度の計画を立てる上での参考になり、学校のカリキュラムの見直しにも役立つ。本項には、概ねJS Pre-A1①、JS Pre-A1②、JS Pre-A1③に相当する熟達度レベルを振り返るためのCAN-DO LISTを掲載した。

筆者の小学校の低学年では、学期途中でCAN-DOリストを利用する場合もある。この場合、学期の中頃に家庭に持ち帰り、保護者といっしょに記入させる。保護者も、自分の子どもがわかることとわからないことを把握できる。指導者は、このリストを学校で回収し、複数の児童がよくわかっていない箇所に力を入れて授業をすすめる。しばらくして児童はリストを再び家に持ち帰り、☆を塗り足す。こうしてCAN-DOリストから得られた情報を授業に反映させ、学期末までにほとんどの児童がすべての☆が塗れることを目ざす。あまり☆が塗れていない児童は、とくに注意をしてケアをすることもできる。

この記入に関して、注意しなければならないことがある。これはあくまでも児童の主観であり、なんとなくわかっていれば☆を3つ塗る児童も入れば、よくできていても自分に厳しく☆を2つしか塗らない児童もいる。また、保護者の記入にも同じような傾向が見られる。筆者も独自に児童と同じシートを使って、各児童を採点するが、毎回いろいろな結果が出る。しかしCAN-DOリストによる自己評価には、児童の達成感や学習意欲を高めるなどのメリットも大きい。今まで何となく英語を学習していた児童が、何がわかっていて、何がわかっていないのかがはっきりし、全部に☆を塗りたいからがんばろうとやる気を出すケースも少なくない。

JS Pre-A1 ①　CAN-DO LIST

Date:	Name:

☆に色をぬりましょう。
よくできた ★★★　　できた ★★☆　　もうすこし ★☆☆

Enthusiasm & Attitude	
友だちと楽しくえい語でかつどうできる。	☆☆☆
先生のまねをして、はっきりとえい語が言える。	☆☆☆
せっきょくてきに、あいさつができる。	☆☆☆
えい語のしじを聞いて、せっきょくてきに動ける。	☆☆☆
一生けんめいにチャンツを言ったり、歌を歌ったりできる。	☆☆☆

Listening & Speaking　（　）内の質問は、聞いて答えられる質問	
あいての目を見てあいさつができる。 Hello. How are you? Good-bye.	☆☆☆
あいての名前が聞ける。自分の名前が言える。 What's your name? I'm _______.	☆☆☆
あいての年が聞ける。自分の年が言える。 How old are you? I'm _______.	☆☆☆
ありがとう/ごめんなさいと言える。だいじょうぶと聞ける。 Thank you.　I'm sorry.　Are you OK?	☆☆☆
〜がすきかと聞ける・答えられる。 Do you like_______?　Yes, I do./No, I don't.	☆☆☆
しじを聞いて、どうさができる。 Point to _______. Stand up. Open _______.	☆☆☆
口や目など、体の名前が言える・聞いてタッチできる。 Mouth, eyes.... Touch your _______.	☆☆☆
〜をもっているか/〜がほしいかと聞ける・言える。 Do you have _______? Do you want _______? Yes./No. I have _______. I want _______.	☆☆☆
色や形が聞ける・言える。 What color? It's _______.　What shape?　It's _______.	☆☆☆

これ/あれは何かしつもんできる・答えられる。 What's this/that? It's _______.	☆☆☆
30までの数が言える。数のしつもんに答えられる。 How many _______? _______.	☆☆☆
買いものごっこができる。 May I help you? _____, please. How much? _____. Here you are.	☆☆☆
よう日/時間のしつもんに答えられる。よう日/時間が言える。 (What day is it?) It's _______. (What time is it?) It's _______.	☆☆☆
てんきを聞かれて答えられる。 (How is the weather today?) It's _______.	☆☆☆
すきな色/食べもの/どうぶつ/スポーツのしつもんに答えられる (What color/food/animal/sports do you like?) I like _______.	☆☆☆
これ/あれはなにかのしつもんに答えられる。 (Is this/that _______?) Yes./No.	☆☆☆
えい語の歌が3きょく歌える。	☆☆☆
Reading & Writing	
アルファベットの大文字が、ばらばらでも読める。	☆☆☆
アルファベットの小文字がじゅんばんに読める。	☆☆☆
A～Zではじまることばを絵を見ながら言える。(フォニックス) (A–apple.... Z-zebraなど)	☆☆☆
アルファベットの大文字が書ける。	☆☆☆
小文字やかんたんなたんごがうつせる。	☆☆☆
Culture	
外国のことや日本のことにきょうみをもつことができる。	☆☆☆
先生のコメント：	

JS Pre-A1 ②　CAN-DO LIST

Date:	Name:

☆に色をぬりましょう。
よくできた ★★★　　できた ★★☆　　もうすこし ★☆☆

Enthusiasm & Attitude	
積極的に英語で質問ができる・答えられる。	☆☆☆
積極的に学んだ英語を使うことができる。	☆☆☆
積極的に友達と助け合って、グループワークができる。	☆☆☆
ALTの先生の話や英語のストーリーなどを、分からない部分があっても一生けんめいに聞くことができる。	☆☆☆

Listening & Speaking　（　）内の質問は、聞いて答えられる質問	
曜日/時間/天気が聞ける・答えられる。 What day is it? What time is it? How is the weather? It's _______.	☆☆☆
日にち/たん生日が聞ける・言える。 What's the date? When is your birthday? It's _______.	☆☆☆
好きな色/食べ物/動物/スポーツ/科目について聞ける・答えられる。 What color/food/animal/sport/subject do you like? I like _______.	☆☆☆
これ/あれはあなたのものかと聞ける・答えられる。 Is this/that your _______? Yes, it's mine./No, it's _______'s.	☆☆☆
いくつ〜を持っているか聞ける・答えられる。 How many _______ do you have?　I have _______.	☆☆☆
物や場所がどこにあるか聞ける・答えられる。 Where is _____? It's in/on/under the _____. Where is _____? Go straight. Turn right/left.	☆☆☆
写真や絵を見てだれだか聞ける・答えられる。 Who is this? It's _______.	☆☆☆
〜ができるか聞ける・答えられる。 Can you _______? Yes. I can./No, I can't.	☆☆☆
〜をしてもいいですかと聞ける。 May I _______?	☆☆☆
準備はできたかと聞ける・答えられる。 Are you ready/finished?　Yes./No./Not yet.	☆☆☆

よい日/休日になるといいですねと言える。 Have a nice day/holiday! You, too.	☆☆☆
彼女は/彼は～ですかと聞ける・答えられる。 Is she/he _______? Yes, she/he is./No, she/he isn't.	☆☆☆
出身地/住んでいる場所/電話番号/住所の質問に答えられる。 (Where are you from?) I'm from _______. (Where do you live?) I live in _______. (What's your phone number?) It's _______. (What's your address?) It's _______.	☆☆☆
兄弟/将来の職業/学年/好きなこと/好きな物についての質問に答えられる。 (Do you have any brothers or sisters?) Yes. I have _______./No. (What do you want to be?) I want to be _______. (What grade are you in?) I'm in _______. (What do you like to do?) I like _______. (What's your favorite food?) I like _______.	☆☆☆
何時に～するかの質問に答えられる。 (What time do you get up?) I get up at _______.	☆☆☆
今何をしているかの質問に答えられる。 (What are you doing?) I'm _______.	☆☆☆
これ/あれはだれのですかの質問に答えられる。 (Whose hat is this/that?) It's _______.	☆☆☆
100までの数の足し算、引き算、かけ算、わり算に答えられる。 (What is ____+ / − / × / ÷ _______?) It's_______.	☆☆☆
レストランでの注文ができる。 (What would you like?) _______, please.	☆☆☆
英語の歌や詩が5つ歌える・言える。	☆☆☆
Reading & Writing	
A～Zではじまることばをいくつか言える。(フォニックス) A – apple, ant ……Z – zebra, zero	☆☆☆
簡単な単語が読める。cat, dog, pen, bat, pig, desk, jet, tenなど 短い文が先生と一緒に読める。	☆☆☆
大文字・小文字・自分の名前がていねいにノートに書ける。 短い英文を正確にノートに写せる。	☆☆☆
Culture	
地図を広げて知っている国や都市をさがし、英語で言える。 外国や日本の話・物語を興味を持って聞くことができる。	☆☆☆
先生のコメント：	

JS Pre-A1 ③　CAN-DO LIST

Date:　　　　　　　　　　　　　Name:

☆に色をぬりましょう。
よくできた ★★★　　できた ★★☆　　もうすこし ★☆☆

Enthusiasm & Attitude	
積極的に質問に答えたり、質問したりできる。	☆ ☆ ☆
積極的にグループで会話を練習したり、短いスピーチを発表したりできる。	☆ ☆ ☆
やや複雑な相手の話も、一生けん命に分かろうとする。	☆ ☆ ☆

Listening & Speaking　（　）内の質問は、聞いて答えられる質問	
出身地/住んでいる場所/交通手段について質問できる・答えられる。 Where are you from? I'm from _______. Where do you live? I live in _______. How do you come here? (By) _______.	☆ ☆ ☆
兄弟/好きなこと/趣味/将来の仕事について質問できる・答えられる。 Do you have (any) brothers or sisters? Yes. I have _______./No. What do you like to do? /What's your hobby? I like _______. What do you want to be? I want to be _____. Why? Because _____.	☆ ☆ ☆
好きな教科/学年/クラブについて質問ができる・答えられる。 What's your favorite subject? I like _______. What grade/club are you in? I'm in_______.	☆ ☆ ☆
日常生活の時間について質問できる・答えられる。 What time do you _______? I _______ at _______.	☆ ☆ ☆
今何をしているか質問できる・答えられる。 What are you doing? I am _____. What is _____ doing? _____ is _______.	☆ ☆ ☆
家族や友達の好きなもの/ことについて質問できる・答えられる。 Does _____ like _____? Yes, _____ does./No, _____ doesn't. What _____ does _____ like? _____ likes _____.	☆ ☆ ☆
1000までの数が言える。足し算/引き算/かけ算/割り算の問題が出せる・答えられる。What is _______ + / − / × / ÷ _______? It's _______.	☆ ☆ ☆
これ/あれは誰のものかの質問ができる・答えられる。 Whose hat is this / that? It's _______.	☆ ☆ ☆
英語のスペリング/言い方を質問できる。 How do you spell _______? How do you say _______ in English?	☆ ☆ ☆

どうしたかの質問に答えられる。 (What's wrong/the matter?) I _______.	☆☆☆
～についてどう思うかの質問に簡単な英語で答えられる。 (What do you think of Tokyo?) I think _______.	☆☆☆
過去についてのいくつかの質問に答えられる。 (Where did you go?) I went to _______. (What did you have for lunch?) I had _______. (How was the party?) It was _______.	☆☆☆
家族や友達についてのいくつかの質問に答えられる。 (What does your mother do?) She is a teacher. (What time does Kenji get to school?) At _______.	☆☆☆
～があるかの質問に答えられる。 (Is there a sofa?) Yes there is./No, there isn't. (Are there any cups?) Yes, there are./No, there aren't.	☆☆☆
～してくれますかの依頼に応えられる。 (Would/ Will you _______?) Sure.	☆☆☆
おどろきの表現が言える。 How _______! What _______!	☆☆☆
時間がどれ位かかるかの質問に答えられる。 (How long does it take?) (It takes) _______.	☆☆☆
英語の歌や詩が新たに５つしっかりと歌える・言える。	☆☆☆
Reading & Writing	
10までの数、曜日、12ヶ月などの単語カードを順番に並べられる。 短い文が読める。簡単なストーリーが読める。	☆☆☆
単語を並び替えて、簡単な文章が書ける。 go / I / bed / to — I go to bed.	☆☆☆
例文をみて、自己紹介文や簡単な手紙などが書ける。	☆☆☆
Culture	
外国の人々の暮らしなどを調べて、グループで協力して発表できる。	☆☆☆
日本の習慣や文化を外国の人に伝えることができる。	☆☆☆
先生のコメント：	

5.4.4 JS Pre-A1活用の将来展望

ここまで第5章では、小学校英語活動でJS Pre-A1①・②・③がさまざまな形で有効に活用される可能性について、実践例と関連づけながら検討してきた。JS Pre-A1の活用には、今まで漠然としていた児童英語のレベルが明確になる、という大きな利点がある。このことにより、さまざまな活動がしやすくなり、教員も児童も自信を持って次のステップに進むことができるであろう。ここで、JS Pre-A1①・②・③を参照する具体的な利点を整理し、本章のまとめに代えたい。

JS Pre-A1参照の主な利点

1）児童が自分の英語のレベルを把握でき、次のステップへ向けての目標がはっきりとする。保護者にとっても自分の子どもの英語のレベルがわかりやすい。
2）児童が「英語はあまりよくわからない」と思うのではなく、「自分はここまでできる」と思え、自信が持てる。
3）教室でどのような教材を用いても明確な到達目標があるので、それに向けての学習を目安にすれば安心である。
4）到達目標が明確なので、教材、副教材などの選択がしやすい。
5）アクティビティやゲームなどに使う表現をある程度限定することで、わかりやすい授業になる。
6）頻繁に変わる可能性のあるALTにとっても英語活動がしやすい。
7）レベルが明確なため、ワークシートなどが作りやすい。
8）グループ活動や自律学習へ向けてのタスクが無理なくできる。
9）それぞれの学年の英語学習のレベルが把握できる。
10）中学との連携がとりやすい。

モチベーションを高める英語キャンプでJS Pre-A1を活用する

普段の教室から離れ、児童に集中的に英語を使って活動させる小学校も増えつつある。筆者の勤務する小学校の5年生は、2泊3日の英語キャンプを体験する。1年生の時から学習して来た英語が、どのぐらい通じるか、わくわくどきどきしながら児童はこのキャンプに臨む。これまでに行われたキャンプは、福島県で英国生活を体験するプログラムと長野県でアウトドアスポーツを体験するプログラムである。英国生活体験プログラムは、英国風の施設で、英語を母国語とするスタッフが、英語だけ使ってさまざまなプログラムを担当する。児童はダンス、スコーン作り、西洋習字、サバイバルゲームなどを英語だけで体験する。一方、アウトドア体験英語キャンプは、インターナショナルロッジに宿泊して数々のアウトドア・アクティビティをネイティブスタッフの英語の指示のもと体験する。児童は英語を使って2泊3日を過ごすこれらのキャンプをとても楽しんでいる。キャンプ前は、現地での場面を想定し、自己紹介、ショッピング、カフェテリアでの食事、困ったときの対処などの会話を教室で体験する。また、児童同士がお互いに協力して活動ができるように、グループでの発表や活動を多く取り入れる。

キャンプ参加後に児童に行ったアンケートの結果は表1に示す（2009年度75名、2010年度79名、2013年度79名）。これによると、98.7%の児童が、英語を使った経験が楽しかった、97.4%の児童がこの経験を通して英語を頑張りたいと答えている（藤原，2010，一部追加）。わずか2泊3日の英語による体験であるが、児童の英語学習のモチベーションを向上させている。

表4：英語キャンプに関する児童アンケート結果

1. 英語キャンプは楽しかったですか	2009年	2010年	2013年	2. 英語の学習をもっと頑張りたいと思いますか	2009年	2010年	2013年
①とても楽しかった	61.3%	63.3%	64.6%	①もっと頑張りたい	68.0%	77.2%	67.1%
②楽しかった	37.3%	35.4%	34.1%	②頑張りたい	26.7%	21.5%	31.6%
③あまり楽しくなかった	1.3%	1.3%	1.3%	③あまり頑張りたくない	4.0%	1.3%	1.3%
④全く楽しくなかった	0%	0%	0%	④全く頑張りたくない	1.3%	0%	0%

筆者は3回この英語キャンプに同行し、児童の様子を観察した。児童は、必死で英語を聞き取ろうとし、なんとか答えていた。自分の言いたいことが英語で伝わった喜びは大きく、また、伝わらなかった体験からも大切なことを学ぶ（岡，2009）。通じなかったことが、これからもっと頑張りたいという気持ちにつながっているようである。キャンプ参加にあたっては、前もって現地のスタッフに児童の英語のレベルを伝えている。この際参加児童は、JS Pre-A1 ③のレベルの児童であるなど、はっきりと伝えることができれば、現地のスタッフも児童の英語レベルが明確に把握でき、児童のレベルに合った活動を準備できる。普段英語の授業以外では英語を使う機会があまりないのが現状であるが、このような機会に恵まれれば、もっと英語を使ってみたいという児童の英語学習のモチベーション向上につながる。この英語キャンプは民間の施設で実施されたものだが、自治体主導による「英語村」も増えており、ネイティブのスタッフと児童が英語のみで多彩なアクティビティを体験することでコミュニケーション力の向上を目指している。

グローバル化が進み、ますます英語が必要になってくるなか、児童のモチベーションを確実に上げるために、また、将来英語が使える日本人を育成するためにも、誰でもが公平に参加できるこのような施設を大いに利用することが望まれる。

中学との連携に向けた提案

小中の連携についての問題は長い間議論されているが、地域により異なり、なかなか難しいようである。2020年度から、週に2回、5・6年生に年間70回の英語の活動が導入された場合、JS Pre-A1 ①・②・③を達成目標とし、小学校では音声を中心に楽しく学習すること、そして、中学校では次のステップから開始することを提案したい。この案は、公立小学校で12年間5・6年生に英語を教えている実践経験にもとづくものでもある。こうした密な連携により、中学校の英語が詰め込みにならず、言語活動に余裕が生まれ、小学校での英語のように楽しい活動も取り入れることができるのではないであろうか。また、スタートをレベルアップすることで、日本の若者の英語力向上、ひいては、英語の使える人材を少しでも多く育成することにもつながっていくと考えられる。そのためにも、JS Pre-A1 ①・②・③が大切な指針になることを願う。

JS 言語能力記述一覧表

JAPAN STANDARDSディスクリプタ（日本語版／英語版）・言語材料参照表URL

https://sasajimashigeru.wixsite.com/japan-standards

JS ディスクリプタ
（日本語版）

C2	聞くこと	話すこと	読むこと	書くこと
総論ディスクリプタ	母語話者にかなり速いスピードで話されても、話し方の特徴に慣れる時間の余裕があれば、あらゆる種類の発話を難なく理解できる。	母語話者と比べても引けをとらずに、適切に自由に対話や発表ができる。	専門性が高く抽象的で、言語的にも複雑な文章（各種マニュアル、各専門分野の書籍、論文、記事、文学作品、英字新聞の社説（例：The Washington Post, Timesなど）や、あらゆる形式の書きことばを、母語とほぼ同様に正確に速く読み、詳細に理解して批判的に解釈できる。	社会性や専門性が高い話題で、複雑かつ抽象的な内容の文章（仕事上の文書、論文、記事、報告書、文学作品の書評や評論などを）洗練された論理構造で、そのジャンルに適切なスタイルで、読み手が正確な意図までをよくわかるように明瞭かつ正確に書ける。
各論ディスクリプタ	背景知識の有無にかかわらず、専門外の複雑な議論、母語話者同士の会話や、CNN,BBCニュースなどの英語圏の放送がすべて詳細に理解できる。	慣用表現や口語表現も使いこなして、日常会話でも、仕事上や学術的な議論でも、細かいニュアンスを的確に伝えながら非常に流暢なやりとりができる。その際に、表現上の困難があっても、聞き手がほとんど気づかないほどにうまく修正できる。		文法、語彙、文章構成力などにおいて非常に高い能力がある。
		話題について知識のない聞き手に対しても、論理的な構造をもった流れのよいスピーチ、プレゼンテーション、ディスカッションなどを、明瞭で滞りなくよくわかるように組み立て、説得力のある発表ができる。		

C1	聞くこと	話すこと	読むこと	書くこと
総論ディスクリプタ	講演、討論、討議、映画などの馴染みのある話題や一般的な話題について、多数の慣用表現や口語表現を含み、構成がしっかりしていない自然な発話でも、内容のほとんどすべてを比較的容易に聞ける。	専門外の抽象的で複雑な話題に関しても、要点を押さえながら積極的に自信を持って対話や発表ができる。	自分の専門分野に関連していない、かなり長く複雑な文章でも、内容を詳細に理解できる。	社会性や専門性のある話題で、むずかしい内容の文章(仕事上の文書、論文、レポート、文学作品の概要、手紙など)を、明確な論理構成と、そのジャンルに自然なスタイルで、読み手がポイントをよくわかるように正確に書ける。
各論ディスクリプタ	自分の専門外の抽象的で複雑な話題について、身振りや表情など視覚情報のない録音された音声でも、話し手の意図や概要を詳細に理解できる。	公的な場面でも複雑な話題について、スライドなどを用意して、明瞭かつ詳細なプレゼンテーションができる。	複雑で抽象的な内容を、必要に応じて批判的に読み方を変えたり、ニュアンス、意図、言外の意味などを考えながら、文脈から推測しながら読み、要点をまとめたり、結論を理解できる。	描写文や創造的なテクスト、事実の記述でもストーリー性のある内容でも、慣用表現や口語表現を上手に使い、表現や文章構成において柔軟で多様な工夫ができる。
	非母語話者にとって分かりやすく明瞭に発音されるNHK英語ニュースや教育用のドキュメンタリー番組(National Geographic等)等を、細かいところまで理解できる。	ビジネスなどの商談・会議やファーマルな話し合いなどの場面で、論点を発展させながら交渉がうまくでき、先導的役割を果たせる。	英字新聞(例:The Washington Post, Times)などを、むずかしい記述や慣用表現は読み返したり、多少の推測や参考資料(辞書など)を必要とするかもしれないが、詳細まで理解できる。	文法、語彙、文章構成力などにおいて高い能力があるが、誤りがあることもある。
	馴染みのないアクセントや方言は理解が困難な場合がある。	助けをほとんど必要とせず、相手や場面に応じて、言いたいことを自然に表現し、自由に流暢に会話することができる。	日本人向けの英字新聞(例:The Japan Times, The Daily Yomiuri)などが、容易に細かいところまで読める。	
		馴染みがない分野の語彙や言語形式には困難をともなうことがあるが、イントネーションや文強勢を適切に使い、細かいニュアンスを比較的うまく表現することができ、ときに文法上の誤りがあっても自分で訂正ができ、聞き手に問題なく理解させる。		

B2.2	聞くこと	話すこと	読むこと	書くこと
総論ディスクリプタ	標準語で普通のスピードで話されれば、一般的、学問的、職業上、余暇に関する幅広い話題について、要点や流れを理解し複雑な内容をすぐに把握できる。	一般的で幅広い話題に関して、多少説明がむずかしい内容でも、要点の適切な強調や説得力のある言葉遣いで、はっきりと対話や発表ができる。	新聞記事や小説などのかなりの分量と内容のある文章を、テクストの種類に合わせて、読むスピードや読み方を変えながら読める。	自分の知識の範囲内であれば、既知の抽象的な話題に関する文章や、日常の事実や公的な内容（論評、実用的説明、講義や記事の要約、仕事上の文書、解説など）を、明瞭で詳細に書ける。
各論ディスクリプタ	学校などで耳にする標準的な発音であれば、講義やビジネスなどの場面で、複雑でも文構造が明瞭な発話をかなり理解できる。	ときにことばに詰まることもあるが、はっきりと、丁寧に、状況に応じて自分のことを述べたり、流暢に長い会話に参加できる。	自分の得意分野の話題で、部分的に読み慣れていて、ある程度内容を知っている文章（論文、記事など）ならば、十数ページでも容易に読みこなせる。	自分の関心のある得意分野の話題について、大学生が授業などで書くエッセイ、レポート、サマリーなどを、1000語以上で容易に書ける。
	話の方向性が示されれば、実際の場面でも録音された場合でも、母語話者間の議論や活発な会話などを、ほとんど細部まで聞き取ることができる。	母語話者との会話では、たいていの話題について効果的なやりとりができる。	ある程度の教養を必要とする情報や記事、レポートなどを、難しい箇所は読み返したり、多少の推測や参考資料（辞書など）を必要とするかもしれないが、書き手の意図や態度を理解し、内容の詳細や要点まで把握できる。	論理的な文章構成を用いて、自分の考えを示し、系統的に論じ、情報や考えを分析し、推敲することによって、整然としたまとまりのある論文が書ける。
	1時間程度の議論や発表を聞いて、ことばに明示されない態度や雰囲気や社会文化的な背景から生まれる意味を推測しながら、複雑な情報でも理解することができる。	聞き手にも自分にも負担をかけることなく、一般的な話題や自分の関連分野の話題について、あらかじめ準備してプレゼンテーションができる。	参考資料（辞書など）を使うことができれば、自分の得意分野外であっても、内容の要点をまとめ、自分のことばで説明できる程度に読める。	文法、語彙、文章構成力などの能力は比較的高く、文章表現力も豊かであるが、頻度の低い文構造、決まり文句、文体などでは誤りは起こることが多い。
	聞き慣れない発話や言い回しでも理解できるが、周囲に雑音などの邪魔があったり、言語的ユーモアや馴染みのない慣用表現が使われたりすると、聞き取りに困難があるかもしれない。	あらゆる場面のやりとりに、幅広い語彙や言語形式を使って表現することができ、発音やイントネーションは明確で自然で、文法の使い方はよく、誤りは自分で訂正でき、誤解につながることはない。	小説などを読む際に、馴染みのない慣用表現や文化的な隠喩表現は理解がむずかしい。	

B2.1	聞くこと	話すこと	読むこと	書くこと
総論ディスクリプタ	標準的で普通のスピードで話されれば、具体的でも抽象的でも一般的な話題について、主題を容易に理解できる。	個人の経験の範囲内であれば、様々な話題についてはっきりと正確に対話ができたり、出来事や経験に関する印象や考えなどをうまく説明することができる。	Penguin Readers Level 5 程度の読み物であれば、内容を詳細まで理解できる。	自分の知識・関心のある身近な話題について、経験した内容や、事実や想像上の出来事、自分の考えや意見、伝えるべき情報などを、わかりやすく詳細に書くことができる。
各論ディスクリプタ	学校などで耳にする標準的な発音であれば、たいていのテレビのニュース番組、ドキュメンタリー、インタビュー、映画などを理解できる。	実社会生活の多くの場面や、ある程度知っている話題に関しては、かなりフォーマルな話し合いであっても、積極的なやりとりができる。	新聞記事、短編、流行の読み物、レポート、解説書などの一般的な内容の文章であれば、容易に読める。	自分の得意分野の事柄について、1000語程度のエッセイ、レポート、サマリーなどを、パラグラフ構成法に基づいて書ける。
	話の方向性が明確に示されていれば、内容がやや複雑でも、議論を聞いて話の展開が理解できる。	母語話者との会話では、相手に違和感を感じさせたり、言葉に詰まることなく、身近なふつうのやりとりができる。	自分の得意分野に関連した文章であれば、文章の含意や書き手の意図が分かり、微妙な表現や考えの違いがある程度は把握できる。	表現の微妙なニュアンスやスタイルの適切性には限界があり、文章が長くなればなるほど、文章構成が複雑になればなるほど、論理の飛躍や不自然な表現が目立つようになる。
	一般的な話題の会話であれば、話の内容をほとんど理解し、話し手の態度や表現のニュアンス、上手下手など話し方のレベルも分かる。	馴染みのある話題であれば、幅広い語彙や言語形式、ある程度の慣用表現も使って、根拠を示したり、賛成や反対の理由をあげたりしながら説明することができる。	馴染みのあるテーマの文章であれば、内容を吟味し、必要な情報を取り出し、図や映像など他の情報と関連させて理解できる。	文法、語彙、正書法、句読法には比較的高い能力があり、誤りがあっても誤解を招かない。
	母語話者同士の自然な会話を聞き取るのはむずかしいことがある。	発音やイントネーションは明瞭で自然で、話し方はテンポよく、文法も適切に使用され、ちょっとした誤りはあるが、理解を阻害することはほとんどない。	慣用表現や文化的な隠喩表現の理解は、文章が長くなればなるほど困難になる。	文章構成においては日本語の影響がどうしても現れるが、ある程度は結束性の高い文章が書ける。

B1.2	聞くこと	話すこと	読むこと	書くこと
総論ディスクリプタ	標準的なことばで発音もはっきりしていれば、自分の得意分野や興味あるテーマについて、日常生活や仕事の話題のほか、抽象的・文化的な話題についても、内容のポイントや概要を理解できる。	個人的な関心事にとどまらず、練習しておけば、既知の簡単な社会問題についても、他の事実や情報などと比較しながら、説明したり、詳しく述べたり、話し合ったりできる。	日常の資料など（非母語話者向けの新聞雑誌の記事、旅行のガイドブック、パンフレット、機器などの説明書、Penguin Readers Level4など）の読み物が楽に読め、自分の興味のある主題であれば、多少難解でも推測して内容を理解できる。	個人的な関心事や身近な話題であれば、既知のニュースを書く、読んだ本について300語程度の要約を書く、音楽や映画などの文化的話題について既存の知識の範囲で考えを書くなど、標準的な形式できちんとした簡単な文章が書ける。
各論ディスクリプタ	英語学習者向けの一般的な話題に関連するニュースやインタビュー、短い講義や講演、電話のメッセージなどを聞いて、内容の大部分を理解できる。	初対面の人でも、相手の人が標準的な発音・表現で話してくれれば、話を理解し適切なコミュニケーションができる。	自分の得意分野であれば、1000語程度の記述文や説明文を読んで、必要な情報を見つけ、概要をまとめることができる。	自分の得意分野の事柄について、2～3パラグラフ(2～300語)程度で構成された文（簡単なエッセイ、スピーチ原稿、レポート、説明、講義ノート、本や記事の要約、議論や発表のまとめなど）が書ける。
	ゆっくりはっきり話されたテレビ番組であれば、身近な内容から既知の時事問題などでも、要点や内容のほとんどを理解できる。	観た映画や読んだ本の感想について述べたり、その映画や本のストーリーを比較的詳細に説明したりできる。	書き手の細かい意図や表現のニュアンスは、文章が長くなればなるほど、読み返さないと、はっきりとは分からなくなることが多い。	複雑な内容でなければ、主題文(main idea)に支持文(supporting sentences)を加え、読み手を意識してパラグラフ構成をしっかりと書ける。
	教科書などで使われる標準的な発音であれば、馴染みのない表現あっても、多少長くても、話された内容をほぼ正確に聞き取ることができる。	言語表現はいつも正確であるとは言えず、言葉が詰まったりすることもあるが、かなり容易に自分のことは伝えられる。		学習した話題についてであれば、必要な語彙や文法構造を有効に使って、まとまった文章を書ける。その談話構造に関しては、等位や従属関係もうまく表現できる。
	母語話者との具体的内容をともなう対話では、あまりよく知らない話題になると、聞き取りに問題がある。	比較的幅広い語彙力があり、ある程度は複雑な文構造を使って様々な表現ができるので、発音、アクセント、イントネーションなどが多少不自然なことがあっても、問題なくはっきりと理解される。		むずかしい内容や複雑な文章構成になると誤りが起き、文体の適切性も欠くことがある。また、日本語の影響が目につくが、全体として分かりやすく、比較的正確に書ける。
		文法の誤りは多少あるが、話題や場面などが普通とは少し異なっても、ほとんど問題にはならない。		

B1.1	聞くこと	話すこと	読むこと	書くこと
総論ディスクリプタ	標準的なことばで発音もはっきりしていれば、学校、仕事、趣味などに関連するごく身近な事柄や話題について、内容のほとんどを理解できる。	時には言いたいことが言えないこともあるが、個人的な関心事や経験、具体的な話題などであれば、比較的詳しく話せる。	身近な話題（予定表、カレンダー、授業、料理、趣味、スポーツなど）であれば、500語程度の様々な文章が、辞書など準備しなくても、要点を把握しながら読める。	事柄の提示は直線的であるが、身近で事実に基づく話題であれば、ある程度標準的な形式で簡単な文章が書ける。
各論ディスクリプタ	英語学習者向けの既知の話題についてのニュースや、電話のメッセージなどを聞いて、内容の大筋を理解できる。	複雑ではないが、買い物で自分の要望を伝えながら交渉するなど、日常生活で必要なやりとりができる。	非母語話者向けの新聞や雑誌(Daily Yomiuri, Japan Timesなど)で、身近な話題を扱う記事の要点などが理解できる。	学校や日常生活で起きた出来事や自分の予定や将来について、日記などに必要に応じて詳細に記述できる。
	ゆっくりはっきり話されたテレビ番組や映画であれば、概要をつかむことができる。	内容により緊張を伴う状況でも、自分の感情や感想、夢や希望など個人的なことは伝えられるが、抽象的なことを述べるのには困難がある。	日常生活で経験しない内容（海外文化、経済、哲学など）の理解はむずかしい面がある。	個々の句をつなげて長い文を作り、単純につなぎあわせたテクストにし、結束性のある定型スタイルの文章（手紙、説明、物語、報告、記録など）が書ける。
	教科書などで使われる標準的な発音であれば、くり返しや言い換えなどが時に必要になるが、概要をほとんど聞き取ることができる。	内容によってはたどたどしいところがあるが、事実関係を述べたり、理由を説明したりすることができ、聞き手に理解される発話を維持できる。		身近な情報（買い物、スポーツ、趣味、食事、ペット、学校生活など）を表現して、効果的に伝えるのに必要な、語彙や文法の能力が十分ある。
	数は限られてはいるが、頻度の高い慣用表現が理解できる。	日常生活からやや広範囲にわたる語彙と、頻度の高い言い回しが使えるので、アクセントやイントネーションに、日本語なまりや誤りがときどき見られるが、発音は比較的はっきりと理解される。		学校や日常生活で使う言語材料や基本文法構造はほぼ正確に使えるが、多少複雑な文法構造の使用は困難をともなう。
		比較的多様な文構造が使えるが、文法の誤り（冠詞、接辞など）は自然な発話の際にはよく起こる。理解を妨げることはほとんどない。		

A2.2	聞くこと	話すこと	読むこと	書くこと
総論ディスクリプタ	簡単なことばとはっきりした発音でゆっくりと話されれば、ごくありふれた日常的で身近な事柄について、具体的なニーズを満たす程度に内容を理解できる。	聞き手が集中して聞いてくれれば、日常的な出来事の話題について、個人的な気持ちや考えを、簡単なことばと短い文である程度詳しく話すことができる。	日常的な情報を伝える文章（手紙、広告、短い記事や解説文）であれば、辞書などを用いて、主題や内容の詳細を理解できる。	日常的な場面や生活に直接関連のある話題について、簡単な表現や文を連ねて、大まかな内容や要点を書くことができる。
各論ディスクリプタ	映像が実況のほとんどを説明してくれるならば、簡単なテレビ番組のニュースの内容をかなり大まかに理解できる。	はっきりとゆっくりとしたやり取りであれば、個人的な関心ごと・経験・習慣・日々の話題について、会話に参加することができる。	Penguin Readers Level 3 程度の読み物であれば、パラグラフの主題や内容をほぼ理解することができる。	自分に関わる事実や出来事、過去の行動、経験、学校や家族などについて、簡単なこと（短い手紙、Eメール、メモ、依頼、申込、伝言など）を、事実を列挙して書くことができる。
	短いはっきりとした簡単なメッセージやアナウンス（レストラン、鉄道の駅、道路など）を聞いて、必要な情報を取り出して要点を聞き取ることができる。ただし、くり返してもらわなければ理解できないこともある。	必要に応じて会話の相手が助けてくれれば、日常的な場面において考えや情報を交換したり、質問に答えたり、賛成や反対の意見を言うことができる。	日常の身近な話題についての数パラグラフ(2～300語)の文章を読んで、特定の情報を取り出すことができる。	日常生活上の基本的な語彙、構文、よく使われる結束表現（接続詞、副詞など）などを使って、つながりのある文で100～200語程度の内容が書ける。
	身近で一般的な話題の発話であれば、ある程度の慣用表現は聞き取れ、文脈を手がかりにその意味も理解できる。	練習する時間が与えられれば、短いプレゼンテーションが滞りなくできる。	ある文章の一節を理解するために、読み返したり、辞書や文法書などを参照したりする必要がある場合もある。	簡単な語句や文構造はほぼ正確に書けるが、あまり使われない構文や表現などは、書き誤ったり、ぎこちない表現になったりすることがある。
		話し方は、準備されている内容については比較的流暢であるが、即座の応答に対しては言葉に詰まることが頻繁にある。		
		よく使われる日常的な語彙や、基本的な文法および慣用表現は、うまく使いこなせるので、発音に日本語なまりや誤りがあっても理解は可能である。		
		文法的に難しい構文（複文、関係詞節など）も、文脈に応じて使えるものがわずかにあるが、準備を必要とする複雑なスピーチでは、基本的な誤り（動詞の時制など）が多く起こり、時に理解されないこともある。		

A2.1	聞くこと	話すこと	読むこと	書くこと
総論ディスクリプタ	簡単なことばとはっきりした発音でゆっくりと話されれば、日常に最も直接的で基本的な話題や事柄について、内容を大まかに理解できる。	聞き手が集中して聞いてくれれば、日常的な出来事の話題について、個人的な気持ちや考えの概要を、簡単なことばで大まかに話すことができる。	よく使われる一般的な語彙で書かれた日常的で簡単な文章（私的な手紙、パンフレット、メニューなど）であれば、ほとんど問題なく読める。	ある程度時間をかければ、日常的な場面や生活に直接関連のある話題について、簡単な表現や文を連ねて、大まかな内容を簡単に書くことができる。
各論ディスクリプタ	重要な点をくり返してもらえるなら、個人的に直接かかわる事柄（ごく基本的な個人や家族の情報、買い物など）についての短いスピーチや日常会話をだいたい理解できる。	はっきりとゆっくりとしたやりとりであれば、自分自身の生活・環境・好き嫌いなどの社交的な話題について、短い会話に参加することができる。	Penguin Readers Level 2 程度の読み物であれば、内容を詳細まで難なく理解することができる。	ある程度時間をかければ、自分に関わる出来事や生活について簡単な内容（私的な短い手紙、Eメール、メモ、依頼、申込、伝言など）を、簡単なことばで書ける。
	標準的な発音で適切な速さで言われれば、日常生活に関する簡単なメッセージ（短かい指示やお知らせ）は、多少込み入った内容でも、要点をほとんど理解できる。ただし、何度かくり返してもらう必要がある場合もある。	必要に応じて会話の相手が助けてくれれば、よくある日常的な場面において、社会生活上に必要な簡単なやりとり（買い物、食事、会う約束など）ができる。	多少難しい内容の文章であっても、文脈に応じた簡単な推測を働かせて、必要な情報を読み取ることができる。	日常生活上に必要な具体的な語彙や、基本的な時制、簡単な接続詞（and, but）を使って、つながりのある簡単な文が書ける。
		十分に練習する時間が与えられれば、短いアナウンスや簡単なプレゼンテーションができる。	始めて触れる文であれば、短い一節であっても、読む速度はまだゆっくりである。	辞書を参照すれば、知っている語彙や文法を使って、100語程度の自由作文をある程度は正確に書けるが、時制や語尾変化などには基本的な誤りが頻繁におこり、ぎこちない表現もかなりある。
		身近な話題（生活、日課、好き嫌いなど）であれば、基本的な文法を用いて、初歩的な短い即座のスピーチができる。ただし、基本的な文構造であっても多くの言い誤りはかなり起こる。		
		話す内容によって想定できる語彙や、基本的な文法（接続詞など）は、容易に使いこなすことができるが、発音に誤りやカタカナ語の影響による日本語なまりもあり、ときに誤解を生じる。		

A1.3	聞くこと	話すこと	読むこと	書くこと
総論ディスクリプタ	当人に向かって丁寧にゆっくりと話されれば、ごく身近で簡単な発話(個人的な質問、日常的な指示や依頼など)を理解できる。	聞き手がこちらの事情を理解して、はっきりとゆっくりと繰り返し話しかけてくれれば、自分自身に直接関わる話題(家族、友達、音楽、ゲームなど)について、自分の考え(好き嫌いなど)を、比較的単純な表現と短い文で話すことができる。	複雑でない文章構造で書かれた短い文章で、日常生活で使われる内容(掲示、案内、指示など)であれば、一文一節ずつ理解できる。	ある程度時間をかければ、日常生活のニーズや経験に関連していて、容易に予想できる状況などについて、短い文を個々に書くことができる。
各論ディスクリプタ	具体的な場面(買い物、食事など)や個人的な経験(スポーツ、映画など)に関連する話題について、簡単な対話を理解できる。	ごく日常的な場面において、単純な会話のやりとり(例: Would you like tea or coffee? – Tea, please.)はできるが、多少込み入った内容になると、ことばに詰まったり、言いよどみがはっきりと起こり、相手の助けが必要になる。	Penguin Readers Level 1 程度の読み物であれば、内容を詳細まで理解することができる。	必要に応じて辞書などを使用すれば、身近でよく知っている簡単な内容(絵はがき、メッセージ、グリーティングカード、記録など)を、書くことができる。
	はっきりとした発音で、ゆっくりと個人的に話しかけられれば、日常のよくある状況での簡単な内容を理解できる。	練習を重ねれば、学習した基本的な語彙、表現、文法、文構造などに限られるが効果的に使って、意思を伝えたり発表したりすることができる。	短い内容(絵はがきや天気予報など)を読んで、必要な情報を見つけられる。	日常生活に関連する具体的なこと(起床、食事、学習など一日の出来事など)について、学習した表現や文を使って書くことができる。
		準備のない自然な発話では、初歩的な表現であっても多くの文法的な誤りが頻繁に起こり、発音には日本語なまりが目立つこともあり、特に強勢やイントネーションは不自然なところが多く、誤解されることがある。	短い内容の文章であっても、使われている語句や文法によっては、読むのに時間がかかることがある。	限られた語彙と簡単な文構造で、ある程度の量は書けるが、さまざまな誤りを生じる。

A1.2	聞くこと	話すこと	読むこと	書くこと
総論ディスクリプタ	場面の手がかり(しぐさ、表情、状況など)があれば、自分自身や日常生活に関する事柄(食事、持ち物、好き嫌いなど)を聞いて、基本的な語句や表現を一文一節ずつ理解することができる。	聞き手がこちらの事情を理解して、はっきりとゆっくりと繰り返し話しかけてくれれば、日常生活に直接必要なこと(日課や食事の好き嫌いなど)や自分自身に関する話題について、単純な表現と短い文で簡単に話すことができる。	よく知っている語句で書かれた、身近なことに関連する短く簡単な表現(名前、道路標示、紹介、道案内など)であれば、問題なく理解できる。	身近で日常的なニーズの事柄を、短い文や句で書いて伝えられる。
各論ディスクリプタ	かなり限定された数ではあるが、授業などで学習した語句や表現、短い文をほぼ理解できる。	ごく基本的な語彙や表現、文法を使って、ある程度の内容の会話のやりとりができるが、言葉に詰まったり言いよどみが起こりがちなので、相手の助けを頻繁に必要とする。	Penguin Readers Easystarters程度の読み物であれば、多少困難を感じる部分もあるが、内容を理解することができる。	自分自身や身近なことについて、数行の文や句をうまく使って、メモを取ったり、質問に答える内容を書いたりすることができる。
	状況や場面の明確な手がかりなしには、簡単なやりとりであっても、ニュアンスでさえ聞き取るのが難しいことがある。	発音は、不完全で不安定であり、コミュニケーションに支障をきたし誤解されることがよくある。	簡単な事実に関する内容(カレンダー、日誌、旅程など)について、難しい場合は読み返しがあるかもしれないが、特定の必要な情報は読み取れる。	基本的な単語や句をうまく使って、内容は制限されるが、簡単な文を個々に書くことができる。
	会話では、相手がゆっくりとはっきり話す、くり返す、強調する、言い換えるなどの助けがないと聞き取りが難しい。	かなり多くの言い誤りが、ちょっとした発話の中でも頻繁に起こる。	予想可能な場面や状況であっても、身近でない語句や表現を推測して理解することは難しい。	学校などで習って覚えている表現や文はほぼ正確に書けるが、ごく初歩的な自由作文では、かなり多様な誤りをしがちである。

A1.1	聞くこと	話すこと	読むこと	書くこと
総論ディスクリプタ	非常にゆっくりと注意深く発音してもらえれば、日常生活のごくありふれた単語や表現（あいさつ、人の名前、日付や曜日、日常生活で使う数字（電話番号や年齢）など）が、理解できる。	聞き手がこちらの事情を理解しはっきりとゆっくりと繰り返し話しかけてくれれば、自分自身に関する基本的な話題について、簡単な語句を用いて話すことができる。	あらかじめ練習の機会が与えられれば、教科書などに載っている日常生活の身近なことを表わす短い表現を、正しい発音で音読することができる。	ごく身近なニーズの事柄を、簡単な語句を並べて書いて伝えられる。
各論ディスクリプタ	聞き慣れない語句では、くり返す、強調する、言い換えてもらうなどの助けがないと聞き取りが難しい。	ごく身近で日常的な事柄についての簡単な質問（名称、曜日、時刻、数など）には、ごく基本的な表現を使って答えられる。	数は限られるが、身近な単語や短い表現を読み、絵や写真などとむすびつけて理解できる。	ごく短い身近な単語(book, sunなど)や、数字の1～10程度のスペルを、アルファベットを使ってつづることができる。
	当人に向かってゆっくりと話されれば、簡単なあいさつ、動作の指示、学習の指示などを理解し、指示されたように行動することができる。	自分自身や家族や友達のこと、住まいや所有物などについて、簡単な方法で会話ができる。	予想可能な場面や状況であっても、身近でない語句や表現を推測して理解することはかなり難しい。	手本を見るなどの助けがあれば、新年のあいさつ、誕生日など簡単な定型文のグリーティングカードを書くことができる。
		ある程度の準備を必要とするが、名前、住んでいる場所、趣味、家族などについて、学習した定型表現を用いて、自己紹介ができる。		自分自身のことを表す簡単な語句（名前、年齢、好き嫌い、家族など）や、日常生活によく使う語句(banana, red, happyなど)を書くことができる。
		会話のやりとりには、身振り手ぶりを伴うことが多く、発話には、くり返しや言いよどみ、言葉に詰まることなどがたびたび起こる。		学習した範囲内で、自分自身についてごく簡単なことを単文で正確に書くことができる。（例：I am fine.）
		発音は、まだ不完全で安定せず、学習不足の語句は相手に理解されないことが多い。		

Pre-A1	聞くこと	話すこと	読むこと	書くこと
総論ディスクリプタ	長い区切りをおいて、はっきりとゆっくりと注意深く発音してもらったり、絵やジェスチャーなどの手がかりを与えてもらえたりすれば、日常生活にありふれた語句(自分、家族、友達、食べ物、持ち物、動物、季節、衣服、動作など)を聞いて理解できる。	教師の後についてくり返し練習すれば、日常生活に関する短い語句や表現を、英語らしく発音することができる。ただし、注意しないと発音に日本語の影響が残ってしまうことがある。	一つ一つの文字を識別して、アルファベットを読んで発音できる。ただし、注意しないと、日本語の音に置き換えて発音してしまうことがある。	アルファベットの一文字一文字は書けるが、単語として記述したり、大文字と小文字を使い分けたりすることなどは難しい。
各論ディスクリプタ	当人に向かって丁寧にゆっくりと話されれば、よく使う教室英語のあいさつ(Good morning, Good bye, See youなど)や、教室での簡単な指示(Stand up. Be quietなど)を理解できる。	簡単なあいさつを理解した上で、短いあいさつことばを繰り返したり、相手に応答したりすることができる。	数字(1～10)、色(red, blue, yellowなど)、家族などに関する単語を見て理解し、発音することができる。	発音を聞いて文字が予測しやすければ、身近な単語(book, cakeなど)のスペルをつづることができる。
	はっきりと発音されれば、1から20までの数字は聞いて理解できる。	自分自身のこと(名前や年齢、住んでいる場所、誕生日や好きなもの嫌いなもの、気分など)であれば、短い表現や身振りを使って、はっきりと述べることができる。	読んでもらう絵本の中から知っている単語や文を先生や友達と発音したり、繰り返したりすることができる。	聞いて書くことのできる単語は、学習したもので具体的で身近な名詞などに限られる。
	英語の基本的な音のちがいはわかり、カタカナ英語として知っている身近な語は聞き取れることがある。	ある程度の準備を必要とするが、ごく日常的な語や表現を用いて、身近な事柄や日常的な事柄(色や数、曜日、月、天候、時間、家族や友達など)について簡単な語句を使って表現したり、先生や友達とやりとりをしたりすることができる。		句や文を書くことは難しい。
	聞き慣れない語句に関しては、くり返しや日本語などの手助けを必要とし、聞き誤りもたびたび起こる。	周囲の助けを受ければ、少し難しい事柄(自分の興味、趣味、日常生活、将来像など)について発表したり、相手の発言を聞いて理解したりすることができる。		
	日本語にない発音の聞き取りは困難を要し、日本語で近い発音に置き換えて理解してしまうことがある。	自発的に発話をすることはまだかなり難しく、日本語が自然に出てしまったり、先生に言い方を聞いてしまうことが多い。		
	英語の音や歌、チャンツに興味を持つことができる。			

JS ディスクリプタ
（英語版）

C2	LISTENING	SPEAKING	READING	WRITING
GENERAL DESCRIPTOR	Can understand any kind of utterance without difficulty, even when delivered at considerably fast native speed, provided he/she has some time to get familiar with the speaker's accent.	Can freely interact with or make a presentation properly and spontaneously to native speakers.	Can virtually read with ease all forms of passages and highly specialized, linguistically complex texts such as manuals, journals with in his/her filed, essays, articles, literature, columns in English-language newspapers (The Washington Post, The Times, etc.), and he/she can accurately understand them interpreting critically like those written in his/her mother tongue.	Can write complex, abstract texts with an effective structure on highly social and technical topics (e.g. business documents, essays, articles, reports, book reviews, and comments) in a style appropriate to the genre adopted so that the reader can accurately understand the writer's intention.
SPECIFIC DESCRIPTOR	Can fully understand any kind of utterance: discussions on complex topics beyond his/her own field, animated conversations between native speakers, and all programs in the English-speaking world like CNN or BBC regardless of his/her knowledge of the topics.	Can interact smoothly and naturally not only in everyday conversations but also in business or academic discussions conveying finer shades of meaning precisely with idiomatic expressions and colloquialisms. If he/she has some difficulty in the expression, he/she can backtrack and restructure the difficulty so smoothly that the interlocutor is hardly aware of it.		Maintains a considerably high grammatical accuracy, appropriate vocabulary usage, and effective writing skills.
		Can produce clear and coherent speech, presentation, discussion, etc. with logical structure and can make a persuasive announcement to the audience unfamiliar with it.		

C1	LISTENING	SPEAKING	READING	WRITING
GENERAL DESCRIPTOR	Can easily understand almost all the utterance on familiar topics (e.g. lecture, discussions, debates, films) and on general topics, even when the utterance is not clearly structured employing various idiomatic expressions and colloquialisms.	Can interact and make a presentation positively with confidence on the complex, abstract topics beyond his/her field, maintaining the main idea.	Can precisely understand lengthy, complex texts unrelated to his/her field.	Can write clear, well-structured, complex texts on highly social and technical topics (business documents, essays, reports, outlines of literary works, letters, etc.) in an appropriate style which helps the reader to find significant points.
SPECIFIC DESCRIPTOR	Can precisely understand the viewpoints and outlines of a recorded and broadcast audio material without visual information, even if the topic is complex and abstract beyond his/her own field.	Can make a clear, detailed presentation in public on complex subjects using slides.	Can understand and summarize abstract, complex texts critically by varying the way of reading and by inferring intentions, implied meanings, and finer shades of meanings in the context.	Can write both detailed descriptions of real events and imaginary texts with a plot, flexibly devising various ways of structures and expressions including idiomatic expressions and colloquialisms.
	Can minutely understand contents of news and educational documentaries (NHK English news, National Geographic, etc.) delivered slowly and clearly for non-native speakers.	Can negotiate effectively developing the discussion and can play a leading role in formal business settings such as negotiations, meetings, conferences, formal discussions, etc.	Can fully understand English-language newspapers (The Washington Post , The Times, etc.), by rereading difficult descriptions and idioms with the help of references and dictionaries at times.	Maintains a high grammatical accuracy, appropriate vocabulary usage, and effective writing skills, but occasionally makes errors.
	Has difficulties occasionally in understanding unfamiliar accents or dialects.	Can conduct a conversation fluently, naturally, and spontaneously without help according to the interlocutors or the settings.	Can read with ease English-language newspapers directed at the Japanese (The Japan Times, The Daily Yomiuri, etc.).	
		Can convey finer shades of meaning skillfully by varying intonation and placing sentence stress properly, with little difficulty in unfamiliar vocabularies and language forms. Can correct grammatical errors by him/herself and make the interlocutor understand easily, even when he/she finds the errors.		

B2.2	LISTENING	SPEAKING	READING	WRITING
GENERAL DESCRIPTOR	Can understand with ease the main idea of complex speech on general, academic, vocational, or leisure topics, provided the speech is delivered in a standard accent at normal speed.	Can interact clearly and make an explicit presentation on various, general topics which are slightly difficult to explain by emphasizing main ideas and using persuasive phrases.	Can read lengthy materials such as newspaper articles or novels, adapting style and speed of reading to different texts.	Can write clear, detailed texts on abstract, already-known topics, on daily events, and on official matters (comments, descriptions, summaries of lectures or articles, business documents, manuals, etc.), provided these topics are in his/her field and interest.
SPECIFIC DESCRIPTOR	Can understand complex but clear, well-structured speech on business or lectures, provided the speech is delivered in a standard accent familiar in schools.	Can express him/herself clearly and politely according to the situation and can engage in extended conversations smoothly, even though he/she sometimes has difficulty to speak fluently.	Can easily read through more than 10-page texts (e.g. academic essays or newspaper articles) if the subjects are related to his/her field and familiar to him/her.	Can easily write more than 1000-word essays and reports at the university level on topics related to his/her field and interest.
	Can catch much of discussions or animated conversations between native speakers, live or recorded, provided the direction of the talk is signposted.	Can interact effectively with native speakers on general topics.	Can understand the writer's intention or attitude and can catch details and main ideas of information, articles, reports, etc., which some knowledge is needed to read, provided he/she can reread difficult parts and occasionally infer meanings and consult reference materials such as dictionaries.	Can write an essay which develops the idea systematically with a logical structure by revising and analyzing his/her opinions.
	Can understand around one-hour discussions or presentations with complex information, deducing the context implied by attitudes, situations, and socio-cultural backgrounds.	Can make a rehearsed presentation on his/her field or general topics, causing no difficulty for the audience to understand it.	Can read and summarize texts unrelated to his/her field, so that he/she can retell them in his/her own speech, provided he/she can consult reference materials such as dictionaries.	Maintains a relatively high grammatical accuracy, appropriate vocabulary usage, effective writing skills, and good expressiveness, but makes a number of errors in structures, styles, and customary phrases which are seldom used.
	Can understand strange utterances and expressions, but background noise, verbal humor, or unfamiliar idiomatic expressions may cause difficulty to understand them.	Can express him/herself with a variety of vocabularies and forms in various interactions. Has acquired not only clear, natural accent and intonation but also good grammatical control that he/she can find and correct errors by him/herself. Does not make errors which lead to misunderstanding.	Has difficulties in understanding unfamiliar idioms and/or cultural metaphors in reading materials such as novels, and so on.	

B2.1	LISTENING	SPEAKING	READING	WRITING
GENERAL DESCRIPTOR	Can easily understand the subject of general utterance on both concrete and abstract topics spoken in a standard accent at normal speed.	Can interact precisely and explain coherently his/her impressions or ideas on topics related to his/her experiences and events.	Can fully understand reading materials at the level of Penguin Readers Level 5.	Can write clear, detailed texts on familiar topics in his/her field and interest such as experience, real or imaginary events, opinions, information, etc.
SPECIFIC DESCRIPTOR	Can understand most of TV news, documentaries, interviews, and films, provided these are delivered in a standard accent familiar in schools.	Can interact actively in various real settings on familiar topics, even in formal discussions.	Can read with ease general texts: newspaper articles, short stories, reports, manuals, reading materials in fashion, etc.	Can write around 1000-word essays and reports on topics in his/her field, using well-structured paragraphs.
	Can understand the development of complicated discussions, provided the direction of the talk is signposted explicitly.	Can interact smoothly with native speakers on daily topics without causing inconvenience to the listener.	Can detect the writer's intentions and text implications and can understand shades of meanings to some extent, provided the texts are related to his/her field.	Has limitation in the appropriate usage of finer shades of meanings and styles. Awkward expressions and logical leaps are outstanding in lengthy texts with complicated structures.
	Can understand much of conversations on general topics and can tell attitudes of the speakers, shades of meanings, and levels of speech.	Can explain logically his/her opinions giving references and reasons in support of or against the subject related to his/her filed with various vocabularies, forms, and idioms.	Can analyze, understand, and retrieve necessary information from texts on familiar topics, referring to other information such as charts, illustrations, images, etc.	Maintains relatively enough command of grammar, vocabulary, orthography, and punctuation. Does not make errors which lead to misunderstanding.
	Has occasionally difficulties in understanding spontaneous conversations between native speakers.	Can speak smoothly with clear, natural accent and intonation, controlling grammar properly. Slight grammatical errors occasionally occur in his/her utterance, but they do not cause difficulty for the listener to understand what he/she is trying to express.	Has difficulties in understanding idioms and cultural metaphors in lengthy texts.	Can write coherent texts to a certain extent, although signs of mother tongue influence unavoidably appear in transforming structures.

B1.2	LISTENING	SPEAKING	READING	WRITING
GENERAL DESCRIPTOR	Can understand main ideas or outlines of not only topics pertinent to everyday life/work but also abstract, cultural topics based on the themes that are familiar or of personal interest with clearly articulated standard speech.	Can explain minutely or discuss not only subjects related to his/her field of interest but also already-known simple current affairs rehearsed in advance, comparing with other facts or information.	Can read with ease everyday materials (articles in newspaper or journals directed at non-native speakers, guidebooks for tourists, instructions on equipments, Penguin Readers Level 4, etc.), and can extrapolate the meaning of unknown words from the context and deduce the meanings provided the topics are familiar.	Can write clear and coherent texts on familiar subjects within his/her field of interest in the standard written form, e.g., can write already-known news, around 300-word summary of a book, and comments on cultural topics like music or films.
SPECIFIC DESCRIPTOR	Can generally understand the common information directed at learners of English (e.g. news reports, interviews, short lectures, and telephone messages).	Can communicate with the unfamiliar interlocutors appropriately understanding subjects, provided these are delivered in articulated standard speech.	Can find relevant information in descriptions or explanations of around 1000 words, and can understand the outlines.	Can write an essay or report that consists of two or three paragraphs in 200 to 300 words (e.g. simple essays, speech drafts, descriptions, reports, lecture notes, and summaries).
	Can catch main ideas and most details of TV programmes on familiar topics of already-known current affairs as long as the delivery is slow and clear.	Can relate in detail the plot of a book or film and describe his/her reaction.	Needs to reread lengthy texts in order to understand authors' aims in detail.	Can write straightforward, a well-structured paragraph that has a main idea and supporting sentences, conceiving the readers.
	Can understand unfamiliar expressions or rather extended speech almost accurately, provided these are delivered in a standard accent familiar in school textbooks.	Can describe with ease him/herself reasonably, although he/she can be sometimes hesitant searching for appropriate patterns and expressions.		Can write clear, well-structured texts on subjects already learned, making full use of required vocabularies or grammatical structures. Can deal with coordinate or subordinate relations effectively in the discourse.
	Has difficulties in understanding conversations with native speakers on unfamiliar topics that include concrete details.	Can make his/her ideas and reactions understood with a broader lexical repertoire and the usage of complex structures even when his/her pronunciation (e.g. accent or intonation) can hinder a smooth flow of speech.		Can write reasonably accurate and intelligible texts on the whole, although signs of mother tongue influence are sometimes found. On the other hand, complex subjects or structures of the texts sometimes cause his/her errors and make the text styles inadequate.
		Can sustain his/her speech even in different situations or on unfamiliar topics, although he/she makes some grammatical errors.		

B1.1	LISTENING	SPEAKING	READING	WRITING
GENERAL DESCRIPTOR	Can generally understand clearly articulated standard speech on familiar topics regularly encountered in work, school, interest, etc.	Can reasonably relate details on familiar subjects within his/her field of interest or experiences though he/she may sometimes has difficulty in following when trying to say his/her ideas exactly.	Can read and understand the main points of various around 500-word texts on familiar topics (time tables, calendars, lessons, sport events, cooking, hobbies, etc.) without consulting dictionaries.	Can write straightforward connected texts on a range of familiar subjects based on factual information in the standard written form.
SPECIFIC DESCRIPTOR	Can understand the outlines of news reports or telephone messages on already-known topics directed at learners of English.	Can deal with transactions needed in daily life, e.g. bargaining in shops conveying his/her uncomplicated claims.	Can understand the main points of articles on familiar topics in newspaper or journals directed at non-native speakers (Daily Yomiuri, Japan Times, etc.).	Can write detailed texts on subjects related to his/her incidents in everyday/school life, plans, dreams, etc. in diaries and so forth if necessary.
	Can follow outlines of films or TV programmes delivered slowly and clearly.	Can describe his/her dreams, hopes, feelings and comments related to personal matters even in the situation which causes strain, although he/she has difficulties in relating abstract topics.	Has some difficulties in comprehensions, provided the texts are related to unfamiliar or inexperienced topics (foreign cultures, economy, philosophy, etc.).	Can write well-structured, coherent texts in a regular form (letters, descriptions, reports, records, stories, etc.), by linking a series of discrete phrases into a linear sentence and constructing simply connected texts.
	Can catch much of what is said in a standard accent familiar in school textbooks, even though the narrator sometimes uses repetition of particular words and phrases.	Can give reasons and explanations for the relationships of the facts sustaining his/her utterance that interlocutors understand though sometimes a conceptually difficult subject can hinder a smooth flow of speech.		Can convey familiar information (shopping, sports events, hobbies, meals, pets, school life, etc.) effectively with sufficient vocabularies and good grammatical control.
	Can understand a limited range of idiomatic expressions frequently used in daily life.	Pronunciation is reasonably clear enough to be understood by means of a broader lexical repertoire than that of everyday life and expressions frequently used despite a noticeable Japanese accent or errors.		Can manipulate language materials used in everyday/school life and basic grammatical structures with less errors, but he/she has difficulties in using some complex grammatical structures.
		Can use various structures reasonably. Grammatical errors like the usage of articles and affixes often occur in his/her natural utterance, but his/her intention is not be hindered.		

A2.2	LISTENING	SPEAKING	READING	WRITING
GENERAL DESCRIPTOR	Can understand enough to be able to meet needs of a concrete type for everyday familiar concerns, provided speech is slowly and clearly articulated with simple words.	Can describe details of feelings or ideas on topics of events in everyday life to listeners who are prepared to concentrate in simple terms and short sentences to some degree.	Can read and understand the themes or the details of texts on routine information (letters, advertisements, short articles, instructions, etc.) consulting dictionaries).	Can write outlines or main points on topics pertinent to his/her everyday life by linking a series of simple expressions or sentences into a linear sequence.
SPECIFIC DESCRIPTOR	Can identify the outline of simple TV news items where the visual supports the commentary.	Can participate in conversations about personal interest, experiences, habits, and daily topics, when they are sustained in clear and slow interactions.	Can understand most of the topics and the content for each paragraph in reading materials at Penguin Readers Level 3.	Can write simple reports (short letters, e-mails, memos, requests, applications, messages, etc.) related to personal concerns such as personally experienced events, past activities, experiences, schools, and family by listing a series of facts.
	Can extract relevant information and catch the main point in short, clear, simple messages or announcements at restaurants, in railroad stations, or on roads etc. Needs to ask for repetition of the key points if necessary.	Can exchange ideas or information, answer questions, and express agreement and disagreement in routine situations, provided the interlocutor helps if necessary.	Can obtain specific information in around 300-word texts on daily topics familiar to him/her.	Can write around 200-word texts composed of a series of sentences including vocabulary, grammatical structures, conjunctions, adverbs, etc. familiar to his/her basic daily life.
	Can catch a measure of idiomatic expressions and understand the meaning of them from the context, provided the topic of utterance is familiar and general.	Can give a short, rehearsed presentation smoothly.	Needs to reread or consult dictionaries or grammar books in order to understand a paragraph in some cases.	Can write most simple phrases or structures correctly. However, has difficulty in writing unfamiliar structures or phrases, and makes errors or uses awkward style.
		Can give a prepared utterance with reasonable fluency but with frequent hesitation.		
		Can make his/her ideas understood by means of the usage of a routine vocabulary and basic grammar/idiomatic expressions despite a Japanese accent or errors. Makes many basic grammatical errors such as verb tense usage in complex speech, despite prior preparation.		
		Can use a few complex sentences or relative-clauses, but has difficulties in making his/her ideas understood in some cases.		

A2.1	LISTENING	SPEAKING	READING	WRITING
GENERAL DESCRIPTOR	Can understand the outline of basic topics or events encountered in everyday life, provided speech is slowly and clearly articulated with simple words.	Can describe broadly and in simple terms, the outlines of feelings or ideas on everyday life events to listeners who are prepared to concentrate.	Can read and understand with ease routine texts composed of general and simple vocabulary (private letters, brochures, menus, etc.).	Can write outlines on topics pertinent to his/her everyday life by linking a series of simple expressions or sentences in a linear sequence, with some preparation in advance.
SPECIFIC DESCRIPTOR	Can mostly understand a short speech or daily conversation concerning everyday topics, such as personal and family information or shopping, with the help of the repetition of key points.	Can participate in short conversations on social topics such as personal life, surroundings, likes and dislikes, when they are sustained in clear and slow interactions.	Can understand details with ease within reading materials at Penguin Readers Level 2.	Can write simple reports (e.g. short private letters, emails, memos, requests, applications, messages, etc.) related to personal concerns and life by using simple words and phrases, with some preparation in advance.
	Can understand most of the main point of simple or somewhat complicated messages such as short instructions or announcements related to daily life, provided they are delivered at suitable speed and in standard accent. Needs to ask for repetition if necessary.	Can interact in a simple way for his/her social life (e.g. shopping, eating, and attending appointments) in routine situations, provided the interlocutor helps if necessary.	Can read and understand the information required in some complex texts inferring meanings from the context.	Can write a series of simple sentences including a basic daily vocabulary, basic tenses, and simple conjunctions like "and" or "but" necessary for his/her daily life.
		Can give fully rehearsed short announcements or simple presentations.	Can read a short paragraph composed of unfamiliar sentences slowly.	Can write a partially correct approximately 100-word paragraph by using familiar vocabulary and grammatical structures, and by consulting dictionaries. However, makes frequent basic errors in tenses or declensions and uses many awkward expressions.
		Can give short, elementary, immediate speeches on topics of everyday life (e.g. living conditions, daily routines, likes/dislikes) by means of the usage of simple structures, despite making lots of errors.		
		Can handle vocabulary and basic grammar (conjunctions etc.) easily depending on the subject matter of the conversation, however has difficulty in some cases in being understood due to errors or an accent influenced by the Japanese pronunciation of loan words.		

A1.3	LISTENING	SPEAKING	READING	WRITING
GENERAL DESCRIPTOR	Can understand simple and extremely familiar utterances (e.g. personal questions, daily instructions or requests) addressed carefully and slowly to him/her.	Can describe his/her opinions (likes/dislikes, etc.) on personal issues (e.g. family, friends, music, games) by using relatively simple expressions or short sentences, delivered directly to him/her in clear, slow and repeated speech by a sympathetic speaker.	Can understand each sentence and paragraph in short simple texts on everyday concerns (notices, instructions, signs, etc.) .	Can write short sentences related to requirements or experiences of daily life and simple predictable situations, with some preparation in advance.
SPECIFIC DESCRIPTOR	Can understand simple dialogs related to concrete situations (e.g. shopping, eating) or private experiences (e.g. playing sports, watching films).	Can participate in simple conversations in very routine situations, for example: "Would you like tea or coffee?" – "Tea, please." However, hesitates or pauses in complex conversations, especially without the interlocutor's support.	Can read and understand in detail reading materials at Penguin Readers Level 1.	Can write simple texts on familiar topics (picture postcards, messages, greeting cards, memos, etc.), consulting dictionaries if necessary.
	Can understand simple situations encountered in everyday life, provided speech is addressed slowly to him/her in clear accent.	Can tell or announce his/her intentions, after repeated practice, handling the basic knowledge of vocabulary, expressions, and grammatical structures.	Can find specific information from short texts of picture postcards, weather forecasts, etc.	Can write texts on concrete events related to daily life (getting out of bed, eating, studying, etc.) by using mastered expressions or sentences.
		Has difficulty in making himself/herself understood in some cases of spontaneous natural speech, due to frequent grammatical errors in simple expressions and/or a Japanese accent, stress or intonation.	Needs longer time than usual to read short texts composed of unfamiliar phrases or structures.	Can write some texts using limited vocabulary and simple structures despite various errors.

A1.2	LISTENING	SPEAKING	READING	WRITING
GENERAL DESCRIPTOR	Can understand basic phrases or expressions in a sentence or a paragraph related to private matters or everyday life (e.g. meals, possessions, likes and dislikes) with the help of gestures, expressions, situations, etc.	Can describe his/her ideas related to immediate needs in everyday life (e.g. daily routines, tastes in food) or personal concerns by using simple expressions or short sentences, delivered directly to him/her in clear, slow and repeated speech by a sympathetic speaker.	Can understand with ease simple, short expressions with familiar words and phrases related to everyday concerns (names, road signs, introductions, guides, etc.)	Can write needed messages on daily events by using short sentences or phrases.
SPECIFIC DESCRIPTOR	Can understand most of the meaning of phrases, expressions, or short sentences in a limited range introduced in schools or other lessons.	Can participate in a certain amount of conversation by means of vocabulary, expressions, or structures at the threshold level. Tends to hesitate or pause without the interlocutor's frequent support.	Can understand with some effort reading materials at the level of Penguin Readers Easy-starters.	Can prepare responses to questions or take notes on personal concerns by handling sentences or phrases.
	Has difficulty in understanding the meaning of simple interactions, in some cases, without the help of background knowledge.	Has frequent difficulty in making himself/herself understood in interactions due to a defective and unstable accent.	Can read and find specific information in simple texts related to practical life (calendars, journals, itineraries, etc.), rereading some complex expressions in some cases.	Can write several simple sentences by handling basic words and phrases despite a limited coverage.
	Has difficulty in conversations unless the interlocutor repeats or rephrases at a slower and clearer rate of speech.	Makes a number of errors even in short utterances.	Has difficulty in understanding unfamiliar expressions and inferring the meanings of them even in imaginable situations.	Can write most of the expressions or the sentences mastered in schools correctly. However, tends to make various errors in free writing at the threshold level.

A1.1	LISTENING	SPEAKING	READING	WRITING
GENERAL DESCRIPTOR	Can understand daily, familiar words or expressions (e.g. greetings, persons' names, dates, days of the week, telephone numbers, ages), provided speech is very slowly and carefully articulated.	Can describe his/her ideas on general topics related to personal concerns by using simple phrases, delivered directly to him/her in clear, slow and repeated speech by a sympathetic speaker.	Can read aloud short phrases on routine topics found in textbooks with correct pronunciation, provided rehearsal is prepared in advance.	Can write messages concerning daily life by arranging simple words and phrases.
SPECIFIC DESCRIPTOR	Has difficulty in understanding unfamiliar words or phrases without the help of interlocutor's repetition or rephrasing.	Can answer simple questions on everyday concerns familiar to him/her (e.g. names, days of the week, time, and numbers) by using expressions at threshold level.	Can read and understand familiar words or short phrases limited to daily life in relation to pictures or photos.	Can spell short, familiar words (book, sun, etc.) and the numbers from 1 to 10 in English.
	Can understand and follow instructions for simple greetings, actions, or school work, provided they are addressed slowly to him/her.	Can participate in simple conversations about himself/herself, family, friends, home, or possessions.	Has difficulty in inferring and understanding the meanings of unfamiliar words and phrases even in predicable situations.	Can write simple greeting card messages (Christmas cards, birthday cards, etc.) copying fixed models.
		Can convey personal information (e.g. name, address, hobbies, and family) by using formulaic expressions familiar to himself/herself, provided speech is prepared in advance.		Can write simple words and phrases used in expressing personal concerns (name, age, likes/dislikes, family, etc.) or everyday life (banana, red, happy, etc.).
		Needs frequent gestures to sustain conversations, following some hesitations, pauses, or repetitions in utterances.		Can write simple sentences on personal topics correctly by using words and phrases he/she has so far (e.g. "I am fine".).
		Has difficulty in making himself/herself understood, due to imperfect and unstable speech.		

Pre-A1	LISTENING	SPEAKING	READING	WRITING
GENERAL DESCRIPTOR	Can understand familiar words or phrases in everyday life (personal matters, family, friends, food, possessions, animals, seasons, clothing, actions, etc.), provided speech is very slow, clear, and carefully articulated with long pauses for him/her to assimilate meaning or with help from gestures or pictures.	Can pronounce, after repeated practice, following teachers' instructions, and with an English accent, short words and phrases or expressions related to daily life. However, needs to pronounce deliberately in order to avoid the influence of his/her Japanese accent in some cases.	Can read and pronounce the entire alphabet, recognizing each letter. However due to lack of control in some cases, pronounces words with a Japanese accent.	Can write each letter in the alphabet but has difficulty in writing words with capital and small letters.
SPECIFIC DESCRIPTOR	Can understand familiar greetings (Good morning, Good bye, See you, etc.) or simple instructions (Stand up, Be quiet, etc.) in classrooms, provided they are addressed carefully and slowly to him/her.	Can repeat short greetings and respond to greetings after understanding simple interactions.	Can read and pronounce words related to numbers (1 to 10), colours (red, blue, yellow, etc.), and family members.	Can spell familiar words (book, cake, etc.) provided they are pronounced letter by letter predictably.
	Can understand the numbers from 1 to 20, provided they are delivered clearly.	Can convey personal information (name, age, address, birthday, likes/dislikes, feelings, and etc.) clearly by using short expressions or gestures.	Can pronounce and repeat familiar words or sentences from illustrated books together with teachers and friends.	Can write down only familiar words, such as specific nouns, which have been previously studied.
	Can distinguish basic English sounds and catch familiar loan words from English in some cases.	Can express some everyday concerns (colours, numbers, days of the week, months, weather, time, family, friends, etc.) and interact with teachers or friends by using simple words and basic expressions, provided speech is prepared to some degree.		Has difficulty in writing phrases or sentences.
	Makes lots of errors in catching unfamiliar words or phrases, without the help of interlocutor's repetitions or rephrasing in Japanese.	Can make a speech on some advanced topics (interest, hobbies, daily life, dreams, etc.), provided the listeners are prepared to help.		
	Has difficulty in catching pronunciations absent in the Japanese phonetic system and replaces them with similar Japanese pronunciation in some cases.	Can understand the utterances from the supporters in the presentation. Has difficulty in talking spontaneously, still depending on Japanese or teachers' support.		
	Can show interest in English sounds, songs, rhythms, and rhymes.			

JS ディスクリプタ
＋
言語材料参照表

JAPAN STANDARDSディスクリプタ（日本語版／英語版）・言語材料参照表 URL

https://sasajimashigeru.wixsite.com/japan-standards

JS

B2.2	聞く	LISTENING
総論ディスクリプタ	標準語で普通のスピードで話されれば、一般的、学問的、職業上、余暇に関する幅広い話題について、要点や流れを理解し複雑な内容をすぐに把握できる。	
GENERAL DESCRIPTOR	Can understand with ease the main idea of complex speech on general, academic, vocational, or leisure topics, provided the speech is delivered in a standard accent at normal speed.	

各論ディスクリプタ		典型例（TYPICAL SAMPLES）						
SPECIFIC DESCRIPTOR		語彙 VOCABULARY	例 EXAMPLE	文法 GRAMMAR	例1 EXAMPLE1	例2 EXAMPLE2	テクスト（タスク） TEXT (TASK)	評価基準参考 ASSESSMENT
学校などで耳にする標準的な発音であれば、講義やビジネスなどの場面で、複雑でも文構造が明瞭な発話をかなり理解できる。	Can understand complex but clear, well-structured speech on business or lectures, provided the speech is delivered in a standard accent familiar in schools.	disposal	Lots of waste **disposal** are scattered in the street.	接続語句	**Subsequently** he went into the post office looking for his postmaster.	It is **moreover** located at a central point in the City of Ghent's so-called cultural kilometer.	Once you have visited our web site and accepted our cookie, your ID number is automatically assigned to your computer whenever you surf our web site. **Despite the fact that** you remain anonymous until you enter personal information in the web site, the ID number allows us to log your session, so that we may better assist you should you need some individualized service or support.	典型例の英文のように、学校などで耳にする標準的な発音であれば、インターネット上のウェブサイトでの利用の認識に関して、多少込み入った内容でも、きちんと理解できる。
話の方向性が示されれば、実際の場面でも録音された場合でも、母語話者間の議論や活発な会話などを、ほとんど細部まで聞き取ることができる。	Can catch much of discussions or animated conversations between native speakers, live or recorded, provided the direction of the talk is signposted.	compare	How heavy is the sun **compared to** the earth?	助動詞 have 過去分詞	I **couldn't have done** it without them.	I **needn't have bought** a new vacuum cleaner because my father had already fixed our old one.	I still have a job tonight. I managed to resist knocking out my manager at our meeting today. It didn't go too badly. I was firm about what I thought and I managed to get my point across well enough that he had to agree with it. I nearly choked but I figure he **can't have seen** the blog, and I probably just don't hide my feelings about him that well in the office!	典型例の英文のように、多少個人的な内容の話でも、方向性が示されれば、ほとんど細部まで理解できる。
1時間程度の議論や発表を聞いて、ことばに明示されない態度や雰囲気や社会文化的な背景から生まれる意味を推測しながら、複雑な情報でも理解することができる。	Can understand around one-hour discussions or presentations with complex information, deducing the context implied by attitudes, situations, and socio-cultural backgrounds.	ancestor	According to this article, all people with blue eyes have a single **ancestor**.	抽象名詞表現	Research findings also show that **education** is still not compulsory in at least 35 countries.	The government should not be trying to measure or maximise **happiness** as an explicit policy goal.	**History** is buried with **the dead and deformed** of Vietnam and Bhopal. And **history** is the new enemy. On 28 May, President Obama launched a campaign to falsify **the history** of the war in Vietnam. To Obama, there was no Agent Orange, no free-fire zones, no turkey shoots, no cover-ups of massacres, no rampant racism, no suicides, no defeat by a resistance army drawn from an impoverished society.	典型例のような時事的な英語を聞いて、話し方や社会文化的な背景から推測しながら、複雑な内容でも理解できる。
聞き慣れない発話や言い回しでも理解できるが、周囲に雑音などの邪魔があったり、言語的ユーモアや馴染みのない慣用表現が使われたりすると、聞き取りに困難があるかもしれない。	Can understand strange utterances and expressions, but background noise, verbal humor,or unfamiliar idiomatic expressions may cause difficulty to understand them.	delicate	If you are dealing with houseplants or small, **delicate** plants, you may want to skip this step.	形容詞／副詞表現	Please feel **free** to use **free** coin lockers on the first floor in the hotel.	I will come **back** to the **back** story on that photo later.	There are also significant health benefits for children who eat breakfast **daily.** School breakfast provides one fourth of **daily** recommended nutrients and calories for school age children. Studies have demonstrated that eating breakfast correlates with a lower risk of obesity. This is **likely** because children who consume adequate calories in the morning are less **likely** to overeat later in the day.	典型例の英文のように、多少アカデミックで、聞き慣れない発話や言い回しでも理解できるが、環境が良くなかったり、文化的背景のある慣用表現が使われたりすると聞き取りがむずかしい場合がある。

JS

B2.2	話す	SPEAKING
総論ディスクリプタ	一般的で幅広い話題に関して、多少説明がむずかしい内容でも、要点の適切な強調や説得力のある言葉遣いで、はっきりと対話や発表ができる。	
GENERAL DESCRIPTOR	Can interact clearly and make an explicit presentation on various, general topics which are slightly difficult to explain by emphasizing main ideas and using persuasive phrases.	

各論ディスクリプタ		典型例(TYPICAL SAMPLES)						
SPECIFIC DESCRIPTOR		語彙 VOCABULARY	例 EXAMPLE	文法 GRAMMAR	例1 EXAMPLE1	例2 EXAMPLE2	テクスト(タスク) TEXT (TASK)	評価基準参考 ASSESSMENT
ときにことばに詰まることもあるが、はっきりと、丁寧に、状況に応じて自分のことを述べたり、流暢に長い会話に参加できる。	Can express him/herself clearly and politely according to the situation and can engage in extended conversations smoothly, even though he/she sometimes has difficulty to speak fluently.	alike	Teach your children how we are **all alike,** even if we look different on the outside.	倒置(副詞句などの強調)	**Well do I remember** his name.	**Too often have I visited** noisy salons and day spas, which have put me off returning.	Inaction is cowardice, but there can be no scholar without the heroic mind. The preamble of thought, the transition through which it passes from the unconscious to the conscious, is action. **Only so much do I know** as I have lived. Instantly we know whose words are loaded with life, and whose not.	典型例の英文のように、話し言葉の特徴に応じて、強調のための倒置やくり返しを用いて、流暢に発話ができる。
母語話者との会話では、たいていの話題について効果的なやりとりができる。	Can interact effectively with native speakers on general topics.	existence	We may discuss the exact definition of the concept of physical **existence.**	つなぎ言葉	**You know, eventually** they're gonna run out of hurricane names.	Tell me about it. **I'm all ears.**	Christmas is always an exciting time and it's not very far away now. **Let's see,** how are you going to spread holiday cheer? There's not much money for the holidays this year. **You know!** Jingle Booth. It's easy to use and you can even create the very best kind of Christmas cards – personal and free. **That's right,** there's no charge to download and use this terrific application.	典型例の発話のように、つなぎ言葉をうまく使い、たいていの話題について効果的なやり取りができる。
聞き手にも自分にも負担をかけることなく、一般的な話題や自分の関連分野の話題について、あらかじめ準備してプレゼンテーションができる。	Can make a rehearsed presentation on his/her field or general topics, causing no difficulty for the audience to understand it.	appeal	Computer games have great **appeal** but little value.	仮定法	If I **had studied** harder at school I **would speak** better now.	The board of directors **recommended** that he **(should) join** the company.	"That you choose what to disappear." The last four lines: these were the most important, the ones Caeli had **insisted** he **take** down word-for-word, with exactly that punctuation, exactly those rhythms. Apparently the words were a magic. It was not clear what sort of a magic, nor for what purpose, when everything had become so useless. But Caeli had **insisted** that he **not leave** Paris without finishing the manuscript, which he now stacked and straightened and slipped inside a clear plastic folder with an elastic fastener. He took the folder, stacked it with other folders, similarly transparent but tinted different colors—gold, green, blue—and slipped the stack in his briefcase.	典型例の発話のように、あらかじめある程度準備すれば、どのような話題でも適切なプレゼンテーションができる。
あらゆる場面のやりとりに、幅広い語彙や言語形式を使って表現することができ、発音やイントネーションは明確で自然で、文法の使い方はよく、誤りは自分で訂正でき、誤解につながることはない。	Can express him/herself with a variety of vocabularies and forms in various interactions. Has acquired not only clear, natural accent and intonation but also good grammatical control that he/she can find and correct errors by him/herself. Does not make errors which lead to misunderstanding.	complex	Today's microprocessor design is one of the most **complex** and computationally intensive design processes.	丁寧表現	**Could you let me know if** this is what I should be doing?	**Would you please** bring your library books back today as they are needed by another borrower?	I **was wondering if** you **might** be interested in helping me with another dream. I have a series of dreams involving a man that I was intimate with several years ago. The weird part was that I began having very vivid dreams about him, before I even knew his name. They were very intimate... not actually having sex, though sexual in the emotion. Mostly it was images of skin, warm light, a deep and powerful feeling of intimacy and tenderness. I haven't seen him for 4 years or more, but I still dream about him like that sometimes. Any thoughts?	典型例の発話のように、人に依頼するときなど、適切な場面で、適切な表現を使って、適切な方法で、話すことができる。

JS

B2.2	読む	READING
総論ディスクリプタ	新聞記事や小説などのかなりの分量と内容のある文章を、テクストの種類に合わせて、読むスピードや読み方を変えながら読める。	
GENERAL DESCRIPTOR	Can read lengthy materials such as newspaper articles or novels, adapting style and speed of reading to different texts.	

各論ディスクリプタ		典型例（TYPICAL SAMPLES）						
SPECIFIC DESCRIPTOR		語彙 VOCABULARY	例 EXAMPLE	文法 GRAMMAR	例1 EXAMPLE1	例2 EXAMPLE2	テクスト（タスク） TEXT (TASK)	評価基準参考 ASSESSMENT
自分の得意分野の話題で、部分的に読み慣れていて、ある程度内容を知っている文章（論文、記事など）ならば、十数ページでも容易に読みこなせる。	Can easily read through more than 10-page texts (e.g. academic essays or newspaper articles) if the subjects are related to his/her field and familiar to him/her.	considerable	Dutch and Low German also had a **considerable** influence on English vocabulary.	時制（過去完了）	There **were** dozens of people already on the wall preparing for bed in hanging platforms they **had hauled** up.	Until they **met** again 17 years later, she **had not been photographed** since.	It **wasn't** my seventeen year old son but a photo of a rhino whose horns **had been hacked off** with a chainsaw. I **stared,** being unable to look away. It **was** a WWF flyer. I **opened** and **read** it. It **was** a sad story. Reading it, I **was pissed off** that a rumour about rhino horn powder curing cancer, started by a politician in Vietnam, **had trebled** the price and demand for what **is** little more than ground up hair (keratin), **saddened** that such ignorance exists. And before I **had finished** reading, I **had decided** to do something more than just mail in my regular annual donation.	典型例の英文は野生動物保護に関する個人的な文章である。この話題に関心を持ち、読み慣れている内容であれば、容易に読むことができる。
ある程度の教養を必要とする情報や記事、レポートなどを、難しい箇所は読み返したり、多少の推測や参考資料（辞書など）を必要とするかもしれないが、書き手の意図や態度を理解し、内容の詳細や要点まで把握できる。	Can understand the writer's intention or attitude and can catch details and main ideas of information, articles, reports, etc., which some knowledge is needed to read, provided he/she can reread difficult parts and occasionally infer meanings and consult reference materials such as dictionaries.	constant	If food contact surfaces are in **constant** use, how often must they be cleaned and sanitized?	受動態	Our car **has been being repaired** for more than a month.	At the moment it **seems to have been accepted** that local copies **can be kept** for the purpose of monitoring.	The fourth meeting of the Interim Haiti Recovery Commission has approved $430 million on $490 million submitted. $60 million to train teachers **have not been approved**, because France refused to support this project, **not being convinced of** the viability of the project presented. The priority raised at the meeting concerned the removal of 40% of rubble and construction of housing for 400,000 people homeless.	典型例の英文のように、ある程度の教養を必要とする情報や記事、レポートなどは、内容的に難しい箇所は読み返したりする必要があるが、内容の詳細や要点まで読んで理解できる。
参考資料（辞書など）を使うことができれば、自分の得意分野外であっても、内容の要点をまとめ、自分のことばで説明できる程度に読める。	Can read and summarize texts unrelated to his/her field, so that he/she can retell them in his/her own speech, provided he/she can consult reference materials such as dictionaries.	pressure	What is going on when we are under **pressure**?	複合関係詞	They can choose **whatever** book interests them.	You could easily rename **whichever** you want to use at the time.	Why they came East I don't know. They had spent a year in France for no particular reason, and then drifted here and there unrestfully **wherever** people played polo and were rich together. This was a permanent move, said Daisy over the telephone, but I didn't believe it – I had no sight into Daisy's heart, but I felt that Tom would drift on forever seeking, a little wistfully, for the dramatic turbulence of some irrecoverable football game. (The Great Gatsby)	典型例の英文は小説の一節であるが、背景的な知識を埋めるために、参考資料（辞書など）を使いながら鑑賞でき、自分のことばで感想を述べられる程度に読める。
小説などを読む際に、馴染みのない慣用表現や文化的な隠喩表現は理解がむずかしい。	Has difficulties in understanding unfamiliar idioms and/or cultural metaphors in reading materials such as novels, and so on.	regard	The disease is generally **regarded** as being non-contagious.	強調表現	Many thanks **indeed** for your kind donations in support of our charity.	**Little did I think** about the fact that he told me I was still amazing and he cared a lot about me meant anything.	"Night" is **even** less apt than "Watch." When the critics and the public attached that word to the painting, the canvas had become so darkened by dirt and layers of varnish that it was difficult to tell whether the illumination Rembrandt had provided in it came from the sun or moon. **Not until after the end of World War II was the painting fully restored** so that the viewer could get an idea of the brightness it had when it left Rembrandt's hand more than 300 years before.	典型例の英文はレンブラントの絵画に関して述べたもので、馴染みのない慣用表現や文化的な隠喩表現は理解がむずかしい点もあるが、ほぼ内容は理解できる。

JS

B2.2	書く	WRITING
総論ディスクリプタ		自分の知識の範囲内であれば、既知の抽象的な話題に関する文章や、日常の事実や公的な内容（論評、実用的説明、講義や記事の要約、仕事上の文書、解説など）を、明瞭で詳細に書ける。
GENERAL DESCRIPTOR		Can write clear, detailed texts on abstract, already-known topics, on daily events, and on official matters (comments, descriptions, summaries of lectures or articles, business documents, manuals, etc.), provided these topics are in his/her field and interest.

各論ディスクリプタ		典型例（TYPICAL SAMPLES）						
SPECIFIC DESCRIPTOR		語彙 VOCABULARY	例 EXAMPLE	文法 GRAMMAR	例1 EXAMPLE1	例2 EXAMPLE2	テクスト（タスク） TEXT (TASK)	評価基準参考 ASSESSMENT
自分の関心のある得意分野の話題について、大学生が授業などで書くエッセイ、レポート、サマリーなどを、1000語以上で容易に書ける。	Can easily write more than 1000-word essays and reports at the university level on topics related to his/her field and interest.	household	Most **households** with children are still headed by married couples.	慣用表現／コロケーション	**I came to terms with** the fact that I was going to die for something I didn't do.	If you **paid her a compliment**, you should **ease it up**.	People have mentioned the manager Manuel always being around the hotel. While I agree this is true, from my experience he was too busy feeding his wife and children at the restaurants to speak to any of the guests. He generally **had a face like a bulldog chewing a wasp**, and I wouldn't **give you twopence for** his paella. However all the other staff were very friendly and attentive.	典型例の英文はホテルに関するコメントを書いたものである。このように自分が関心のあることを、知っている慣用句などを使って書くことができる。
論理的な文章構成を用いて、自分の考えを示し、系統的に論じ、情報や考えを分析し、推敲することによって、整然としたまとまりのある論文が書ける。	Can write an essay which develops the idea systematically with a logical structure by revising and analyzing his/her opinions.	consequence	In **consequence**, she nearly always forgot about dinner.	時制	Of course I **knew** that many people **are** transgender. I'**m saying** it **didn't occur** that it **was** an option for me.	The paper **found** that there **is** little research into hypnotics that **is** independent from the drug manufacturers.	Smith **believed** that when individuals **pursue** their self-interest, they **promote** the good of society more than if they actually **intend** to benefit society. For example, self-interested competition in the market **would make** an individual company keep their prices low, and **encourage** the production of a wide variety of goods, thus benefiting all consumers.	典型例の英文のように、時制などが適切で、論理的な文章構成で、系統的に、整然としたまとまりのある文章が書ける。
文法、語彙、文章構成力などの能力は比較的高く、文章表現力も豊かであるが、頻度の低い文構造、決まり文句、文体などでは誤りは起こることが多い。	Maintains a relatively high grammatical accuracy, appropriate vocabulary usage, effective writing skills, and good expressiveness, but makes a number of errors in structures, styles, and customary phrases which are seldom used.	range (v.)	My blood pressure **ranges** between 130 and 154.	複合語	What are some pretty, **easy-to-do** ways to wear very curly hair for everyday occations?	Italy is considered as one of the **highly-developed** country in the world.	**Lily-of-the-Valley** is an **old-fashioned** perennial that looks so delicate with its tiny bell shaped flowers. There is not anything delicate about this hardy shade-lover. **Lily-of-the-Valley** (Convallaria majalis) is a **tough-as-nails** perennial that will keep going after many others fail to thrive.	典型例の英文はスズランの記述であるが、適切な語句が見つからない場合、複合語などを使い、言い換え表現などを行い、適切に文章が書ける。

B2.1	聞く	LISTENING
総論ディスクリプタ	標準的で普通のスピードで話されれば、具体的でも抽象的でも一般的な話題について、主題を容易に理解できる。	
GENERAL DESCRIPTOR	Can easily understand the subject of general utterance on both concrete and abstract topics spoken in a standard accent at normal speed.	

各論ディスクリプタ		典型例（TYPICAL SAMPLES）						
SPECIFIC DESCRIPTOR		語彙 VOCABULARY	例 EXAMPLE	文法 GRAMMAR	例1 EXAMPLE1	例2 EXAMPLE2	テクスト（タスク） TEXT (TASK)	評価基準参考 ASSESSMENT
学校などで耳にする標準的な発音であれば、たいていのテレビのニュース番組、ドキュメンタリー、インタビュー、映画などを理解できる。	Can understand most of TV news, documentaries, interviews, and films, provided these are delivered in a standard accent familiar in schools.	distinction	We must now consider the **distinction** of things in particular.	分詞構文	"Oh hell no," she said, **not feeling** sorry for him anymore.	**Specifically speaking** about my growth as a flutist, the work on tone and body technique has yielded amazing results.	**After sharing** their thoughts concerning the museum, the artists (along with several board and staff members) began discussing the museum's art auction, which had been cancelled in August. In lieu of rescheduling that event, the artists proposed a sale of small works with 100 percent of the proceeds to go to the museum. **Hardly believing** our good fortune, we quickly scheduled "Giving 100 Percent" to run from Nov. 21 to Dec. 9.	典型例の英文のように事実を述べている内容を、学校などで耳にする標準的な発音で説明されれば、たいていのテレビのニュース番組、ドキュメンタリー、インタビュー、映画などは、理解できる。
話の方向性が明確に示されていれば、内容がやや複雑でも、議論を聞いて話の展開が理解できる。	Can understand the development of complicated discussions, provided the direction of the talk is signposted explicitly.	somehow	I **somehow** couldn't agree with this point of view.	分詞構文	**Not being discouraged** at trifles, he again stooped down and strove to take the book.	**Having watched** the original 80s series, I wanted to see the parallels with the original's debut episode.	**There being no** further business to discuss, the meeting was brought to a close and these minutes were drawn up, read, approved and signed by all attending board members and the secretary, and filed in the company records.	典型例の英文のように、話の方向性が明確に示されていれば、内容がやや複雑でも、会議がどのようになるのかは理解できる。
一般的な話題の会話であれば、話の内容をほとんど理解し、話し手の態度や表現のニュアンス、上手下手など話し方のレベルも分かる。	Can understand much of conversations on general topics and can tell attitudes of the speakers, shades of meanings, and levels of speech.	refer	He always **referred** to me as 'the master' without fail.	未来完了形	I **will have finished** my English homework by the time my mother arrives.	When it comes to classic stories, more Americans **will have watched** the movie than they have read the book.	I read in the newspapers that many charities eat up money in administrative costs. From the very top, there seems to be a focus on using the money effectively. Fundraising is taken seriously and there are many innovative ways the hospice goes about raising money.The hospice is a very cheerful and relaxed place to work, and at the end of each day I know that my time **will have had** a positive influence on someone's care.	典型例の英文のように、ホスピスへの献金などの一般的な話題の発話であれば、話の内容をほとんど理解し、話し手の話し方などに合わせて聞くことができる。
母語話者同士の自然な会話を聞き取るのはむずかしいことがある。	Has occasionally difficulties in understanding spontaneous conversations between native speakers.	establish	The New York Times was **established** in 1851.	語りの時制 (narrative tenses)	The car **was speeding** down the highway when the accident **happened.** The driver **had fallen** asleep at the wheel and **had driven** straight into a tree.	When they **arrested** him, they **told** him they **had been watching** him for several months.	One **was** the old man I **had already** seen; the other **was** a younger, fatter man. They **played** well and **were clearly enjoying** themselves like two businessmen on holiday. I **have never seen** anything more harmless. They **stopped** for a drink, and I **asked** myself if I **wasn't** the most stupid man alive. These **were** two normal, boring Englishmen, not the clever murderers that I **had met** in Scotland.	典型例の語りのように、母語話者同士の自然な会話の中で話される場合、時制を正確に聞き取るのはむずかしいことがあるが、内容はほぼ理解できる。

JS

B2.1	話す	SPEAKING
総論ディスクリプタ	個人の経験の範囲内であれば、様々な話題についてはっきりと正確に対話ができたり、出来事や経験に関する印象や考えなどをうまく説明することができる。	
GENERAL DESCRIPTOR	Can interact precisely and explain coherently his/her impressions or ideas on topics related to his/her experiences and events.	

各論ディスクリプタ		典型例(TYPICAL SAMPLES)						
SPECIFIC DESCRIPTOR		語彙 VOCABULARY	例 EXAMPLE	文法 GRAMMAR	例1 EXAMPLE1	例2 EXAMPLE2	テクスト(タスク) TEXT (TASK)	評価基準参考 ASSESSMENT
実社会生活の多くの場面や、ある程度知っている話題に関しては、かなりフォーマルな話し合いであっても、積極的なやりとりができる。	Can interact actively in various real settings on familiar topics, even in formal discussions.	partnership	They can go into **partnership** with someone so that their business is saved.	前置詞+関係代名詞表現	There are more than 4,000 chemicals in cigarette smoke, **some of which** are well known for their toxicity.	They have invited lots of guests, **some of whom** are specialists.	Tar is a term that describes a collection of solid particles that smokers inhale when they light a cigarette. It is a mixture of lots of chemicals, **many of which** can cause cancer. When it settles, tar forms a sticky, brown residue that can stain smokers' teeth, fingers and lungs.	典型例の英文のように、タールについての説明など、大学の授業や専門的な内容であっても、ある程度知っている話題に関しては、積極的なやりとりができる。
母語話者との会話では、相手に違和感を感じさせたり、言葉に詰まることなく、身近なふつうのやりとりができる。	Can interact smoothly with native speakers on daily topics without causing inconvenience to the listener.	eventually	If you keep trying, you will **eventually** succeed.	句動詞表現	I had to **put a lot of pressure o**n Tony Blair.	Schools must **take account of** girls' precarious friendships.	That's all I knew. I spent a lot of time going around to these -- to the reservations and to meet with leaders and to learn about **this sort of** nation-to-nation legal relationship that **is supposed to** exist between the U.S. Government and the Native American tribes. What do you think -- let me just -- what I concluded, that the American Indians have **gotten the worst of** both worlds, that they have not been given enough empowerment or responsibility or tools to **make the most of** their own lives, and **the sort of** paternalistic relationship the U.S. Government had kept them in was pathetic and inadequate.	典型例はディスカッションの発話である。内容のある議論でも、相手に違和感を感じさせたり、言葉に詰まることなく、身近なふつうのやりとりができる。
馴染みのある話題であれば、幅広い語彙や言語形式、ある程度の慣用表現も使って、根拠を示したり、賛成や反対の理由をあげたりしながら説明することができる。	Can explain logically his/her opinions giving references and reasons in support of or against the subject related to his/her filed with various vocabularies, forms, and idioms.	argument	What are the **arguments** for and against direct popular election?	間接話法	Bob said he would go shopping. [ボブは買い物に実際行った後] Bob said he will go shopping. [ボブはこれから買い物に行く]	He **told** me he **will get** my file look over it and **call** me back when he **is done**.	She **told** him she **didn't want** to work on the project after he left the barn.They talked about the project, fought, she turned her back on him and started talking on the phone, he left, he called and yelled at her, she **said** she **didn't want** to work on the project. She **told** him she **wanted** to go home. She **said** she **felt** sick and **disoriented** from the alcohol. He didn't want to come back to the barn....and so on. She in no way indicates they fought over where she was staying, or that she didn't want to stay there for days.	典型例の発話のように、間接話法を適切に使って、説明することができる。
発音やイントネーションは明瞭で自然で、話し方はテンポよく、文法も適切に使用され、ちょっとした誤りはあるが、理解を阻害することはほとんどない。	Can speak smoothly with clear, natural accent and intonation, controlling grammar properly. Slight grammatical errors occasionally occur in his/her utterance, but they do not cause difficulty for the listener to understand what he/she is trying to express.	confuse	I think you are **confusing** me with someone else.	助動詞 must, might, could have …	I guess something **might** have come up.	Maybe we **should have asked** for directions.	I was sitting in this chair in the chat show and the audience was laughing within a minute, two minutes. And they basically laughed for... I think I **must have been** on about fifteen, sixteen, seventeen minutes, and from that moment on, because I was talking about what was happening to me, except I didn't understand what was happening to me, and what that did was trigger the most extraordinary levels of ridicule.	典型例の英文のように状況などを説明する際に、発音やイントネーションは明瞭で自然で、話し方はテンポよく、文法も適切に使用できる。日常的なやりとりの中では、理解を阻害することはほとんどない。

JS

B2.1	読む	READING
総論ディスクリプタ		Penguin Readers Level 5 程度の読み物であれば、内容を詳細まで理解できる。
GENERAL DESCRIPTOR		Can fully understand reading materials at the level of Penguin Readers Level 5.

各論ディスクリプタ		典型例（TYPICAL SAMPLES)						
SPECIFIC DESCRIPTOR		語彙 VOCABULARY	例 EXAMPLE	文法 GRAMMAR	例1 EXAMPLE1	例2 EXAMPLE2	テクスト（タスク） TEXT (TASK)	評価基準参考 ASSESSMENT
新聞記事、短編、流行の読み物、レポート、解説書などの一般的な内容の文章であれば、容易に読める。	Can read with ease general texts: newspaper articles, short stories, reports, manuals, reading materials in fashion, etc.	divorce (v.)	She **divorced** her husband and married another.	SVOC	They **painted the door green** earlier this year.	I was unlucky enough to **have my bag stolen.**	If your card is not working, please hold it next to a card reader and see if it beeps or **turns the light green**. If it beeps or flashes green, your card is physically working but you do not have access. Please contact your department head. If it does not beep, your card is faulty. Please come to ID Services with a valid driver license or passport to **have your card replaced.**	典型例の英文のように、カードの扱いに関する説明などの日常よく目にする一般的な内容の文章は、容易に読める。
自分の得意分野に関連した文章であれば、文章の含意や書き手の意図が分かり、微妙な表現や考えの違いがある程度は把握できる。	Can detect the writer's intentions and text implications and can understand shades of meanings to some extent, provided the texts are related to his/her field.	awkward	We all have our **awkward** moments.	未来進行形	I think we **shall be leaving** Tokyo in the spring.	Christmas **will be arriving** on schedule this year.	Your first appointment with your midwife is a real milestone. After all, you**'re going to be meeting** the person who **will be looking** after you and your baby for the next 6 months. They'll be able to answer your questions and from time to time provide the reassurance that you'll need.	典型例の英文のように、子供を生み育てるという場合、それに関連した文章は正確に必要なことを読み取れる。
馴染みのあるテーマの文章であれば、内容を吟味し、必要な情報を取り出し、図や映像など他の情報と関連させて理解できる。	Can analyze, understand, and retrieve necessary information from texts on familiar topics, referring to other information such as charts, illustrations, images, etc.	mention (n.)	The committee members made no **mention** of the two recent bills.	比較表現 much less など	She doesn't even know polite language, **much less** good manners.	We **cannot so much as** even locate the human mind.	Daley decided to take it on the chin and by doing so gained even more respect from his fellow decathletes and considerable admiration from his public - even if they were disappointed at his performances. It was his first defeat since 1978, **none the less** with that score he still topped the UK ranking list as usual.	典型例の英文はスポーツに関する出来事である。十種競技に興味があり背景に精通していれば、必要な情報を把握し、ニュース映像など他の情報と関連させて理解できる。
慣用表現や文化的な隠喩表現の理解は、文章が長くなればなるほど困難になる。	Has difficulties in understanding idioms and cultural metaphors in lengthy texts.	content (n.)	Plagiarism is not a concern where the **content** lacks creativity.	受動態表現	We **have been obliged to take** advantage of the very delightful weather by going to see almost all our neighbours.	China **has not been expected to enter** the market either for imported grain or to offload its large stocks on the world market.	You want to bring public attention to a problem of concern to you. It **might be known to** others, but only recently familiar to you. Or you might be aware of a problem of which others are unaware. In any case, you must understand the problematic conditions well.	慣用表現や文化的な隠喩表現の理解は多少困難となるが、典型例の英文が自分に関わることであれば、ほぼ正確に理解でいる。

JS

B2.1	書く	WRITING
総論ディスクリプタ		自分の知識・関心のある身近な話題について、経験した内容や、事実や想像上の出来事、自分の考えや意見、伝えるべき情報などを、わかりやすく詳細に書くことができる。
GENERAL DESCRIPTOR		Can write clear, detailed texts on familiar topics in his/her field and interest such as experience, real or imaginary events, opinions, information, etc.

各論ディスクリプタ		典型例（TYPICAL SAMPLES)						
SPECIFIC DESCRIPTOR		語彙 VOCABULARY	例 EXAMPLE	文法 GRAMMAR	例1 EXAMPLE1	例2 EXAMPLE2	テクスト(タスク) TEXT (TASK)	評価基準参考 ASSESSMENT
自分の得意分野の事柄について、1000語程度のエッセイ、レポート、サマリーなどを、パラグラフ構成法に基づいて書ける。	Can write around 1000-word essays and reports on topics in his/her field, using well-structured paragraphs.	pretend	Children are very good at **pretending.**	過去の習慣 would, used to	He **would** often come to see us when I was a child.	Sometimes, I think about many things I **used to do** when I was a child.	When I was a child, my uncles **would** gather every Saturday at my grandparents' house to sit at a long dining room table telling jokes while accounting their week's gambling wins and losses. My grandfather Morris **would** retire to a musty back room, crank up his red-brown mahogany Victrola, lie diagonally across a double bed with his eyes closed and his feet off to one side, and listen to the distant voice of the velvety soprano Amelita Galli-Curci sing Gilda's arias from Rigoletto.	典型例の英文のように、自分に関わる関心のある事柄についてまとまりのある文が書ける。
表現の微妙なニュアンスやスタイルの適切性には限界があり、文章が長くなればなるほど、文章構成が複雑になればなるほど、論理の飛躍や不自然な表現が目立つようになる。	Has limitation in the appropriate usage of finer shades of meanings and styles. Awkward expressions and logical leaps are outstanding in lengthy texts with complicated structures.	thesis	Writing a **thesis** is no different than writing other academic papers.	句動詞	Nobody **took into account** the degraded visibility: namely, the flat calm water and the moonless night.	The easiest one for me to recall is that her beauty **takes my breath away.**	The U.S. government **had nothing to do with** a film about the Prophet Mohammad that has triggered anti-American protests in Muslim countries, U.S. Secretary of State Hillary Clinton said on Thursday. The film, apparently produced in the United States, sparked an attack on a U.S. mission in Libya on Tuesday that killed the ambassador and three other Americans. Clips posted on the Internet show an amateurish production portraying the Prophet Mohammad as a womanizer, a homosexual and a child abuser.	典型例の英文は事実を端的に表すニュース記事である。事実に関してはほぼ同様に表現できるが、表現の微妙なニュアンスやスタイルの適切性には限界があり、文章が長く、複雑になると、例のように適切には書けない。
文法、語彙、正書法、句読法には比較的高い能力があり、誤りがあっても誤解を招かない。	Maintains relatively enough command of grammar, vocabulary, orthography, and punctuation. Does not make errors which lead to misunderstanding.	legal	Philosophers distinguish between **legal** rights and moral rights.	仮定法	This **would have never happened without** him.	Many people across the country would never have known about it, **were it not for** the internet.	The Hotline Phone Number is a private Skype phone number that is accessible from most any U.S. based calling area. This phone number has voice mail and is very discrete. If you call the number, it will simply say that you reached "Rick" along with the information you will need to provide so that I can return your call. This approach is provided once again to support your anonymity as much as possible. **Should anyone call this number that is not looking for guidance regarding "coming out of the closet," they would** be hard pressed to figure out the number and the person they have reached.	典型例の英文のように、ホットラインの電話の使い方などについて、文法、語彙、正書法、句読法などを適切に使ってて、書くことができる。
文章構成においては日本語の影響がどうしても現れるが、ある程度は結束性の高い文章が書ける。	Can write coherent texts to a certain extent, although signs of mother tongue influence unavoidably appear in transforming structures.	deal	Working as a primary school teacher calls for a good **deal** of patience these days.	過去完了進行形	I **had been watching** TV for 3 hours when the electricity was cut off.	They **had been eating** for two hours when he got home.	As you can see, Richard Boydell's writing was excellent, although he had never written anything before. He could use advanced grammar and vocabulary, because he **had been reading** books, newspapers, listening to the radio and people's conversations. It seems that input — and nothing more — gave him good English.	典型例の英文のように、自分の意見などを、ある程度結束性の高い文章で書くことができるが、時制など微妙なニュアンスでは母語の影響などが出ることがある。

JS

B1.2	聞く	LISTENING
総論ディスクリプタ		標準的なことばで発音もはっきりしていれば、自分の得意分野や興味あるテーマについて、日常生活や仕事の話題のほか、抽象的・文化的な話題についても、内容のポイントや概要を理解できる。
GENERAL DESCRIPTOR		Can understand main ideas or outlines of not only topics pertinent to everyday life/work but also abstract, cultural topics based on the themes that are familiar or of personal interest with clearly articulated standard speech.

各論ディスクリプタ		典型例（TYPICAL SAMPLES)						
SPECIFIC DESCRIPTOR		語彙 VOCABULARY	例 EXAMPLE	文法 GRAMMAR	例1 EXAMPLE1	例2 EXAMPLE2	テクスト（タスク） TEXT (TASK)	評価基準参考 ASSESSMENT
英語学習者向けの一般的な話題に関連するニュースやインタビュー、短い講義や講演、電話のメッセージなどを聞いて、内容の大部分を理解できる。	Can generally understand the common information directed at learners of English (e.g. news reports, interviews, short lectures, and telephone messages).	condition	He's in no **condition** to drive home.	現在完了進行形 have + been + ing	I **have been looking** for a home-made bread recipe without using a bread machine.	Please accept my deepest sympathy on the death of your father.	**Please accept my deepest sympathy for your loss.** I know the deep sense of loss when my father passed on. A hero he was to you and will always be. The best tribute to him is your emulating him. God Bless my friend.	典型例の英文を聞いて、父が亡くなったこと悼んでいる内容であることが理解できる。
ゆっくりはっきり話されたテレビ番組であれば、身近な内容から既知の時事問題などでも、要点や内容のほとんどを理解できる。	Can catch main ideas and most details of TV programmes on familiar topics of already-known current affairs as long as the delivery is slow and clear.	accompany	He **accompanied** her back to the room.	動名詞	He preferred **walking** to taking taxi.	It is true he is rich, but he is a disagreeable person.	**He accompanied her back to the room** and the dispute escalated. Two other Americans from the club emerged from their rooms and stood guard in front of their friend's locked door. The two Colombian officers tried to argue the woman's case.	典型例の英文のテレビニュースが、映像とともに、明瞭に標準的な発音で、ややゆっくりと話されれば、どのような事件が起きたかの概要が理解できる
教科書などで使われる標準的な発音であれば、馴染みのない表現あっても、多少長くても、話された内容をほぼ正確に聞き取ることができる。	Can understand unfamiliar expressions or rather extended speech almost accurately, provided these are delivered in a standard accent familiar in school textbooks.	oven	Preheat the **oven** to 175°C.	否定表現	**No one** knows the fact. **Who knows** the fact?	Nothing is so terrible as war.	Mix the cocoa with the water, stir in the sugar and beat the mixture well. Stir in the eggs one by one. Add the ground almonds, butter and chopped chocolate and mix together carefully. **Preheat the oven to 175°C** (convection oven 160°C). Transfer the mixture into a greased cake tin, lined with baking paper. Bake the cake in the oven for approximately 45 minutes. Cake can be stored in the fridge for 3-4 days.	教科書などで使われる標準的な発音で、典型例の英文の料理の手順が、明瞭に動作も交えて説明されれば、料理の手順をほぼ正確に聞き取ることができる。
母語話者との具体的内容をともなう対話では、あまりよく知らない話題になると、聞き取りに問題がある。	Has difficulties in understanding conversations with native speakers on unfamiliar topics that include concrete details.	ache	I've got an **ache** in my lower back.	S + V + O + O	It **gave me an understanding** of other cultures.	It really fed my drive to learn more and go abroad more.	So much you can learn from a simple conversation or interaction with someone with different views and cultural norms. I guess that made me really love the idea of study of people, study of different cultures and **it really fed my drive to learn more and to go abroad more.** I know when I applied for my internship in my senior year my overseas experience helped me because I was applying with a mentorship program and the kids and adults were minorities.	典型例の英文では、発達障害のある学生が海外留学などのことを語っていると いう背景を理解していないと、聞き取りに問題がある場合があるが、聞き返すなどの方略により、概要は理解できる。

JS

B1.2	話す	SPEAKING
総論ディスクリプタ		個人的な関心事にとどまらず、練習しておけば、既知の簡単な社会問題についても、他の事実や情報などと比較しながら、説明したり、詳しく述べたり、話し合ったりできる。
GENERAL DESCRIPTOR		Can explain minutely or discuss not only subjects related to his/her field of interest but also already-known simple current affairs rehearsed in advance, comparing with other facts or information.

各論ディスクリプタ		典型例(TYPICAL SAMPLES)						
SPECIFIC DESCRIPTOR		語彙 VOCABULARY	例 EXAMPLE	文法 GRAMMAR	例1 EXAMPLE1	例2 EXAMPLE2	テクスト(タスク) TEXT (TASK)	評価基準参考 ASSESSMENT
初対面の人でも、相手の人が標準的な発音・表現で話してくれれば、話を理解し適切なコミュニケーションができる。	Can communicate with the unfamiliar interlocutors appropriately understanding subjects, provided these are delivered in articulated standard speech.	perspective	It changed my **perspective** on the world.	to 不定詞	Do you know **how to find the books** and articles you need?	You're trying to remember **how to make sure** the interviewer knows you're perfect for the job.	Q: Would you please tell me about a time when you showed real determination? A: A few years back our work force was almost older baby boomers who didn't know about web. When my company went online, nobody seemed to appreciate what the technology could do for our business. Most of the employees weren't sure **what to do.**	面接などで、相手の人が標準的な発音・表現で話してくれれば、典型例の会話のように、適切に質問などに答えられる。
観た映画や読んだ本の感想について述べたり、その映画や本のストーリーを比較的詳細に説明したりできる。	Can relate in detail the plot of a book or film and describe his/her reaction.	respect	I deeply **respect** Ms Yamada for what she has achieved.	what節	I am always thinking of **what I would like to say next.**	How can you find more inner freedom to do **what you want?**	Q: What do you think about the movie, 'S.W.A.T.'? A: I have to admit that this movie was recommended to me by several people, and it really didn't live up to **what they were telling me about it.** It gets much better once you are about 45 minutes into the movie, when the action or plot really kick in. Did I mention that Colin Farrell is in this movie too? Yeah, he is.	典型例の会話にあるように、観た映画の感想について、背景などを含めながら、自分の感想を述べることができる。
言語表現はいつも正確であるとは言えず、言葉が詰まったりすることもあるが、かなり容易に自分のことは伝えられる。	Can describe with ease him/herself reasonably, although he/she can be sometimes hesitant searching for appropriate patterns and expressions.	whip	She **whipped** her PE bag off her head.	分詞	I couldn't risk losing her for the sake of a few lines **crawled on a piece of paper.**	**The things found on the website** represent many countless hours of work.	Q: Can I copy **things found on the website?** A: No, pure and simple. You can't. **The things found on the website** represent many countless hours of work, not only by those who wrote the words or took the pictures, but by those who formatted the information and built the pages.	典型例の会話のように、正確ではないかもしれないが、質問に対して、適切に自分の考えや言いたいことを、必要な理由もつけて、言える。
比較的幅広い語彙力があり、ある程度は複雑な文構造を使って様々な表現ができるので、発音、アクセント、イントネーションなどが多少不自然なことがあっても、問題なくはっきりと理解される。	Can make his/her ideas and reactions understood with a broader lexical repertoire and the usage of complex structures even when his/her pronunciation (e.g. accent or intonation) can hinder a smooth flow of speech.	comfort	My teacher showed us how to step out of our **comfort** zone.	go, comeなど + 形容詞	When girls **go quiet,** that's a bad sign.	I am sure we will **come good** as the tournament progresses.	"We should bounce back. I am sure we will **come good** as the tournament progresses. It was just one of those bad days. We will **come hard** against Afghanistan and take it from there," Sharma said.	典型例の発話のように、よく使う表現をうまく使って、簡潔に状況を説明し、問題なくはっきりと、考えを述べることができる。
文法の誤りは多少あるが、話題や場面などが普通とは少し異なっても、ほとんど問題にはならない。	Can sustain his/her speech even in different situations or on unfamiliar topics, although he/she makes some grammatical errors.	independence	I gained a lot more **independence** and self-confidence.	関係副詞 where	Let's find a place **where** we can talk.	I'm gonna be able to find a college somewher in the Sates **where** I can get about on public transportation.	I just hope that one day I'm gonna be able to find a college somewhere in the Sates **where** I can get about on public transportation cause I'm actually starting to feel now for the first time in my life that I really can do my own thing.	典型例の発話のように、文法の誤りはあっても、意味を伝える面では、話の流れから適切に理解され、問題なく、自分の希望を述べることができる。

JS

B1.2	読む	READING
総論ディスクリプタ		日常の資料など（非母語話者向けの 新聞雑誌の記事、旅行のガイドブック、パンフレット、機器などの説明書、Penguin Readers Level4など）の読み物が楽に読め、自分の興味のある主題であれば、多少難解でも推測して内容を理解できる。
GENERAL DESCRIPTOR		Can read with ease everyday materials (articles in newspaper or journals directed at non-native speakers, guidebooks for tourists, instructions on equipments, Penguin Readers Level 4, etc.), and can extrapolate the meaning of unknown words from the context and deduce the meanings provided the topics are familiar.

各論ディスクリプタ		典型例（TYPICAL SAMPLES）						
SPECIFIC DESCRIPTOR		語彙 VOCABULARY	例 EXAMPLE	文法 GRAMMAR	例1 EXAMPLE1	例2 EXAMPLE2	テクスト（タスク） TEXT (TASK)	評価基準参考 ASSESSMENT
自分の得意分野であれば、1000語程度の記述文や説明文を読んで、必要な情報を見つけ、概要をまとめることができる。	Can find relevant information in descriptions or explanations of around 1000 words, and can understand the outlines.	adapt	Tim has to **adapt** to the conditions of her new office.	SVO + 疑問詞 to	The handbook **showed me how to** use my phone.	It **taught me what to do**.	My eleven year old son was just diagnosed with ADHD. I kind of suspected he had it for years. I knew I did not want to give him medication because I do not trust the pharmaceutical companies. I thought there should be another way to treat his symptoms naturally. I cam across this program that I got from this website that helped my son. **It taught me what to do** to make spelling words easier for him, to sit still and stop all that fidgeting, and to help him keep from zoning out when I'm talking to him. I gave his teacher a few of these tips too.	典型例の英文を読んで、ADHDの子供を持つ母親がどのように対応しているかということに関して、概要を理解できる。
		mind (n.)	If you change your **mind,** let me know.	複合語	self-service	There is a **self-service** restaurant, lounge, and duty-free shop.	Ceviche is the first **self-service** wine bar in Washington and believed to be one of very few in the entire United States and features wines and food from Latin America or with a Spanish accent. Before Lana Shekim does the week's shopping, she likes to stop off at the **self-service** place in her Washington neighborhood for a top-up.	典型例の英文を読んで、関心があれば、Cevicheというワインバーがどのような場所であるかという情報を容易に理解できる。
		fasten	Our T-shirt **fastens** at the back.	仮定法	**If only** we could go home.	The doctor said my brother would be perfectly well and healthy again, which indeed he is.	Comfortable and casual, **our T-Shirt fastens at the back of the shoulders with buttons.** The neckline and sleeves are finished with ribbing.	衣料品の特徴を説明する典型例の英文は、商品の写真などを参照にすれば、必要は情報は容易に読み取れる。
書き手の細かい意図や表現のニュアンスは、文章が長くなればなるほど、読み返さないと、はっきりとは分からなくなることが多い。	Needs to reread lengthy texts in order to understand authors' aims in detail.	realize	I suddenly **realized** I'd met her before.	分詞	He watched some people **walking slowly by, looking at him strangely.**	I was applying for a mentorship program **training us to work with kids and adults.**	V~OGC(Virtual ~ Outsourced General Counsel Services) provides our clients with a constant, trusted legal advisor and general counsel tailored to each unique situation and budget. We understand what it takes to grow and maintain a business, and we have the right qualifications to partner with your management and business teams. We can work remotely or provide secondments. Our Wall Street law firm training and corporate in-house law department experiences **trained us to work** efficiently and effectively as a micro-law firm with a mega-impact.	典型例の英文は、法律に関する相談についての説明である。多少背景が理解できず、読み返す場合もあるが、ほぼ概要は理解できる。

JS

B1.2	書く	WRITING
総論ディスクリプタ		個人的な関心事や身近な話題であれば、既知のニュースを書く、読んだ本について300語程度の要約を書く、音楽や映画などの文化的話題について既存の知識の範囲で考えを書くなど、標準的な形式できちんとした簡単な文章が書ける。
GENERAL DESCRIPTOR		Can write clear and coherent texts on familiar subjects within his/her field of interest in the standard written form, e.g., can write already-known news, around 300-word summary of a book, and comments on cultural topics like music or films.

各論ディスクリプタ SPECIFIC DESCRIPTOR		典型例(TYPICAL SAMPLES) 語彙 VOCABULARY	例 EXAMPLE	文法 GRAMMAR	例1 EXAMPLE1	例2 EXAMPLE2	テクスト(タスク) TEXT (TASK)	評価基準参考 ASSESSMENT
自分の得意分野の事柄について、2～3パラグラフ(2～300語)程度で構成された文(簡単なエッセイ、スピーチ原稿、レポート、説明、講義ノート、本や記事の要約、議論や発表のまとめなど)が書ける。	Can write an essay or report that consists of two or three paragraphs in 200 to 300 words (e.g. simple essays, speech drafts, descriptions, reports, lecture notes, and summaries).	whole	America's national debt has reached a worrying milestone - it is now as big as the **whole** of its economy.	時制	It **was** the first time that FIFA **had ordered** a World Cup qualifier to be replayed.	There **was** a real feeling that 2014 **would** be different.	The exiled leader of Hamas **said** on Wednesday that Israel **had failed** in its "adventure" when it **launched** attacks on Gaza and and **accepted** truce terms."It failed, praise be to God," Khaled Meshaal told a news conference in Cairo. He was speaking after Egypt announced a truce between the two sides.	典型例の英文は時事的な内容であるが、関心があり、必要があれば、適切に事実が書ける。
複雑な内容でなければ、主題文(main idea)に支持文(supporting sentences)を加え、読み手を意識してパラグラフ構成をしっかりと書ける。	Can write straightforward, a well-structured paragraph that has a main idea and supporting sentences, conceiving the readers.	culture	The **culture** of Japan is wonderful and unique.	関係代名詞節	The years **that followed** 9/11 brought books and DVDs memorializing the tragedy.	Those **who do not read history** are doomed to repeat it.	The future does not belong to **those who are content** with today, apathetic toward common problems and their fellow man alike, timid and fearful in the face of bold projects and new ideas. Rather, it will belong to **those who can blend** passion, reason and courage in a personal commitment to the ideals of American society.	典型例の英文のように、アメリカ社会に関心を持ち、将来について前向きな考えを持っていれば、資料などを参考に書ける。
学習した話題についてであれば、必要な語彙や文法構造を有効に使って、まとまった文章を書ける。その談話構造に関しては、等位や従属関係もうまく表現できる。	Can write clear, well-structured texts on subjects already learned, making full use of required vocabularies or grammatical structures. Can deal with coordinate or subordinate relations effectively in the discourse.	exchange	We **exchanged** e-mail addresses and phone numbers.	複文構造：I know when …	**I don't know when** we'll see each other again.	Doesn't he wonder **where** you go at night?	I'm afraid of several different things. First, I'm afraid of lions because lions can eat people. Also, I'm afraid of spiders, because they can bite. Also, I'm afraid of people who like to kill people or children. In addition I'm also afraid of falling from a bicycle. Falling from a bicycle can result in serious injury. **I'm afraid when** the other people insult me because that is not kind.	典型例の英文のように、読み手に分かりやすく、怖いことについて自分の気持ちをうまく、パラグラフを構成して書ける。
むずかしい内容や複雑な文章構成になると誤りが起き、文体の適切性も欠くことがある。また、日本語の影響が目につくが、全体として分かりやすく、比較的正確に書ける。	Can write reasonably accurate and intelligible texts on the whole, although signs of mother tongue influence are sometimes found. On the other hand, complex subjects or structures of the texts sometimes cause his/her errors and make the text styles inadequate.	understand	I **understand** why she's so angry.	接続詞 that 同格	I just had a funny feeling when I heard the news **that** the accident had happened.	I just had a funny feeling when I heard the news **that** the accident had happened.	A report **that** the unemployment rate is 7.8 percent, for example, means only that the Bureau of Labor Statistics is 90 percent sure the real rate lies between 7.6 percent and 8.0 percent. By the same token, an announcement that the economy created 100,000 jobs in October means the BLS is 90 percent sure the number of new jobs is between 90,000 and 110,000.	学習した話題について、典型例の英文のように、雇用に関する事実などを談話構造を意識して、適切に書ける。
		gain	She has **gained** a lot of weight.	否定表現	It is no trouble at all.	You could even argue that there is **no excitement at all** this time around.	Students have different characters, and accordingly, educational theories must be diverse. Therefore, many educational curricula should be tried in a competitive manner. However, **there is no such thing** in Japan. The diversity of school books and other materials is limited, and **there is little room for** developing new educational materials and methods. Japanese education **is far from** vital.	典型例の英文のように、複雑な文章構成を使うことなく、全体として分かりやすく、ほぼ正確に内容や主張を書ける。

JS

B1.1	聞く	LISTENING
総論ディスクリプタ		標準的なことばで発音もはっきりしていれば、学校、仕事、趣味などに関連するごく身近な事柄や話題について、内容のほとんどを理解できる。
GENERAL DESCRIPTOR		Can generally understand clearly articulated standard speech on familiar topics regularly encountered in work, school, interest, etc.

各論ディスクリプタ		典型例（TYPICAL SAMPLES）						
SPECIFIC DESCRIPTOR		語彙 VOCABULARY	例 EXAMPLE	文法 GRAMMAR	例1 EXAMPLE1	例2 EXAMPLE2	テクスト（タスク） TEXT (TASK)	評価基準参考 ASSESSMENT
英語学習者向けの既知の話題についてのニュースや、電話のメッセージなどを聞いて、内容の大筋を理解できる。	Can understand the outlines of news reports or telephone messages on already-known topics directed at learners of English.	private	There are numerous **private** secondary schools available in Canada.	接続詞 that	I recently had a dream **that** I was a giant.	When I was a kid, my mother told me **that** I was a little piece of blue sky that came into this world.	I have two favorite smartphone applications to learn English. Each also has a free version that you can start with and provides a substantial amount of learning before you need to buy the full version for further lessons. They are quite different and both are complimentary. I have found **that** I learn best when I can learn the same concept in many different ways and I have found that to be true of language more than most things.	典型例のスマートフォンを使った英語学習の教材についての話を聞いて、既知の話題であれば、内容の大筋を理解できる。
		suffer	Millions of Americans **suffer** from some form of heart disease.	It seems (happensなど) that …	**It seems that** you are not logged in the site.	**It happens that** we meet together once every year.	**It appears that** the previous email was not clear. The cause of destination unknown is that you did not fill in the name of the addressee. If there is no name for the addressee, the destination is unknown and the package cannot be sent.	典型例の英文を聞いて、大筋の情報が理解でき、メールがなぜ配信されないかの原因が分かる。
ゆっくりはっきり話されたテレビ番組や映画であれば、概要をつかむことができる。	Can follow outlines of films or TV programmes delivered slowly and clearly.	generation	The younger **generation** looks at things differently.	不可算名詞の数量表現	Fry your egg by containing it inside **a piece of bread**.	I accidentally left **a bottle of wine** in the trunk of my car.	Four loaf white bread is the perfect recipe for large families and batch baking. The recipe makes **four loaves of white bread** that can be bagged and frozen for later use or the loaves can be prepared for large Thanksgiving and Christmas dinners.	典型例の英語のように、テレビ番組などで、パン料理について、ゆっくりはっきり話されれば、量や保存や利用などの概要を理解できる。
教科書などで使われる標準的な発音であれば、くり返しや言い換えなどが時に必要になるが、概要をほとんど聞き取ることができる。	Can catch much of what is said in a standard accent familiar in school textbooks, even though the narrator sometimes uses repetition of particular words and phrases.	account (n.)	Opening an **account** is convenient and easy.	不定詞	The book is **easy to read.**	True love is **hard to find.**	Sunny Street Cafe is a new and ambitious growing chain in the casual cafe concept. With breakfast items, burgers and sandwiches, it's got a good mixture of menu items that make it an ideal place to quick food early in the day. A good breakfast place **is hard to find**, especially downtown. For all the bars and nightspots around a downtown like Columbus, it' s not easy to find a diner that is worth the drive.	典型例の英語を聞いて、くり返しや言い換えなどが時に必要になるが、紹介されているレストランについての情報の概要はほぼ聞き取ることができる。
数は限られてはいるが、頻度の高い慣用表現が理解できる。	Can understand a limited range of idiomatic expressions frequently used in daily life.	make friends with	I've **made friends with** a girl called Aya.	不定詞（副詞の位置）	You want **to always see** your latest changes.	You need **to frequently come up with** fresh ideas for copy.	If you're a freelance writer, you need **to frequently come up with** fresh ideas for copy. If you're a designer, you must continually come up with fresh design ideas. Even freelancing fields that are supposedly "less" creative require freelancers to come up with new and innovative approaches to solving problems.	典型例の英語に使われている慣用句など、くり返しや言い換えなどが時に必要になるが、フリーの作家やデザイナーがクリエイティブである必要があることはほぼ理解ができる。

JS

B1.1	話す	SPEAKING
総論ディスクリプタ	時には言いたいことが言えないこともあるが、個人的な関心事や経験、身近で具体的な話題などであれば、比較的詳しく話せる。	
GENERAL DESCRIPTOR	Can reasonably relate details on familiar subjects within his/her field of interest or experiences though he/she may sometimes has difficulty in following when trying to say his/her ideas exactly.	

各論ディスクリプタ		典型例（TYPICAL SAMPLES)						
SPECIFIC DESCRIPTOR		語彙 VOCABULARY	例 EXAMPLE	文法 GRAMMAR	例1 EXAMPLE1	例2 EXAMPLE2	テクスト（タスク） TEXT (TASK)	評価基準参考 ASSESSMENT
複雑ではないが、買い物で自分の要望を伝えながら交渉するなど、日常生活で必要なやりとりができる。	Can deal with transactions needed in daily life, e.g. bargaining in shops conveying his/her uncomplicated claims.	escape	Some 120 prisoners **escaped from** Libya's largest jail on Monday.	some/any + 不可算名詞	Is there **any evidence** that God exists?	I neet to put **some furniture** in my new home.	I boiled some eggs for my proteins this week, baked **some chicken**, cut up some peppers for snacks, cucumbers, prepared 2 salads for lunches, cut up strawberries for in my oatmeal and portioned out my almonds. The only thing left to do is get **some fruit** at the store on Monday.	典型例の英語のように、自分の食生活などに関連することを、平易な表現を使い、話すことができる。
内容により緊張を伴う状況でも、自分の感情や感想、夢や希望など個人的なことは伝えられるが、抽象的なことを述べるのには困難がある。	Can describe his/her dreams, hopes, feelings and comments related to personal matters even in the situation which causes strain, although he/she has difficulties in relating abstract topics.	present	There were about 250,000 people **present** when he gave the speech.	仮定法 couldなど	**Could** you please tell us about it in more detail?	**I wish i would** become a nurse without having to go to university.	I wish I **would** become a nurse without having to go to university and have the knowledge without doing anything.I wish I **would** pass my driving without having to take lessons or doing any tests. And my final wish **would** be for eternal happiness with no worries. If these wishes were granted, I **wouldn't** have anything to worry about and I **would** be happy. Nothing bad **would** happen if these wishes were granted bacause it is what I want.	典型例の英語のように、論理的に整理されてはいないかもしれないが、自分の願望など個人的なことは、具体的に伝えられる。
内容によってはたどたどしいところがあるが、事実関係を述べたり、理由を説明したりすることができ、聞き手に理解される発話を維持できる。	Can give reasons and explanations for the relationships of the facts sustaining his/her utterance that interlocutors understand though sometimes a conceptually difficult subject can hinder a smooth flow of speech.	terribly	I'm **terribly** sorry about what happened.	関係代名詞 whose	I show you the man **whose daughter** won a gold medal at the Olympic Games.	You've known people **whose** work went way back.	A: When discussing photography with people **whose** photographs you don't necessarily like, do ideas come to you? B: Oh sure. Ideas come. Sometimes I have occasions to be very critical because of unnecessary sloppiness, you know. The thing that bothers me more than anything else is weakness.	典型例の会話のように、写真の話題にたどたどしいところがあるが、事実関係を述べたり、質問したり、理由を説明したりすることができ、聞き手に理解されるように、発話を維持できる。
日常生活からやや広範囲にわたる語彙と、頻度の高い言い回しが使えるので、アクセントやイントネーションに、日本語なまりや誤りがときどき見られるが、発音は比較的はっきりと理解される。	Pronunciation is reasonably clear enough to be understood by means of a broader lexical repertoire than that of everyday life and expressions frequently used despite a noticeable Japanese accent or errors.	turn (v.)	She became horribly afraid and **turned over** the page at once.	知覚動詞 + 目的語 + …ing	I **watched plenty of people walking** to that buidling.	You'll **hear the birds singing** when you first wake up.	At any season, you can see more birds with your ears than you can with your eyes. So why not give it a go tomorrow morning? Sleep with a window open, so that you'll **hear the birds singing** when you first wake up. If you don't know what they are, try to separate out one song from the rest. Even though the singer may remain a mystery to you for a while, it will serve as your inspiration to learn to see with your ears.	典型例の発話のように、日常生活からやや広範囲にわたる語彙と、頻度の高い言い回しを使って、鳥のさえずりについて述べられる。
比較的多様な文構造が使えるが、文法の誤り（冠詞、接辞など）は自然な発話の際にはよく起こる。理解を妨げることはほとんどない。	Can use various structures reasonably. Grammatical errors like the usage of articles and affixes often occur in his/her natural utterance, but his/her intention is not be hindered.	favorite (n.)	I'm so glad you're back ,so I made your **favorite** for dinner.	知覚動詞 + 目的語 + 原型不定詞	I **heard the kids start** to use the language themselves.	I **saw the girl stand** up, and fix her hood.	A: Did you **see people walk** out of the movie because that's what I'm reading in some reviews? B: Yes. This movie was horrid. I saw it because I enjoyed the movie " Lymelife". This was a huge step back. The audience at the premiere definitely didn't feel it, either. I think this film has the worst buzz around the city right now. I'd have to agree.	典型例の会話のように、比較的多様な文構造を使い、知っている語句をうまく使える。多少の誤りはあるが、理解を遮ることなく会話ができる。

JS

B1.1	読む	READING
総論ディスクリプタ	身近な話題（予定表、カレンダー、授業、料理、趣味、スポーツなど）であれば、500語程度の様々な文章が、辞書など準備しなくても、要点を把握しながら読める。	
GENERAL DESCRIPTOR	Can read and understand the main points of various around 500-word texts on familiar topics (time tables, calendars, lessons, sport events, cooking, hobbies, etc.) without consulting dictionaries.	

各論ディスクリプタ SPECIFIC DESCRIPTOR		典型例（TYPICAL SAMPLES） 語彙 VOCABULARY	例 EXAMPLE	文法 GRAMMAR	例1 EXAMPLE1	例2 EXAMPLE2	テクスト（タスク） TEXT (TASK)	評価基準参考 ASSESSMENT
非母語話者向けの新聞や雑誌(Daily Yomiuri, Japan Timesなど)で、身近な話題を扱う記事の要点などが理解できる。	Can understand the main points of articles on familiar topics in newspaper or journals directed at non-native speakers (Daily Yomiuri, Japan Times, etc.).	previous	Why did you leave your **previous** job?	比較	I have **no more than** 100 dollars in my drawer.	All polling locations must remain open until 7pm and close **no later than** 9pm.	Polls will be open at varying times depending on municipality. Polling locations cannot open **earlier than** 7am and must be open by 9am with the exception of those precincts in which **fewer than** 75 votes were cast in the last General Election. The governing body of the exempt polling locations may direct the polls to open **no later than** 12:00 noon. All polling locations must remain open until 7pm and close **no later than** 9pm.	典型例の英文を読んで、投票時間などの設定の要点などが理解できる。
		breathe	People who worked with asbestos often **breathed** asbestos fibers into their lungs.	助動詞 + have + 過去分詞	We **should have been** ready for this attack on such a sad anniversary in America's history.	Do you wonder where they **may have come** from?	Once you begin to learn about reincarnation, you will get interested in finding out something about your own past life, or at least wonder who we **may have been**, where **we may have lived**, what sex we were, and what **we may have become.** There are many quiet and safe ways we can do this. All it involves is **a little more** awareness of both our waking and sleeping selves.	典型例の英文を読んで、輪廻に関してどのような興味や関心があるのかなどが理解できる。
日常生活で経験しない内容（海外文化、経済、哲学など）の理解はむずかしい面がある。	Has some difficulties in comprehensions, provided the texts are related to unfamiliar or inexperienced topics (foreign cultures, economy, philosophy, etc.).	save (v.)	This is a story about how kids will **save** the planet.	間接話法	Many people **said to me that** they were tired.	Nobody has ever **asked me if** I'm Aboriginal.	"Today, [Sebastian] Vettel is very good. And Lewis [Hamilton]. If you **said to me that** all the drivers today are free and they're all desperate to get into Williams, I would say: 'Send in Lewis.' I'd say that because he's English and a winner. Lewis? I'd take him any time!"	典型例の英文は、F1というカーレースのことに関心のある人には理解できるが、背景を知らない人にはむずかしい面がある。
		permission	I have obtained **permission** from the photographer.	未来（予測）	In five minutes we **will be arriving** at Birmingham New Street	It started raining around noon and **will probably rain** through the night.	The sun rises in spite of everything and the far cities are beautiful and bright. I lie here in a riot of sunlight watching the day break and the clouds flying. Everything **is going to be** all right.	典型例の英文は、詩の一節である。意味はほぼ理解できるが、鑑賞という面ではむずかしいかもしれない。

JS

B1.1	書く	WRITING
総論ディスクリプタ		事柄の提示は直線的であるが、身近で事実に基づく話題であれば、ある程度標準的な形式で簡単な文章が書ける。
GENERAL DESCRIPTOR		Can write straightforward connected texts on a range of familiar subjects based on factual information in the standard written form.

各論ディスクリプタ		典型例（TYPICAL SAMPLES)						
SPECIFIC DESCRIPTOR		語彙 VOCABULARY	例 EXAMPLE	文法 GRAMMAR	例1 EXAMPLE1	例2 EXAMPLE2	テクスト（タスク） TEXT (TASK)	評価基準参考 ASSESSMENT
学校や日常生活で起きた出来事や自分の予定や将来について、日記などに必要に応じて詳細に記述できる。	Can write detailed texts on subjects related to his/her incidents in everyday/school life, plans, dreams, etc. in diaries and so forth if necessary.	athlete	It takes courage and leadership to be a good **athlete.**	of 所有格	Some cousins **of my mother's** are around here.	I am very happy to be a **student of yours.**	Because living with a pet promotes less stress, better health and overall happiness, we gladly welcome your pets. We understand leaving your beloved behind is not and option. After all, they're a member of your family and we look forward to them becoming **a member of ours**!	典型例の英文のように、学校や日常生活で起きた出来事や自分の予定や将来について、日記などに必要に応じて詳細に記述できる。
個々の句をつなげて長い文を作り、単純につなぎあわせたテクストにし、結束性のある定型スタイルの文章（手紙、説明、物語、報告、記録など）が書ける。	Can write well-structured, coherent texts in a regular form (letters, descriptions, reports, records, stories, etc.), by linking a series of discrete phrases into a linear sentence and constructing simply connected texts.	follow	I **followed** the advice of other travelers here.	助動詞表現 would ratherなど	**I'd rather** walk than take a bus.	You **had better have** a good excuse for not doing your homework.	My wife has emailed our representatives and she is going to personally write a old fashioned letter to them from us tonight. We're not happy and somebody **had better have** some answers. This won't be pushed 'under the rug'. Everyone is going to hear me complain about this until we get some answers.	典型例の英文のように、メールを送って返事を待っていることなどを、個々の句をつなげて長い文を作り、結束性のある説明や報告などが書ける。
身近な情報（買い物、スポーツ、趣味、食事、ペット、学校生活など）を表現して、効果的に伝えるのに必要な、語彙や文法の能力が十分ある。	Can convey familiar information (shopping, sports events, hobbies, meals, pets, school life, etc.) effectively with sufficient vocabularies and good grammatical control.	silence	What's the difference between sitting in **silence** and meditation?	名詞を修飾する現在分詞	This is a trolley car ride that looks like a train **having wheels.**	What should you do when you're at **a party having** a conversation with someone?	"I woke up about 4 o'clock **hearing a pack of dogs barking**," he said. "I had heard about **the dogs running** around the Island, and I was concerned about my cats, so I jumped up and came outside."	典型例の英文のように、自分のペットのことなどをうまく表現できる。
学校や日常生活で使う言語材料や基本文法構造はほぼ正確に使えるが、多少複雑な文法構造の使用は困難をともなう。	Can manipulate language materials used in everyday/school life and basic grammatical structures with less errors, but he/she has difficulties in using some complex grammatical structures.	fear	There is no more **fear** of aging.	名詞を修飾する過去分詞	We were present in **the meeting held** at the hospital.	They got to **the place called** Green Hill.	When I look at **the photos taken** by my friend, she often **comments saying** that something is missing. In short, she did not take the photos as she wanted. My obvious question then is why she did not shoot the photos as she wanted.	典型例の英文のように、複雑ではないが、学校や日常生活で使う言語材料や基本文法構造はほぼ正確に使って書ける。

A2.2	聞く	LISTENING
総論ディスクリプタ		簡単なことばとはっきりした発音でゆっくりと話されれば、ごくありふれた日常的で身近な事柄について、具体的なニーズを満たす程度に内容を理解できる。
GENERAL DESCRIPTOR		Can understand enough to be able to meet needs of a concrete type for everyday familiar concerns, provided speech is slowly and clearly articulated with simple words.

各論ディスクリプタ		典型例（TYPICAL SAMPLES）						
SPECIFIC DESCRIPTOR		語彙 VOCABULARY	例 EXAMPLE	文法 GRAMMAR	例 EXAMPLE	文 SENTENCE	テクスト（タスク） TEXT (TASK)	評価基準参考 ASSESSMENT
映像が実況のほとんどを説明してくれるならば、簡単なテレビ番組のニュースの内容をかなり大まかに理解できる。	Can identify the outline of simple TV news items where the visual supports the commentary.	happen	Traffic accidents **happen** daily.	S V + 副詞句	My mouth **moved too quickly when I talked.**	Americans only knew that they **looked** nice and **danced well**.	Rosie **smiled happily** as he said he would come. She giggled "okay." she **said excitedly.** She was glad that she had given him somewhere to spend his holiday. "Oh, my family's gonna be so happy when I tell them you're coming." she said with a big smile and a giggle.	典型例の発話は日常的な描写である。はっきりと話されれば、背景をある程度知っている場合には、ほぼ問題なく聞き取れる。
短いはっきりとした簡単なメッセージやアナウンス（レストラン、鉄道の駅、道路など）を聞いて、必要な情報を取り出して要点を聞き取ることができる。ただし、くり返してもらわなければ理解できないこともある。	Can extract relevant information and catch the main point in short, clear, simple messages or announcements at restaurants, in railroad stations, or on roads etc. Needs to ask for repetition of the key points if necessary.	luggage	Mark your name and address clearly both inside and outside your **luggage**.	S V + 前置詞句	For the past ten months, we've been **traveling around the world.**	The statue **stood on the north side at the entrance to Calle del Carmen.**	Just like in a swimming pool, the biggest danger to humans who **swim in the ocean** is the potential for drowning. Many of the same precautions you should take to prevent drowning in a swimming pool also **apply to swimming in the ocean.** However, the ocean is wild, and other potential dangers exist there -- like getting caught in a riptide, getting knocked over by a large wave, getting stung by a jellyfish, cutting a foot on a shell, or getting bitten by a shark -- that do not **exist in a swimming pool**.	典型例の発話は多少馴染みのない語句を含んでいるが、標準的な発音ではっきりとゆっくり言われれば、海で泳ぐことの危険について要点は聞き取れる。ただし、くり返してもらわなければ理解できないこともある。
身近で一般的な話題の発話であれば、ある程度の慣用表現は聞き取れ、文脈を手がかりにその意味も理解できる。	Can catch a measure of idiomatic expressions and understand the meaning of them from the context, provided the topic of utterance is familiar and general.	decide	I **decided** to study abroad for a couple of reasons.	S V + to 不定詞	I **would like to talk** to you about my candidacy for President and about the future of the Democratic Party.	We **have wanted to work** more with each other.	Usually they first **want to know** that they can trust us and that we comprehend their situation. They also **want to understand** how we can help them. This is different to knowing exactly what we do. To achieve this we **need to look** at what they **want to achieve**, and what their concerns are.	典型例の英文はマーケティングにおける消費者のニーズについて述べている。状況が分かっていれば、その発話を聞いて、ほぼ理解できる。

JS

A2.2	話す	SPEAKING	1
総論ディスクリプタ	聞き手が集中して聞いてくれれば、日常的な出来事の話題について、個人的な気持ちや考えを、簡単なことばと短い文である程度詳しく話すことができる。		
GENERAL DESCRIPTOR	Can describe details of feelings or ideas on topics of events in everyday life to listeners who are prepared to concentrate in simple terms and short sentences to some degree.		

各論ディスクリプタ		典型例（TYPICAL SAMPLES)						
SPECIFIC DESCRIPTOR		語彙 VOCABULARY	例 EXAMPLE	文法 GRAMMAR	例 EXAMPLE	文 SENTENCE	テクスト（タスク） TEXT (TASK)	評価基準参考 ASSESSMENT
はっきりとゆっくりとしたやり取りであれば、個人的な関心ごと・経験・習慣・日々の話題について、会話に参加することができる。	Can participate in conversations about personal interest, experiences, habits, and daily topics, when they are sustained in clear and slow interactions.	pain	I have no **pain** at all when urinating.	somethingなど + to 不定詞	Do you want **something to drink**?	You don't get to click **anything to choose** the ending.	Try to relax. This can be a nervous time for some people. But you have done your work and done it well, so you have **nothing to worry** about. Make sure to eat a good breakfast, and if you start to feel nervous, take a few deep breaths. It will help calm you down and help you think clearly.	典型例の発話のようであれば、ある程度の準備と練習をすることによって、多少の言い間違いはあっても、適切なプレゼンテーションができる。
必要に応じて会話の相手が助けてくれれば、日常的な場面において考えや情報を交換したり、質問に答えたり、賛成や反対の意見を言うことができる。	Can exchange ideas or information, answer questions, and express agreement and disagreement in routine situations, provided the interlocutor helps if necessary.	friendly (adj.)	**Friendly** people are known for being the first to speak.	Wh疑問文	**In which year** did Finland join the EU?	**Which of the following** would be considered impolite?	A: Well, I suppose I wouldn't bet on it. You've got a point there, but listen. Quitting isn't the answer. **How can it be?** B: **Why the hell not?** I think it is. **Why should I take this rubbish any longer?**	典型例の会話が、はっきりとゆっくりとしたやりとりであれば、疑問文をうまく使って、会話に参加することができる。
練習する時間が与えられれば、短いプレゼンテーションが滞りなくできる。	Can give a short, rehearsed presentation smoothly.	forget	I completely **forgot** that it's his birthday today.	助動詞 may, mightなど	You **might not see** the mice, but you **can probably hear** them after dark, as mice are often more active at night..	It's harder to write something that **must** be true about everything.	You **may be able to see** veins under the skin of your breasts, and you **may find** that your nipples are getting bigger and darker. After the first few months, your areolas — the pigmented circles around your nipples — will also be bigger and darker. You **may not have noticed** the little bumps on your areolas before. But now these bumps **may become** much more pronounced. Your breasts go through these changes in preparation for nursing your baby.	典型例の発話のように、必要がある場合に会話の相手が助けてくれれば、考えや情報を交換したり、質問に答えたり、賛成や反対の意見を言うことができる。
話し方は、準備されている内容については比較的流暢であるが、即座の応答に対しては言葉に詰まることが頻繁にある。	Can give a prepared utterance with reasonable fluency but with frequent hesitation.	maybe	**Maybe** one day I will visit Paris.	過去分詞の後置修飾	I received a letter **written** by a 13 year old child from summer camp.	There are some photos **taken** with this camera.	On the airplane, I wanted to have anything to make the flight go faster. I used my laptop and read over 100 pages of my most recent novel, and there were still four hours to go. But, you know, with some delight, I had a magazine **bought** in the airport just before leaving. European magazines are my favorites, and I don't find them often.	典型例の発話のように、飛行機の中での時間の過ごし方など個人的なことは、流暢に話すことができるが、話題による。

JS

A2.2	話す	SPEAKING	2					
各論ディスクリプタ		典型例（TYPICAL SAMPLES)						
SPECIFIC DESCRIPTOR		語彙 VOCABULARY	例 EXAMPLE	文法 GRAMMAR	例 EXAMPLE	文 SENTENCE	テクスト（タスク） TEXT (TASK)	評価基準参考 ASSESSMENT
よく使われる日常的な語彙や、基本的な文法および慣用表現は、うまく使いこなせるので、発音に日本語なまりや誤りがあっても理解は可能である。	Can make his/her ideas understood by means of the usage of a routine vocabulary and basic grammar/idiomatic expressions despite a Japanese accent or errors. Makes many basic grammatical errors such as verb tense usage in complex speech, despite prior preparation.	during	Why can I see the moon **during** the daytime?	形容詞の最上級	The United States is, **by far, the largest** producer of corn in the world.	**Even the most beautiful** of people can have **the ugliest** of hearts. While, **even the ugliest** of people can have **the most pure and wonderful** of hearts.	Have you met Eddie? He's a 10-year-old boy with quite a large smile. He is **the most famous fourth grader** in the state and **by far, the tallest boy** around. He lives in Columbia. He is actually an interactive exhibit at the museum. I met him recently, and he is **the most impressive young man I've ever met.**	典型例の発話のように、よく使われる日常的な語彙や基本的な慣用表現をうまく使いこなし、話すことができる。
		however	**However,** you don't have to let them into your home or business.	形容詞の比較級	New York has a **larger** population **than any other** city in America.	Around my house, Fridays are **not much more important than** any other day.	It is really not correct to refer to the 'dark side' of the moon. It is **no more** dark, and is **no less** dark, **than any other** part of the moon. It is **better** to refer to it as the 'far side' of the moon. The moon goes through a day-night cycle just like the earth. The phases of the moon are **nothing more than** the month-long 'day' slowly passing around the moon's surface. When it is 'new moon' from our point of view, the far side of the moon is in full sunlight.	典型例の発話は月の裏側のことを述べている。文法表現や発音には、誤りもあるが、発話は相手にほぼ理解される。
文法的に難しい構文（複文、関係詞節など）も、文脈に応じて使えるものがわずかにあるが、準備を必要とする複雑なスピーチでは、基本的な誤り（動詞の時制など）が多く起こり、時に理解されないこともある。	Can use a few complex sentences or relative-clauses, but has difficulties in making his/her ideas understood in some cases.	question	I couldn't answer many **questions** in the exam.	副詞句（時、場所、頻度など）	**At the moment,** everything is going well.	**Every so often in a while** we choose blogs that we read.	My father has traveled **all over the world, from Antarctica to Australia and even to Africa for two safari visits.** He visits Europe **every year**, and has traveled **to Egypt** to see the pyramids. He has been **to almost all of the Caribbean islands either by cruise ship or on land.**	典型例の発話のように、現在完了などの時制、接続詞節なども使って、文脈に応じて、自分の家族などの紹介ができる。
		suppose	I **suppose** she must be delighted about getting the job.	名詞（much, many）	It is important to remember to reduce how often and how **much sugar** you take in food and drink.	I tasted **many kinds of food** that I have never tasted in my country.	We were young when first we began. My mother actually took me to the agency for my first meeting. There have been **many books and much fun** since then. He has been my film agent forever. Thanks to him, I've had movies made of my work, and I've got to spend **much time** on film sets.	典型例の発話のように、その場でのスペーチでは、内容はある程度伝えられるが、文法などの誤りも出現し、明確には意図したことを話すことはむずかしい。

JS

A2.2	読む	READING
総論ディスクリプタ		日常的な情報を伝える文章（手紙、広告、短い記事や解説文など）であれば、辞書などを用いて、主題や内容の詳細を理解できる。
GENERAL DESCRIPTOR		Can read and understand the themes or the details of texts on routine information (letters, advertisements, short articles, instructions, etc.) consulting dictionaries).

各論ディスクリプタ		典型例（TYPICAL SAMPLES）						
SPECIFIC DESCRIPTOR		語彙 VOCABULARY	例 EXAMPLE	文法 GRAMMAR	例 EXAMPLE	文 SENTENCES	テクスト（タスク） TEXT (TASK)	評価基準参考 ASSESSMENT
Penguin Readers Level 3 程度の読み物であれば、パラグラフの主題や内容をほぼ理解することができる。	Can understand most of the topics and the content for each paragraph in reading materials at Penguin Readers Level 3.	north	The house is to the **north** of the street.	動名詞	I insisted on **her taking** my picture beside the figure.	I remember **having finished filming** in December last year.	Thankfully I didn't have to wake up too early today after **not getting** back until late last night. I only had one class today as my other was cancelled, so I got to have a bit of a lie in. Today I started **working** with the oldest children who are 16. Their class is very large but they seem a lot more eager to learn English than some of the other pupils at the school.	典型例の英文のように、構造がしっかりとした文章であれば、ある程度の長さの文であっても、問題なく読める。
日常の身近な話題についての数パラグラフ(2～300語)の文章を読んで、特定の情報を取り出すことができる。	Can obtain specific information in around 300-word texts on daily topics familiar to him/her.	trip	It is the first **trip** to Australia for both of us.	命令文	**Let's get started** with the first program, **shall we?**	**Never ever take** me to a park and leave me there all alone.	Always **tell** everyone what they want to hear. Then **do** what you want. That way, no one ever gets mad at you. They get very confused, then **blame** it on themselves. If anyone confronts you, **smile** sweetly and **act** coyly. Particularly with guys. And bosses. **Try not to have** bosses if you can avoid them. Or **have** your manager deal with them.	典型例の英文は女性の遺産相続に関するユーモアのあるアドバイスである。正確に背景を理解することはむずかしいが、だいたいの意図は分かる。
ある文章の一節を理解するために、読み返したり、辞書や文法書などを参照したりする必要がある場合もある。	Needs to reread or consult dictionaries or grammar books in order to understand a paragraph in some cases.	difference	There is a **difference** in the dance studio for your children.	句動詞	She **came across** some old photographs in a drawer.	I don't want to **give up** my dream of having a family.	Wine has been a favored drink across various cultures, whether at dinner tables or at formal gatherings. **When it comes to** wine, there are so many varieties to choose from, but one beverage that has come to be loved by both young and old alike is the white moscato.This wine is **made out of** grapes that are either green or black in color.	典型例のワインに関する文章の一節を理解するためには、多少読み返したり、ときに辞書や文法書などを参照することによって、理解できる。
		opposite	One side of the brain controls the **opposite** side of the body.	所有格	**Your friends' advice** may not always be what you want to hear.	This area is found between 50km and 80km above **the Earth's surface.**	Don't forget athletics. If your daughter is a star player in a particular sport, research **girls' boarding schools** to find ones that can develop both her atheletic and academic skills. Similar to **boys' boarding schools, some girls' schools** have excellent coaches and athletic facilities, ideal for girls who want to do sports.	典型例の英文は、ほぼ読めるが、一部の語句や文構造は読み返すことによって理解できる。

JS

A2.2	書く	WRITING
総論ディスクリプタ	日常的な場面や生活に直接関連のある話題について、簡単な表現や文を連ねて、大まかな内容や要点を書くことができる。	
GENERAL DESCRIPTOR	Can write outlines or main points on topics pertinent to his/her everyday life by linking a series of simple expressions or sentences into a linear sequence.	

各論ディスクリプタ SPECIFIC DESCRIPTOR		典型例(TYPICAL SAMPLES) 語彙 VOCABULARY	例 EXAMPLE	文法 GRAMMAR	例 EXAMPLE	文 SENTENCES	テクスト(タスク) TEXT (TASK)	評価基準参考 ASSESSMENT
自分に関わる事実や出来事、過去の行動、経験、学校や家族などについて、簡単なこと(短い手紙、Eメール、メモ、依頼、申込、伝言など)を、事実を列挙して書くことができる。	Can write simple reports (short letters, e-mails, memos, requests, applications, messages, etc.) related to personal concerns such as personally experienced events, past activities, experiences, schools, and family by listing a series of facts.	stomach	What happens when your **stomach** is removed?	進行形(予定など)	We **are leaving** for New York City early Tuesday morning.	They **are coming** to see us tomorrow.	If you **are arriving** from overseas, you will arrive at Narita Airport. If you **are arriving** from Korea, you won't be jet lagged, so you can pick up your rental car or take the train.	典型例の英文のように、海外から日本にくる際の簡単な情報を、Eメールなどで適切に伝えることができる。
日常生活上の基本的な語彙、構文、よく使われる結束表現(接続詞、副詞など)などを使って、つながりのある文で100〜200語程度の内容が書ける。	Can write around 200-word texts composed of a series of sentences including vocabulary, grammatical structures, conjunctions, adverbs, etc. familiar to his/her basic daily life.	semester	There's only a few weeks left in this **semester**.	条件節	**If** you work, **then** you shouldn't be poor.	**Even if** I am not on the tour, you'll be always with me.	Please don't try to make him think about you. **If** he doesn't want you or naturally think about you, he just doesn't. You can't force it. **If** he comes back to you, let him do it on his own. It will never be true **if** he doesn't make the decision and take the step on his own.	典型例の英文は恋愛に関するアドバイスを述べている。命令文や条件節をうまく使って、ある程度のアドバイスが書ける。
簡単な語句や文構造はほぼ正確に書けるが、あまり使われない構文や表現などは、書き誤ったり、ぎこちない表現になったりすることがある。	Can write most simple phrases or structures correctly. However, has difficulty in writing unfamiliar structures or phrases, and makes errors or uses awkward style.	advice	Your **advice** is sound and everyone will listen to you.	現在完了	I **haven't yet received** the letter.	She **has emailed** me almost every day **since** we started to communicate three months ago.	I **have studied** Enlgish since I learned in the second level. Why did I say it is the second level? Because, I know, each country has a various program. In my country, you have to learn English in about 3 or 4 courses. I **have studed** English since I was in the sixth year.	典型例の英文のように、簡単な語句や文構造はかなり正確に書くことができるが、表現などは多少あいまいな部分がある。
		offer	He has **offered** to give us more information.	冠詞	Do you mean **the series** was based on **a movie**, or **the movie** was made for **TV** from **the series**?	We have **a cat**, and **that cat** isn't going anywhere because we take **the time** to make sure **the cat** is cared for.	**The kitchen light** was on. I looked down **the hall** into **the kitchen**. I didn't feel like going into **the kitchen** and having **a cup of coffee** by myself. I didn't feel like going to anybody else's house and asking them for **a cup of coffee**.	典型例の英文のように、冠詞などの基本的な使い方はほぼ正確に理解し、日常的なことは表現できる。

JS

A2.1	聞く	LISTENING
総論ディスクリプタ		簡単なことばとはっきりした発音でゆっくりと話されれば、日常に最も直接的で基本的な話題や事柄について、内容を大まかに理解できる。
GENERAL DESCRIPTOR		Can understand the outline of basic topics or events encountered in everyday life, provided speech is slowly and clearly articulated with simple words.

各論ディスクリプタ		典型例（TYPICAL SAMPLES)						
SPECIFIC DESCRIPTOR		語彙 VOCABULARY	例 EXAMPLE	文法 GRAMMAR	例 EXAMPLE	文 SENTENCE	テクスト（タスク） TEXT (TASK)	評価基準参考 ASSESSMENT
重要な点をくり返してもらえるなら、個人的に直接かかわる事柄（ごく基本的な個人や家族の情報、買い物など）についての短いスピーチや日常会話をだいたい理解できる。	Can mostly understand a short speech or daily conversation concerning everyday topics, such as personal and family information or shopping, with the help of the repetition of key points.	thousand	There are five **thousand** people at this event.	前置詞句	The author's name is **on** the cover **of** the book.	Our plane stopped **at** Singapore and arrived **in** Bangkok two hours late.	**As for** Jerry and me, we love living **in** the sticks. We ger on **with** our neighbors **like** a house **on** fire and don't have any strange people living next door like we had **in** London. We both go **to** the quiz night **in** the local pub **on** Tuesday evenings, which has been a great way to meet people and have a laugh.	典型例のような日常的な発話であれば、重要な点はくり返しが必要な場合もあるが、ほとんど理解できる。
標準的な発音で適切な速さで言われれば、日常生活に関する簡単なメッセージ（短かい指示やお知らせ）は、多少込み入った内容でも、要点をほとんど理解できる。ただし、何度かくり返してもらう必要がある場合もある	Can understand most of the main point of simple or somewhat complicated messages such as short instructions or announcements related to daily life, provided they are delivered at suitable speed and in standard accent. Needs to ask for repetition if necessary.	last (adj.)	Who was the **last** person to live in the Tower of London?	副詞句	This is **the smallest car** in the world.	It is raining **all the time at the moment.**	The service will be short so that **afterward**, you and your family can celebrate **together**. I pray this will be **part of** your tradition **this year** and **in years to come. By the way,** we will have no services **on Wednesday, December 26,** so that our staff and leaders can continue spending time **with their families.**	典型例の発話であれば、多少込み入った内容でも、礼拝が行われない日がいつかなどの要点は理解できる。
		sound (v.)	It **sounds** so weird to me.	付加疑問	It's just one thing after another for her, **isn't it?**	You are going to punish them, **aren't you?**	A: Hi, we can't carry all this. B: Oh, I see, we're just going to drive a cart, **right?** A: We're going to try. We aren't doing this for the exercise, so we just try to get what we can, **don't we?** B: No way. This is going to happen.	典型例のような会話で、標準的な発音で適切な速さで話されれば、日常生活のことはほとんど理解できる。ただし、多少聞き逃すことがあるかもしれない。

JS

A2.1	話す	SPEAKING
総論ディスクリプタ		聞き手が集中して聞いてくれれば、日常的な出来事の話題について、個人的な気持ちや考えの概要を、簡単なことばで大まかに話すことができる。
GENERAL DESCRIPTOR		Can describe broadly and in simple terms, the outlines of feelings or ideas on everyday life events to listeners who are prepared to concentrate.

各論ディスクリプタ		典型例（TYPICAL SAMPLES）						
SPECIFIC DESCRIPTOR		語彙 VOCABULARY	例 EXAMPLE	文法 GRAMMAR	例 EXAMPLE	文 SENTENCES	テクスト（タスク） TEXT (TASK)	評価基準参考 ASSESSMENT
はっきりとゆっくりとしたやりとりであれば、自分自身の生活・環境・好き嫌いなどの社交的な話題について、短い会話に参加することができる。	Can participate in short conversations on social topics such as personal life, surroundings, likes and dislikes, when they are sustained in clear and slow interactions.	fantastic	We really had a **fantastic** time and enjoyed a lot.	前置詞句	There were lots of people **ahead of** us.	I have made lots of new friends **because of** that book.	**As of** 2013, the rates are 1 dollar for the first half hour and 2 dollars per half hour with a maximum daily rate of 10 dollars. If you are picking someone up or dropping someone off at the tation, there is no need to park. You can pull **in front of** the station to pick up or drop off passengers.	典型例の発話のように、多少の準備を必要とするが、身近で日常的な話題について、短い情報を簡単なことばで述べることができる。
必要に応じて会話の相手が助けてくれれば、よくある日常的な場面において、社会生活上に必要な簡単なやりとり（買い物、食事、会う約束など）ができる。	Can interact in a simple way for his/her social life (e.g. shopping, eating, and attending appointments) in routine situations, provided the interlocutor helps if necessary.	mark	Do you want to get good **marks** in examination?	副詞句	We must repeat that it does **not in the least** matter what they do say.	She **hardly ever** eats butter or cheese.	Afterward, her teammates carried her on their shoulders while cheering her name. The stands were filled **that night** with students who had come out for the home game, and they were cheering wildly for her **as well.**	典型例の発話のように、応援などに関する日常的な場面で、必要なことは説明できる。
十分に練習する時間が与えられれば、短いアナウンスや簡単なプレゼンテーションができる。	Can give fully rehearsed short announcements or simple presentations.	alone	An old woman lived **alone** in her house,because her husband was dead.	現在完了（否定、疑問など）	I **have never seen** such a beautiful girl.	**Have you been** to Dubai recently?	A: Hi, I'm in love with him. B: That's so sweet. How long **have you been going** out? B:No, I**'ve never even talked** to him.	典型例の会話のように、内容によっては、言葉に詰まったり、言い誤り頻繁に起こったり、発音が多少あいまいになったりするが、基本的なことは話せる。
身近な話題（生活、日課、好き嫌いなど）であれば、基本的な文法を用いて、初歩的な短い即座のスピーチができる。ただし、基本的な文構造であっても多くの言い誤りはかなり起こる。	Can give short, elementary, immediate speeches on topics of everyday life (e.g. living conditions, daily routines, likes/dislikes) by means of the usage of simple structures, despite making lots of errors.	angry	Do you know how **angry** you are?	過去時制	When we **visited** the farm, we **were** surprised to hear how much the farmer **has to pay** to run a farm.	After all, it **was** Mexico that **gave** turkey to the rest of the world.	Q: You **asked** a lot about Rueben Randle today. How do you think he **did**? A: We **said** that this **would** be Rueben's opportunity, that we **needed** him, that we **counted** on him today. I **mentioned** that and I **thought** he **did play** well. He **made** some key plays there.	典型例の会話のように特定の人物について意見を聞かれたときに、ときに誤解を生じることもあるが、ある程度の説明や意見を述べることができる。
話す内容によって想定できる語彙や、基本的な文法（接続詞など）は、容易に使いこなすことができるが、発音に誤りやカタカナ語の影響による日本語なまりもあり、ときに誤解を生じる。	Can handle vocabulary and basic grammar (conjunctions etc.) easily depending on the subject matter of the conversation, however has difficulty in some cases in being understood due to errors or an accent influenced by the Japanese pronunciation of loan words.	health	Here comes good **health!**	助動詞	You**'d better** hurry if you want to get to work on time.	We**'d rather** play games than watch TV.	You **can** save some time by staying at the hotel. It is a good idea if you have a mid-morning flight. Plus you **can** take a nice early morning swim on your last day. But if you have a really early flight, like 8 am or earlier, then you **may as well** just stay downtown, because, without traffic, you **can** get to the airport pretty quickly.	典型例の空港など乗り継ぎなどに関する話題のように、話す内容によって想定できる語彙や基本的な文法は、容易に使って、ある程度の内容は話せる。
		police	Sometimes the best way to keep yourself safe is to call the **police**.	句動詞	We **put off** the event because of the weather.	That is why I have **made up my mind** to help you.	For me, the best part of every Thanksgiving dinner is the dessert. Of course, aside from each one sharing something to give thanks for, the dessert part is the one that I will always **look forward to** every year. This year, we have **gone out of** our comfort zone and my sister and I baked English scones.	典型例の感謝祭の話題のように、基本的な文法を用いて、初歩的な短いスピーチができる。ただし、言い誤りなどは、内容によってかなり起こる。

JS

A2.1	読む	READING
総論ディスクリプタ		よく使われる一般的な語彙で書かれた日常的で簡単な文章（私的な手紙、パンフレット、メニューなど）であれば、ほとんど問題なく読める。
GENERAL DESCRIPTOR		Can read and understand with ease routine texts composed of general and simple vocabulary (private letters, brochures, menus, etc.).

各論ディスクリプタ		典型例（TYPICAL SAMPLES）						
SPECIFIC DESCRIPTOR		語彙 VOCABULARY	例 EXAMPLE	文法 GRAMMAR	例 EXAMPLE	文 SENTENCES	テクスト（タスク） TEXT (TASK)	評価基準参考 ASSESSMENT
Penguin Readers Level 2 程度の読み物であれば、内容を詳細まで難なく理解することができる。	Can understand details with ease within reading materials at Penguin Readers Level 2.	detail	How do I edit or change the **details** of my report?	前置詞句（副詞などとともに）	He was looking down at us **from above** the mountain slope.	You'll just have to wait **until after** the test.	I walked **over to** the next stall. The smell grew stronger. This must be it. I could hear whispers coming **from behind** the door. Or rap music playing on a phone. Either way, it sounded terrible and I didn't like it one bit. I took a deep breath and a moment to prepare for my forced entry. On the count of three, I threw my arms in the air wildly and let out a battle cry, "Back!"	典型例の英文のような平易な描写の内容であれば、ほぼ概要は理解することができる。
多少難しい内容の文章であっても、文脈に応じた簡単な推測を働かせて、必要な情報を読み取ることができる。	Can read and understand the information required in some complex texts inferring meanings from the context.	center	I know there is a mirror in the **center** of the room.	準助動詞など	He **was able to do** this and so much more.	Vaccines **are likely to play** an important role in health care.	Today I get another interview, three days before I **am supposed to talk** with her, and she tells me that a field trip and other commitments make it impossible for her to honor the interview date, but she will contact me in the future.	典型例の英文のように、多少むずかしい語句や文構造があっても、文脈に応じた簡単な推測を働かせて、インタビューなどの情報を読み取ることができる。
始めて触れる文であれば、短い一節であっても、読む速度はまだゆっくりである。	Can read a short paragraph composed of unfamiliar sentences slowly.	except	You like everyone **except** him.	to不定詞	**In order to understand** the future, you need to understand the past.	It is good **for them to see** how records are stored and how long they should be kept.	If you're making use of products that are damaging to the environment, you can always make contact with the original equipment producer **so as to ask** on how to change your item to be environmentally friendly.	典型例の英文のように、多少難しい語句があっても、ゆっくり読めば、環境に影響を与えないようにするにはどうしたらよいかという趣旨は理解できる。

A2.1	書く	WRITING
総論ディスクリプタ		ある程度時間をかければ、日常的な場面や生活に直接関連のある話題について、簡単な表現や文を連ねて、大まかな内容を簡単に書くことができる。
GENERAL DESCRIPTOR		Can write outlines on topics pertinent to his/her everyday life by linking a series of simple expressions or sentences in a linear sequence, with some preparation in advance.

各論ディスクリプタ		典型例（TYPICAL SAMPLES）						
SPECIFIC DESCRIPTOR		語彙 VOCABULARY	例 EXAMPLE	文法 GRAMMAR	例 EXAMPLE	文 SENTENCES	テクスト（タスク） TEXT (TASK)	評価基準参考 ASSESSMENT
ある程度時間をかければ、自分に関わる出来事や生活について簡単な内容（私的な短い手紙、Eメール、メモ、依頼、申込、伝言など）を、簡単なことばで書ける。	Can write simple reports (e.g. short private letters, emails, memos, requests, applications, messages, etc.) related to personal concerns and life by using simple words and phrases, with some preparation in advance.	snack	I'll only need a **snack** for dinner.	副詞句（文修飾など）	**Honestly speaking,** you will only be able to show your best to the crowd after becoming clear about your own style.	**Unfortunately,** we don't get a second chance.	**Surely** we are going to stay here a few more days, as the road is very bad because it has been raining for three days. But today the sun came out and the weather says we should continue our journey because we are running out of money.	典型例の英文のように、ある程度時間をかければ、自分に関わる出来事や予定などについて簡単な内容を書くことができる。
日常生活上に必要な具体的な語彙や、基本的な時制、簡単な接続詞（and, but）を使って、つながりのある簡単な文が書ける。	Can write a series of simple sentences including a basic daily vocabulary, basic tenses, and simple conjunctions like "and" or "but" necessary for his/her daily life.	else	Let me know if you need anything **else.**	形容詞（叙述など）	It seems **fun** and **exciting**.	She looks **beautiful, like a black barbie doll.**	The devil has malice and hatred but he does not have power. It is God's love that is **powerful.** The devil tries to appear **powerful** but he can't make it. He appears **strong** but in reality he is **powerless**. Many of his destructive schemes fail even before they start.	典型例の英文のように、多少の語彙は辞書などを調べる場合もあるが、自分の知っている文法や語句を使って書ける。
辞書を参照すれば、知っている語彙や文法を使って、100語程度の自由作文をある程度は正確に書けるが、時制や語尾変化などには基本的な誤りが頻繁におこり、ぎこちない表現もかなりある。	Can write a partially correct approximately 100-word paragraph by using familiar vocabulary and grammatical structures, and by consulting dictionaries. However, makes frequent basic errors in tenses or declensions and uses many awkward expressions.	anywhere	You can go **anywhere** and do anything you like.	冠詞／代名詞	**An** appendix is **a** section at **the** end of **a** book.	**This** film is **a** film about people.	I figured I should do **my** first post on **my** favorite wine, Sweet Bliss, **a** sweet red wine. **This** wine is delicious; it is because of **this** wine that I started getting into drinking red wine. Although it is **a** sweet red wine, it does not have **an** overwhelming sweet taste to it.	典型例のように、知っている語彙や文法を使って、辞書を参照しながら、ある程度は正確に書けるが、やはり多少の誤りや曖昧さが残る。

JS

A1.3	聞く	LISTENING
総論ディスクリプタ	当人に向かって丁寧にゆっくりと話されれば、ごく身近で簡単な発話（個人的な質問、日常的な指示や依頼など）を理解できる。	
GENERAL DESCRIPTOR	Can understand simple and extremely familiar utterances (e.g. personal questions, daily instructions or requests) addressed carefully and slowly to him/her.	

各論ディスクリプタ		典型例（TYPICAL SAMPLES）						
SPECIFIC DESCRIPTOR		語彙 VOCABULARY	例 EXAMPLE	文法GRAMMAR	例 EXAMPLE	文 SENTENCE	テクスト（タスク） TEXT (TASK)	評価基準参考 ASSESSMENT
具体的な場面（買い物、食事など）や個人的な経験（スポーツ、映画など）に関連する話題について、簡単な対話を理解できる。	Can understand simple dialogs related to concrete situations (e.g. shopping, eating) or private experiences (e.g. playing sports, watching films).	different	This is a **different** movie.	比較級	My school is **better than** yours.	Mobile phones are **more important** to many people **than** cars.	A: Today's test is **much more difficult than** before. B: I think so, too. It is **a higher level than** the last test. A: I won't pass it.	典型例のような身近なテストの話題についての簡単な対話を理解できる。
はっきりとした発音で、ゆっくりと個人的に話しかけられれば、日常のよくある状況での簡単な内容を理解できる。	Can understand simple situations encountered in everyday life, provided speech is addressed slowly to him/her in clear accent.	country	Japan is an island **country** in East Asia.	最上級	This is **the smallest car** in the world.	It's **the most wonderful** time of the year.	We were a young team and lost most of our games last year. However, we practiced a lot and **the best coach** came to our team. Now we can play **at the highest level.**	典型例の英文が、はっきりとした発音で、ゆっくりと個人的に話しかけられれば、多少難しい語句があっても、チームの状況はほぼ理解できる。
		invite	We **invite** you to visit our website.	形容詞（指示など）	Come **this** way, please.	I don't like **such** things.	The dimensions are 12.5" x 36" x 17" and the volume is 7,400 cubic inches. **These** packs are made of 600-D poly canvas. **This** bag weighs 13 pounds, but this is very managable with the rolling wheels.	典型例の英文が、はっきりとした発音で、ゆっくりと個人的に話しかけられれば、多少難しい語句があっても、どのようなバッグが説明されているのかはほぼ理解できる。

JS

A1.3	話す	SPEAKING
総論ディスクリプタ	聞き手がこちらの事情を理解して、はっきりとゆっくりと繰り返し話しかけてくれれば、自分自身に直接関わる話題（家族、友達、音楽、ゲームなど）について、自分の考え（好き嫌いなど）を、比較的単純な表現と短い文で話すことができる。	
GENERAL DESCRIPTOR	Can describe his/her opinions (likes/dislikes, etc.) on personal issues (e.g. family, friends, music, games) by using relatively simple expressions or short sentences, delivered directly to him/her in clear, slow and repeated speech by a sympathetic speaker.	

各論ディスクリプタ		典型例（TYPICAL SAMPLES)						
SPECIFIC DESCRIPTOR		語彙 VOCABULARY	例 EXAMPLE	文法GRAMMAR	例 EXAMPLE	文 SENTENCES	テクスト（タスク） TEXT (TASK)	評価基準参考 ASSESSMENT
ごく日常的な場面において、単純な会話のやりとり(例: Would you like tea or coffee? – Tea, please.)はできるが、多少込み入った内容になると、ことばに詰まったり、言いよどみがはっきりと起こり、相手の助けが必要になる。	Can participate in simple conversations in very routine situations, for example: "Would you like tea or coffee?" – "Tea, please." However, hesitates or pauses in complex conversations, especially without the interlocutor's support.	leave	We'll **leave** Tokyo for Osaka next week.	How much/many ?	**How much money** do you take with you?	**How many days** do we need to see it?	A: Well I'm just wondering, **how many hours** of sleep do you get each night? B: The minimum hours of sleep an adult should have per night is 7. A child has 8 hours. I'm 17, so I guess, you know, I can be in the mid range.	ごく日常的な決まった話題は話せるが、典型例の会話のように、多少込み入った内容になると、多少ことばに詰まったり、あいまいになったり、相手の助けが必要になる。
練習を重ねれば、学習した基本的な語彙、表現、文法、文構造などに限られるが効果的に使って、意思を伝えたり発表したりすることができる。	Can tell or announce his/her intentions, after repeated practice, handling the basic knowledge of vocabulary, expressions, and grammatical structures.	moment	Where are you at this **moment?**	命令文	**Look up to** the sky and **see** the sun.	**Pllease don't take** me out.	Any fat is not good for your body, so **cut out** the fat in your diet. It will make a huge difference. **Be sure to take** good care of yourself. Thanks again.	典型例の発話は、練習をある程度重ねれば、学習したことを効果的に使って、意思を伝えたり発表したりすることができる。
準備のない自然な発話では、初歩的な表現であっても多くの文法的な誤りが頻繁に起こり、発音には日本語なまりが目立つこともあり、特に強勢やイントネーションは不自然なところが多く、誤解されることがある。	Has difficulty in making himself/herself understood in some cases of spontaneous natural speech, due to frequent grammatical errors in simple expressions and/or a Japanese accent, stress or intonation.	bottom	Why is it colder at the top of a mountain than at the **bottom?**	強調 reallyなど	You **really** look happy.	Our kids are playing **pretty** well right now.	Well, I'm sorry to say that this isn't **quite** true. But your English will **greatly** improve.Depending on how long you study abroad, you will learn **much** more than you have just studied at a school in your home country.	典型例の発話のようにきちんと強調する語句を使って話すのはむずかしいかもしれないが、多少の誤りはあっても、強調する部分は強調して話すことができる。

JS

A1.3	読む	READING
総論ディスクリプタ		複雑でない文章構造で書かれた短い文章で、日常生活で使われる内容（掲示、案内、指示など）であれば、一文一節ずつ理解できる。
GENERAL DESCRIPTOR		Can understand each sentence and paragraph in short simple texts on everyday concerns (notices, instructions, signs, etc.) .

各論ディスクリプタ		典型例（TYPICAL SAMPLES）						
SPECIFIC DESCRIPTOR		語彙 VOCABULARY	例 EXAMPLE	文法GRAMMAR	例 EXAMPLE	文 SENTENCES	テクスト（タスク） TEXT (TASK)	評価基準参考 ASSESSMENT
Penguin Readers Level 1程度の読み物であれば、内容を詳細まで理解することができる。	Can read and understand in detail reading materials at Penguin Readers Level 1.	worry	Don't **worry** about anything.	前置詞句	I got up **at six in the morning.**	My dad came **to me on Sunday morning.**	A man sat **at a metro station in Washington DC** and started to play the violin. It was a cold January morning. He played six Bach pieces **for about 45 minutes. During that time**, since it was rush hour, thousands of people went **through the station**, most **of them on their way to work.**	典型例のストリートミュージシャンの描写の英文を読んで、内容を詳細まで理解することができる。
短い内容（絵はがきや天気予報など）を読んで、必要な情報を見つけられる。	Can find specific information from short texts of picture postcards, weather forecasts, etc.	friendly	She is a very warm and **friendly** teacher.	be going to	**I'm going to** go to London next Monday.	What **are you going to do** next?	An angel comes to Mary and says to her, 'You are **going to have** a baby.' She **is going to be** the mother of Jesus. And her relative Elizabeth **is also going to have** a baby. I think Mary is probably shocked. And I also think she is very happy to have a family member.	典型例の受胎告知に関連する内容の英文の内容はほぼ理解でき、必要な情報は分かる。
短い内容の文章であっても、使われている語句や文法によっては、読むのに時間がかかることがある。	Needs longer time than usual to read short texts composed of unfamiliar phrases or structures.	draw	A little child is **drawing** lines in the sand.	like to do/doing など	Children **like to see** new things.	Why do people **like watching** basketball?	Some people **like to study** in the library. Others find the library very distracting. Some people **like to study** outside. Others **don't like to study** outside because they want to smell the roses. I **like studying** in my room but my friend **hates studying** in his room because he always **love to play** video games. There is no perfect study place for everyone -- but there is a perfect study place for you. Your goal is to find it.	典型例の学習に関する内容の英文のように、語句や文法によって多少読むのに時間がかかることがあるが、ほぼ理解できる。

JS

A1.3	書く	WRITING
総論ディスクリプタ		ある程度時間をかければ、日常生活のニーズや経験に関連していて、容易に予想できる状況などについて、短い文を個々に書くことができる。
GENERAL DESCRIPTOR		Can write short sentences related to requirements or experiences of daily life and simple predictable situations, with some preparation in advance.

各論ディスクリプタ		典型例(TYPICAL SAMPLES)						
SPECIFIC DESCRIPTOR		語彙 VOCABULARY	例 EXAMPLE	文法GRAMMAR	例 EXAMPLE	文 SENTENCES	テクスト(タスク) TEXT (TASK)	評価基準参考 ASSESSMENT
必要に応じて辞書などを使用すれば、身近でよく知っている簡単な内容(絵はがき、メッセージ、グリーティングカード、記録など)を、書くことができる。	Can write simple texts on familiar topics (picture postcards, messages, greeting cards, memos, etc.), consulting dictionaries if necessary.	outside	I think I'll go for a walk **outside** now.	所有格、所有代名詞	People think about **their** pets too much.	My computer Is better than **yours.**	In the many articles about Marie-Antoinette, Count Axel von Fersen is referred to as **her** lover. Count Fersen and Marie-Antoinette were just friends, and that he was as much **her husband's** friend as he was **hers.**	典型例の英文は歴史に関する記述であるが、素材があり、必要に応じて辞書などを使用すれば、書くことができる。
日常生活に関連する具体的なこと(起床、食事、学習など一日の出来事など)について、学習した表現や文を使って書くことができる。	Can write texts on concrete events related to daily life (getting out of bed, eating, studying, etc.) by using mastered expressions or sentences.	parent	I love my **parents** and like spending time with them.	時制(現在、現在完了、過去など)	I don't think I **lost** any weight.	Many things **have changed** since I **saw** you last.	My soul **has learned** what it **came** to learn, and all the other things **are** just things. We **can't have** everything we **want**. Sometimes, we simply **have** to believe.	典型例の英文のように、自分の考えを書く場合でも、学習した表現や文を使って、辞書などを利用することで、書くことができる。
限られた語彙と簡単な文構造で、ある程度の量は書けるが、さまざまな誤りを生じる。	Can write some texts using limited vocabulary and simple structures despite various errors.	stand	An old house **stands** on the bay.	接続詞 when, becauseなど	How do you feel **when** you close your eyes?	I'm hungry **because** I didn't have dinner yesterday.	I arrived at Canada this afternoon. **Since** I rode in plane for many hours, I'm very tired. My host family is very kind. Immediately **after** I arrived at my host family's house, I saw **that** their daughter was practicing soccer. It's very fun.	典型例の留学のことについて書いた個人的な経験を書いた英文のように、ある程度の量は書けるが、多少の誤りは起こりえる。

JS

A1.2	聞く	LISTENING
総論ディスクリプタ		場面の手がかり(しぐさ、表情、状況など)があれば、自分自身や日常生活に関する事柄(食事、持ち物、好き嫌いなど)を聞いて、基本的な語句や表現を一文一節ずつ理解することができる。
GENERAL DESCRIPTOR		Can understand basic phrases or expressions in a sentence or a paragraph related to private matters or everyday life (e.g. meals, possessions, likes and dislikes) with the help of gestures, expressions, situations, etc.

各論ディスクリプタ		典型例(TYPICAL SAMPLES)						
SPECIFIC DESCRIPTOR		語彙 VOCABULARY	例 EXAMPLE	文法GRAMMAR	例 EXAMPLE	文 SENTENCE	テクスト(タスク) TEXT (TASK)	評価基準参考 ASSESSMENT
かなり限定された数ではあるが、授業などで学習した語句や表現、短い文をほぼ理解できる。	Can understand most of the meaning of phrases, expressions, or short sentences in a limited range introduced in schools or other lessons.	want	Many people **want** some peace and quiet.	否定文	He **doesn't have** a bag.	We **are not** alone.	I **don't eat** apples. Did you know that? I really **don't like** apples. I love apple pies, but I **don't like** apples. My mother **doesn't like** them, either.	典型例の発話など、かなり限定された語句や表現であるが、短い発話はほぼ理解できる。
状況や場面の明確な手がかりなしには、簡単なやりとりであっても、ニュアンスでさえ聞き取るのが難しいことがある。	Has difficulty in understanding the meaning of simple interactions, in some cases, without the help of background knowledge.	slow	You speak very slow and very clear.	未来時制	This **will be** my favorite food.	It **will be** sunny tomorrow.	We **are going to be** taking our Unit 5 test on Friday. A study guide **will come** home tomorrow. Thursday **will be** in class review.	典型例の発話でも、状況や場面の明確な手がかりがあれば、ほぼ理解できる。
会話では、相手がゆっくりとはっきり話す、くり返す、強調する、言い換えるなどの助けがないと聞き取りが難しい。。	Has difficulty in conversations unless the interlocutor repeats or rephrases at a slower and clearer rate of speech.	winter	It is hot in summer and cold in **winter.**	現在進行形	Many people **are running** on the street.	Some students **are sleeping** in the classroom.	More and more people **are walking, running, swimming, cycling** and so on, in exercise classes. We **are developing** good healthy exercise programs for you.	典型例の発話でも、ゆっくりとはっきり話す、くり返す、強調する、言い換えるなどの助けがあれば、ほぼ理解できる。

JS

A1.2	話す	SPEAKING
総論ディスクリプタ		聞き手がこちらの事情を理解して、はっきりとゆっくりと繰り返し話しかけてくれれば、日常生活に直接必要なこと（日課や食事の好き嫌いなど）や自分自身に関する話題について、単純な表現と短い文で簡単に話すことができる。
GENERAL DESCRIPTOR		Can describe his/her ideas related to immediate needs in everyday life (e.g. daily routines, tastes in food) or personal concerns by using simple expressions or short sentences, delivered directly to him/her in clear, slow and repeated speech by a sympathetic speaker.

各論ディスクリプタ		典型例（TYPICAL SAMPLES）						
SPECIFIC DESCRIPTOR		語彙 VOCABULARY	例 EXAMPLE	文法GRAMMAR	例 EXAMPLE	文 SENTENCES	テクスト（タスク） TEXT (TASK)	評価基準参考 ASSESSMENT
ごく基本的な語彙や表現、文法を使って、ある程度の内容の会話のやりとりができるが、言葉に詰まったり言いよどみが起こりがちなので、相手の助けを頻繁に必要とする。	Can participate in a certain amount of conversation by means of vocabulary, expressions, or structures at the threshold level. Tends to hesitate or pause without the interlocutor's frequent support.	south	Kagoshima is in the **south** of Japan.	動詞（be, haveなど）	A lion **is** in the cage.	That school **has** over 400 students.	My name **is** Tom and I **am** 6 years old. I **have** two sisters. My Mum and Dad go to work. My Mum **is** a nurse and my Dad **is** a doctor. I **have** five people in my family.	典型例の発話のように、ごく基本的な語彙や表現、文法を使って、ある程度の内容の会話のやりとりができる。しかし、相手の助けを必要とすることが多くある。
発音は、不完全で不安定であり、コミュニケーションに支障をきたし誤解されることがよくある。	Has frequent difficulty in making himself/herself understood in interactions due to a defective and unstable accent.	visit	I **visited** Rome some years ago.	Wh疑問文	**When** will you have dinner with us?	**Who** can say no to her?	A: **When** do you eat breakfast? B: I usually eat breakfast at 6. A: Well, **where** do you have breakfast? B: At home, but sometimes at school.	典型例のようなやりとりはほぼできるが、発音などは、まだ不完全で不安定であり、コミュニケーションに支障をきたすことがあるかもしれない。
かなり多くの言い誤りが、ちょっとした発話の中でも頻繁に起こる。	Makes a number of errors even in short utterances.	pass	I don't **pass** this note to you.	過去時制	We **heard** that story last week.	Many students **didn't know** the news yesterday.	Some years ago I **went** to Tokyo Tower and **climbed** up the tower. I remember a nice view from it. Tokyo Tower **was** the tallest tower at that time, but now it's not.	典型例のような過去ことに言及する場合、意識すればほぼうまく言えるが、間違いも頻繁に起こる。しかし、コミュニケーション上はあまり大きな問題とはならない。

JS

A1.2	読む	READING

総論ディスクリプタ	よく知っている語句で書かれた、身近なことに関連する短く簡単な表現（名前、道路標示、紹介、道案内など）であれば、問題なく理解できる。
GENERAL DESCRIPTOR	Can understand with ease simple, short expressions with familiar words and phrases related to everyday concerns (names, road signs, introductions, guides, etc.)

各論ディスクリプタ		典型例（TYPICAL SAMPLES）						
SPECIFIC DESCRIPTOR		語彙 VOCABULARY	例 EXAMPLE	文法GRAMMAR	例 EXAMPLE	文 SENTENCES	テクスト（タスク） TEXT (TASK)	評価基準参考 ASSESSMENT
Penguin Readers Easystarters程度の読み物であれば、多少困難を感じる部分もあるが、内容を理解することができる。	Can understand with some effort reading materials at the level of Penguin Readers Easy-starters.	mouth	My **mouth** is dry,so I need some water.	名詞表現	He wants **two glasses of water.**	You have **one apple, three bananas and ten grapes.**	It's **Monday lunchtime. Yoko and Ken** are now **friends.** They are waiting for **lunch.** Their **school meals** are always delicious. Have **a look** at **the today's menue.**	典型例の英文のように、多少難しい語句もあるが、語句の意味のサポートがあれば、内容を理解することができる。
簡単な事実に関する内容（カレンダー、日誌、旅程など）について、難しい場合は読み返しがあるかもしれないが、特定の必要な情報は読み取れる。	Can read and find specific information in simple texts related to practical life (calendars, journals, itineraries, etc.), rereading some complex expressions in some cases.	school	The **school** starts at 8 o'clock in the morning.	There is/are	**There is** a chair in the room.	**There are** some trees on the hill.	**Here is** the question about chickens and cows. **There are** cows and chickens in the farm. **There are** 65 heads and 226 legs. How many chicken **are there**?	典型例のような算数の問題でも、難しい場合は読み返しがあるかもしれないが、特定の必要な情報は読み取れる。
予想可能な場面や状況であっても、身近でない語句や表現を推測して理解することは難しい。	Has difficulty in understanding unfamiliar expressions and inferring the meanings of them even in imaginable situations.	wash	You **wash** your hands.	副詞	They play football **very well.**	He **always** talks about money.	**Soon** they were **all together again.** And **once again** they were in the news. But **this time** they were **also** on television.	典型例の英文のように、予想可能な場面や状況であれば、身近でない語句や表現を推測して理解することはできる。
		every	**Every** photo has a story.	接続詞 and, but, orなど	We went to the market **and** bought many things.	I didn't eat anything, **but** the food looked great.	Scotland is a country. It has its own laws, church **and** school system, **and** five million pepole live there. English is the official language **but** some people also speak Gaelic or Scots.	典型例の英文のように、多少難しい語句もあるが、語句の意味のサポートがあれば、内容を理解することができる。

JS

A1.2	書く	WRITING
総論ディスクリプタ	身近で日常的なニーズの事柄を、短い文や句で書いて伝えられる。	
GENERAL DESCRIPTOR	Can write needed messages on daily events by using short sentences or phrases.	

各論ディスクリプタ		典型例（TYPICAL SAMPLES）						
SPECIFIC DESCRIPTOR		語彙 VOCABULARY	例 EXAMPLE	文法GRAMMAR	例 EXAMPLE	文 SENTENCES	テクスト（タスク） TEXT (TASK)	評価基準参考 ASSESSMENT
自分自身や身近なことについて、数行の文や句をうまく使って、メモを取ったり、質問に答える内容を書いたりすることができる。	Can prepare responses to questions or take notes on personal concerns by handling sentences or phrases.	dress	That lady has many **dresses,** pants, and skirts.	代名詞	Sachiko is very kind, so I like **her** very much.	I have two cats, and **they** are so cute.	There were a boy and a girl at night. The moon was shining all around. **It** was bright. **They** talked and talked in a moon light. The boy asked the girl, 'I'd like to kiss **you**,' and **he** kissed **her**. **He** was very happy.	典型例の英文のように、簡単なストーリーなどを知っている語句や文法を使って、書くことができる。
基本的な単語や句をうまく使って、内容は制限されるが、簡単な文を個々に書くことができる。	Can write several simple sentences by handling basic words and phrases despite a limited coverage.	part	I only like some **parts** of this book.	動詞(make, takeなど)	I'll **take** it out soon.	We will **make** lots of mistakes.	I **made** a special cake because last Saturday was my girlfriend's birthday. I **took** it with me to her on her birthday. She **looked** at the cake and **said**, 'Thank ou so much.' We then ate it together.	典型例の英文のように、基本的な単語や句をうまく使って、内容は制限されるが、簡単な文を書くことができる。
学校などで習って覚えている表現や文はほぼ正確に書けるが、ごく初歩的な自由作文では、かなり多様な誤りをしがちである。	Can write most of the expressions or the sentences mastered in schools correctly. However, tends to make various errors in free writing at the threshold level.	place	This town is a good **place** for shopping.	文構造(SVなど)	I live in Kobe. I love my family and I am so happy.	I am lucky because I have good friends.	It's Sunday morning. The weather is fine. It's warm and sunny. We are down by the river. We often go there at weekends. We enjoy it.	典型例のように、学校などで習った文構造を使って書くことができるが、辞書などや教師の助けを必要とする。

JS

A1.1	聞く	LISTENING
総論ディスクリプタ	非常にゆっくりと注意深く発音してもらえれば、日常生活のごくありふれた単語や表現(あいさつ、人の名前、日付や曜日、日常生活で使う数字(電話番号や年齢)など)が、理解できる。	
GENERAL DESCRIPTOR	Can understand daily, familiar words or expressions (e.g. greetings, persons' names, dates, days of the week, telephone numbers, ages), provided speech is very slowly and carefully articulated.	

各論ディスクリプタ		典型例(TYPICAL SAMPLES)						
SPECIFIC DESCRIPTOR		語彙 VOCABULARY	例 EXAMPLE	文法GRAMMAR	例 EXAMPLE	文 SENTENCE	テクスト(タスク) TEXT (TASK)	評価基準参考 ASSESSMENT
聞き慣れない語句では、くり返す、強調する、言い換えてもらうなどの助けがないと聞き取りが難しい。	Has difficulty in understanding unfamiliar words or phrases without the help of interlocutor's repetition or rephrasing.	buy	You **buy** a book.	現在時制	He **plays** baseball well.	It **is** rainy today.	A: Hello, I'm your teacher. May I have your name, please? What's your name. Do you like English? B: Hello, I'm Aya. I like English very much.	典型例の会話のように、聞き慣れない語句では、くり返す、強調する、言い換えてもらうなどの助けが必要となるが、ほぼ聞き取れる。
		good	It is **good**.	Yes/No疑問文	Do you like eggs?	Is your room warm enough? -- Yes, it is.	A: Are you from Japan? I'm from Korea. Do you speak English? B: Yes, I'm from Japan. You are from Korea. Good. I speak English a little.	典型例の会話のように、あいさつなど、いつも使う表現は、ほぼ聞き取れる。
当人に向かってゆっくりと話されれば、簡単なあいさつ、動作の指示、学習の指示などを理解し、指示されたように行動することができる。	Can understand and follow instructions for simple greetings, actions, or school work, provided they are addressed slowly to him/her.	here	You are **here**.	定型語句(Good Job!など)	Listen to me, please.	Look up here.	Be quiet, please. Have a look at this picture. You see many collors. Choose one. Which color do you like? Are you okay? Do you understand?	典型例のように、当人に向かってゆっくりと話されれば、簡単なあいさつ、動作の指示、学習の指示などを理解し、指示されたように行動することができる。

JS

A1.1	話す	SPEAKING
総論ディスクリプタ	聞き手がこちらの事情を理解しはっきりとゆっくりと繰り返し話しかけてくれれば、自分自身に関する基本的な話題について、簡単な語句を用いて話すことができる。	
GENERAL DESCRIPTOR	Can describe his/her ideas on general topics related to personal concerns by using simple phrases, delivered directly to him/her in clear, slow and repeated speech by a sympathetic speaker.	

各論ディスクリプタ		典型例（TYPICAL SAMPLES)						
SPECIFIC DESCRIPTOR		語彙 VOCABULARY	例 EXAMPLE	文法GRAMMAR	例 EXAMPLE	文 SENTENCES	テクスト(タスク) TEXT (TASK)	評価基準参考 ASSESSMENT
ごく身近で日常的な事柄についての簡単な質問(名称、曜日、時刻、数など)には、ごく基本的な表現を使って答えられる。	Can answer simple questions on everyday concerns familiar to him/her (e.g. names, days of the week, time, and numbers) by using expressions at threshold level.	father	He is my **father.**	数、色などの名詞	It's **yellow.**	I get up at **six.**	I'm **ten** years old. I go home at **four.** I have **red** shoes. I have **two** dogs. One is **white** and the other is **black.**	典型例の発話のように、ごく基本的な表現を使って自分のことを話せる。
自分自身や家族や友達のこと、住まいや所有物などについて、短い文で簡単な会話ができる。	Can participate in simple conversations about himself/herself, family, friends, home, or possessions.	four	There are **four** seasons.	感嘆表現	Wow!	That's good.	Good taste! Nice dress! Lovely! No way! Looks nice!	典型例のような定型表現を使って、短く反応できる。
ある程度の準備を必要とするが、名前、住んでいる場所、趣味、家族などについて、学習した定型表現を用いて、自己紹介ができる。	Can convey personal information (e.g. name, address, hobbies, and family) by using formulaic expressions familiar to himself/herself, provided speech is prepared in advance.	hot	The water is **hot.**	挨拶の定型表現	Good morning.	How are you? -- I'm fine.	Good morning. Good night. Good day. Hello. Hi, What's up? How are you doing. Thank you. Thanks a lot.	典型例の発話のように、挨拶などで、学習した定型表現を用いて、話せる。
会話のやりとりには、身振り手ぶりを伴うことが多く、発話には、くり返しや言いよどみ、言葉に詰まることなどがたびたび起こる。	Needs frequent gestures to sustain conversations, following some hesitations, pauses, or repetitions in utterances.	name	My **name** is Aya.	定型の応答	What sports do you like? -- I like football.	What's the date today? -- It's April 23.	A: How is the weather outside? B: It's cloudy and cold. A: Do you have the time? What time is it now? B: Well, it's about ten. A: Thank you. Almost time to leave. See you. B: Take care.	典型例の会話のように、身振り手ぶりなどを使ったり、くり返したりして、なんとか簡単なやりとりができる。
発音は、まだ不完全で安定せず、学習不足の語句は相手に理解されないことが多い。	Has difficulty in making himself/herself understood, due to imperfect and unstable speech.	cat	I have a **cat.**	助動詞can/can't	We **can** live happily.	I **can't** speak English.	I **can** play tennis well. I don't like exercise, but I like tennis. I **can't** read English well now.	典型例の発話のように、知っている表現を使って簡単なことが言える。発音は、まだ不完全で安定せず、学習不足の語句は相手に理解されないことが多い。
		old	I'm ten years **old.**	呼称(Mr/Msなど)	Good afternoon, **Mr Watanae.**	Excuse me, **teacher/sir/madam.**	A: Good morning, **Ms Sato.** B: Good morning, **Michiko.** How are you today? A: I'm fine, thank you. B: What do you want? A: I want to see **Mr Takahashi,** my math teacher. B: He's coming.	典型例の会話のように、ある程度準備すれば、知っている表現を使って簡単なことが伝えられる。

JS

A1.1	読む	READING
総論ディスクリプタ	あらかじめ練習の機会が与えられれば、教科書などに載っている日常生活の身近なことを表わす短い表現を、正しい発音で音読することができる。	
GENERAL DESCRIPTOR	Can read aloud short phrases on routine topics found in textbooks with correct pronunciation, provided rehearsal is prepared in advance.	

各論ディスクリプタ		典型例（TYPICAL SAMPLES）						
SPECIFIC DESCRIPTOR		語彙 VOCABULARY	例 EXAMPLE	文法GRAMMAR	例 EXAMPLE	文 SENTENCES	テクスト（タスク） TEXT (TASK)	評価基準参考 ASSESSMENT
数は限られるが、身近な単語や短い表現を読み、絵や写真などとむすびつけて理解できる。	Can read and understand familiar words or short phrases limited to daily life in relation to pictures or photos.	room	This **room** is cold.	名詞（単数、複数など）	I have **one book** and **three pens.**	You are **students** and I am **a teacher.**	The **door** is open. Close the **door**, please. I play **the guitar**. I don't play **the piano.** I have two **guitars**. I like a new **guitar**.	典型例の英文は、絵や写真などとむすびつけて、ほぼ理解できる。
		happy	We are **happy.**	金額	It's **fifty five yen.**	I have **one hundred yen.**	This picture is good. I want it. It is **six hundred and thirty yen.** I'll take it.	典型例の英文は、数字などを見て、だれかの助けにより、ほぼ理解できる。
予想可能な場面や状況であっても、身近でない語句や表現を推測して理解することはかなり難しい。	Has difficulty in inferring and understanding the meanings of unfamiliar words and phrases even in predicable situations.	today	**Today** is Monday.	形容詞表現	You are very **tall.**	This book is **heavy.**	Dolphins are **cute** and **friendly.** Lions are **dangerous** and **strong**. Elephants are **big** and **heavy.** I like **wild** animals.	典型例の英文のように、身近でない語句や表現があったとしても、絵や知識から推測して、ほぼ理解することができる。
		very	I love you **very** much.	時間、天候など	It's ten o'clock now.	It's fine today.	It's half past three. It's snowy. It's cold.	典型例の英文のように、絵や状況から推測して、ほぼ理解することができる。

JS

A1.1	書く	WRITING
総論ディスクリプタ		ごく身近なニーズの事柄を、簡単な語句を並べて書いて伝えられる。
GENERAL DESCRIPTOR		Can write messages concerning daily life by arranging simple words and phrases.

各論ディスクリプタ SPECIFIC DESCRIPTOR		典型例（TYPICAL SAMPLES） 語彙 VOCABULARY	例 EXAMPLE	文法GRAMMAR	例 EXAMPLE	文 SENTENCES	テクスト（タスク） TEXT (TASK)	評価基準参考 ASSESSMENT
ごく短い身近な単語(book, sunなど)や、数字の1～10程度のスペルを、アルファベットを使ってつづることができる。	Can spell short, familiar words (book, sun, etc.) and the numbers from 1 to 10 in English.	snow	We have much snow.	アルファベット	ABC	abc	TARO YAMADA, BOOK SCHOOL	典型例の身近な単語を、アルファベットを使ってつづることができる。
手本を見るなどの助けがあれば、新年のあいさつ、誕生日など簡単な定型文のグリーティングカードを書くことができる。	Can write simple greeting card messages (Christmas cards, birthday cards, etc.) copying fixed models.	swim	You can swim.	have動詞	We **have** a dream.	I **have** milk.	I wish you a happy new year.	典型例のような定型表現を、手本を見るなどの助けがあれば、書くことができる。
自分自身のことを表す簡単な語句（名前、年齢、好き嫌い、家族など）や、日常生活によく使う語句(banana, red, happyなど)を書くことができる。	Can write simple words and phrases used in expressing personal concerns (name, age, likes/dislikes, family, etc.) or everyday life (banana, red, happy, etc.).	game	The **game** is fun.	be動詞	I **am** happy.	She **is** my friend.	I like apples.	典型例の英文のような自分に関係する簡単なことは書ける。
学習した範囲内で、自分自身についてごく簡単なことを単文で正確に書くことができる。（例：I am fine.）	Can write simple sentences on personal topics correctly by using words and phrases he/she has so far (e.g. "I am fine.").	start	The class starts at 9.	コロケーション	I have a good time.	Merry Chritmas.	I am happy today.	典型例のように、自分自身について学習した内容に基づいて簡単なことを書くことができる。

用語解説

第１章・第２章・第３章から
※第４章・第５章は必要に応じて脚注で対応

欧州連合（European Union: EU）
第二次世界大戦後、平和共存への希求から生まれた欧州共同体（EC）からさらなる統合を進めるために、1993年に誕生した。本部はベルギー・ブリュッセルにあり、1999年に共通の通貨として「ユーロ」を導入した。現在加盟国は2020年１月英国離脱により27カ国。

欧州評議会（Council of Europe）
1949年に創設され、フランス・ストラスブールに本部を置き、主に人権問題に関わる。その一環として、言語教育・言語政策の問題にも取り組んでいる。EUの一組織ではあるが、法的拘束力はない。現在加盟国は2022年３月ロシア脱退により46ヵ国。

ヨーロッパ言語共通参照枠（Common European Framework of Reference for Languages: Learning, teaching, assessment）（通称：CEFR）
欧州評議会が1970年代から取り組んできた言語教育政策が、ついに2001年にCEFRという形で結実を見た。もともと、ヨーロッパにおいて外国語学習者の習得状況を示すのに用いるためのガイドラインである。あらゆる言語に適用でき、評価だけでなく学習や指導にも役立つ。そのレベルは６段階に分けられ、能力は「ディスクリプタ」（能力記述文：can do ~）の形で、それを使って何ができるのか行動中心に記述される。「複言語主義」の理念にもとづき、すべてのヨーロッパ市民が３つの言語を身につけることをめざす。CEFRはすでに30もの言語に翻訳され、世界的な広がりを見せている。

複言語主義（plurilingualism）
一人の個人の中に複数の言語が有機的に存在し、異文化、異言語の人と接するときに、円滑に相互理解が進められる状況をさす。ただし、それは完璧である必要はなく、必要に応じて相手と共有した言語によって相互理解を図るのである。この考え方が文化レベルに当てはめられると、「複文化主義」（pluriculturalism）となる。

部分的な能力（partial competence）
「複文化主義」の考え方で特徴的な点は、外国語を完全にマスターするという幻想を捨て、部分的な能力を容認したことにある。完璧でなくてもいいし、技能別に同等でなくてもよい。しっかりした母語の基盤を持った成人が、さらに部分的であれ第２、第３の言語能力も兼ね備え、必要に応じてそれを駆使するのである。

３言語主義
CEFRではヨーロッパのそれぞれの言語・文化を尊重するという立場から、すべてのヨーロッパ市民が３つの言語を身につけることを目標とする。母語に加えて、他に２つ、そのうちの一つは近隣の言語とされる。これは「複言語主義」の理念にもとづく。

共通参照レベル
CEFRは言語能力を測るための共通の尺度として、熟達度レベルをA1~C2の６段階に分けた。つまり、基礎段階の使用者（A1, A2）、自立した使用者（B1, B2）、熟達した使用者（C1, C2）である。

オーラル・インタラクション（Oral Interaction）
CEFRの言語能力は６つのレベルで示されるが、その尺度の質的な側面は「３領域５技能」でとらえられる。いわゆる４技能に加えて、「オーラル・インタラクション」という項目が別建てになっていることに注目したい。やり取りは、リスニングとスピーキングを合わせたものではないという認識がある。

ディスクリプタ（descriptor: 能力記述文）
CEFRでは、すべてのレベルにおける能力が「～できる」（can do～）という形で表されている。その「能力記述文」のことを「ディスクリプタ」とよぶ。ディスクリプタはどのような状況で何をすることができるのか、能力の中身をできるだけ明確に記述する必要がある。

行動中心（action-based）

CEFRの考える言語能力は、言語に関する知識ではなく、言語使用にある。つまり、単語や文法を知っていることを対象にするのではなく、それらをもとに何をすることができるのかという運用能力に焦点をあてる。

ジャパン・スタンダード（Japan Standards for Foreign Language Proficiency, based on CEFR）（**通称：JS**）

世界基準であるCEFRに準拠して策定した、外国語（特に英語）運用能力に関する日本スタンダード。4技能×12レベル設定のCAN-DOディスクリプタと言語材料参照表から構成される「JS言語能力記述一覧表」として提示している。策定のプロトタイプは、CEFR準拠のフィンランドのNational Core Curriculum（2003）の 'Language Proficiency Scale'（LPS）と、Cambridge ESOLのCambridge Young Learners English Tests（2007）を基に作成したCEFRjapan（小池、2008）。策定の理念は、CEFRをそのまま日本へ直輸入するのではなく、日本の社会文化的コンテクストに適合するよう、レベルを細分化、CAN-DO記述を体系化、語彙、文法、表現という言語材料を明示してディスクリプタを質的手法により精緻化および具体化したことにある。とりわけ特徴的なのは、「総論ディスクリプタ」（general descriptors）と「各論ディスクリプタ」（specific descriptors）による階層化、日本特有の初級者レベルPreA1をさらに細分化したこと、策定から小中高の授業での応用実践に至るまで、学校現場とタイアップして進めたことにある。

ヨーロッパ言語ポートフォリオ（European Language Portfolio: ELP）

CEFRの共通の尺度にもとづき、客観的に個人データを記録するためのもので、次の3つの利用法がある。つまり、「言語パスポート」として学習者が自分の能力を自己評価する、「言語学習記録」として自分の言語学習の履歴を記録する、「資料集」として言語学習過程における自分の作品を集める、である。これらは学習者の学習意欲を喚起するのに役立つ。

生涯学習（life-long learning）

CEFRはできるだけ多くの言語を学習することを推奨し、しかも学校教育に限定されることなく、生涯を通して学習を続けることを推奨する。そのためには、言語学習者が自律的に学習に取り組むことが肝要となる。

CLIL（内容と言語を統合した学習）（Content and Language Integrated Learning）

ヨーロッパを中心に広がる教育であり、指導法である。初等中等教育を中心に、理科、数学、地理、歴史、芸術、体育などの科目内容と言語（主に英語）を統合した学習として、1990年代からCEFRと結びつき政策として実験的に始まり、2000年代後半からヨーロッパで定着し世界に普及している。

EPOSTL（ヨーロッパ言語教育実習生のためのポートフォリオ）（The European Portfolio for Student Teachers of Languages）

ヨーロッパの言語教師教育の指針を示したEuropean Profile for Language Teacher Education: A Frame of Referenceを基盤に作成され、言語教師を目指す教育実習生の省察のためのCAN-DOを示したポートフォリオである。現在ヨーロッパの養成段階で利用されるようになっている。教師の自律的成長を促すもので、当然、言語知識、指導法、CEFRの理解などが項目として掲げられている。

TEAP（アカデミック英語能力判定試験）（Test of English for Academic Purposes）

英検と上智大学で開発した英語テスト。CEFRの6レベルのA2, B1, B2をバンドとして表示し、大学などの学習に対応できる英語力に特化している。また、読む、聞く、話す、書くという4技能すべてを測定する点に特徴がある。ほぼCEFRに準拠する英語テストとして大学入試の英語試験に代わる利用が計画されている。上智大学では2015年度の入試より導入されている。

ICC（文化間コミュニケーション能力）（intercultural communicative competence）

CEFRの柱の一つで、相互の文化に対する意識と自分や他者の理解を促進する能力を表す。ICCは、文化に対する寛容な態度(attitudes)、自他双方の文化とそのやりとりの過程の知識(knowledge)、文化を扱う技能(skills)、批判的文化意識(critical cultural awareness)、などから構成される能力であるとされる(Byram,1997)。

English as a Foreign Language（外国語としての英語：EFL）

ガーナやインドのように「第二言語としての英語」(English as a Second Language)と呼ばれる国では、英語が公用語として社会的に使用される。それに対して、EFLとはドイツや日本のように、英語が学校の一教科として学習される状況をさす。

フィンランドのコアカリキュラム（Finnish National Core Curriculum）

フィンランドは2003年と2004年に国としての初等中等のカリキュラムを作成し、現在それに基づいて学校教育が実施されているが、2014年に改訂された。外国語に関しては、CEFRの理念に忠実に目標を設定し、コミュニケーションを重視する指導法(Communicative Language Teaching)を具現化しているとされる。また到達度目標も明確に示され、10段階の言語力尺度(Language Proficiency Scale)が、4技能別にディスクリプタとして具体的に示されている。JSは当初のコアカリキュラムを参照し、それを拠り所の一つとして開発された。

RLD（国/地域言語参照レベル記述）（Reference Level Descriptions for National and Regional Languages: RLD）

RLDは、CEFRの共通参照レベルをもとに、各言語、各状況、各学習段階などに合わせて、ディスクリプタの表現を変更したり、段階を細かくしたり、CAN-DOなどとして具体的に示したり、レベルを理解するための言語材料を示したりすることで、英語の代表的なRLDはEnglish Profileであり、CEFR-JやJSもそれに当たる。

BICS（基礎的対人伝達スキル）（Basic Interpersonal Communication Skill）

日常生活を営む上で必要とされる言語能力。買い物、電話、レストランなどの具体的な状況下で使われる。あまり深い思考を必要しないため、成人がその言語が使用される環境下に置かれた場合では、一般に6ヶ月から2年間で急速のそのスキルを発達させる。

CALP（認知学力的言語能力）（Cognitive Academic Language Skill）

BICSとは対照的に、考えたり、議論したり、推論したりなどの、より知的な作業を行うときに必要な言語能力。大学などの高等教育機関で講義を聴く、または研究を行う際、加えてビジネス上の交渉やプレゼンテーションを行う際などで必要とされる。学び続ければ、生涯にわたって発達し、更に母語で発達したCALPが、外国語のCALPに転移することもできる。

あとがき

本書の出版にあたっては、多くの方々にお世話になりました。科研の研究分担者・研究協力者の方々、本書の執筆から加わった方々に厚く御礼申し上げます。特に初期のCEFRjapanプロジェクトを牽引された小池生夫氏に格別に深く感謝申し上げます。海外研究協力者としてJSプロジェクト全般を温かくサポートしてくださったユバスキュラ大学名誉教授 Dr. Sauli Takalaには、来日まで果され心より感謝申し上げます。また編著者らのスウェーデン・フィンランド訪問調査の際に、JSプロジェクトに有益なアドバイスをしてくださったゴッテンブルグ大学Prof. Gudrun Erickson, ヘルシンキ大学のDr. Seppo Tella, Dr. Piryo Jarjanne, フィンランド教育省Dr. Kalevi Pohjalaの各氏に謝意を表します。

国内においては、JSの初公開の場であった川成科研最終報告会（2013年3月）にご出席いただいた文部科学省初等中等教育局の当時国際教育課長の神代浩氏、および当時外国語教育推進室長の田淵エルガ氏には、同省同局の「第9回 外国語教育における『CAN-DOリスト』の形での学習到達目標設定に関する検討会議」(2014年1月）に、川成を招聘しJSプロジェクトに発表の機会を賜りました。また一般財団法人英語教育協議会(ELEC)の『英語展望―特集：CAN-DOリストは英語教育を変えるか』第121号（2014年1月冬号）に、JSチームから川成、笹島、吉田の3名に執筆の機会をいただき、編集の中條広之氏にお世話になりました。改めまして各氏に感謝を申し上げます。

また川成は「教員免許状更新講習」(於：明海大学）において2012年度から2016年度まで5回にわたり、CAN-DOリストの必要性や作成方法等について開講しました。当時は国のCAN-DOが発表前で、各学校の現場はその策定を一任され暗中模索の状況でした。JSのCAN-DOリストを用いてのワークショップは、多くの参加者から役立ったとの事後コメントが寄せられ、JSプロジェクトにとってもディスクリプタの検証となる貴重な機会となりました。受講生であった小中高の先生方に謝意を表します。

最後に、長きにわたり本書の進行に忍耐強く対応してくださった朝日出版社の小川洋一郎社長、田家昇氏にはひとかたならぬお世話になりました。この場を借りて心より深く感謝の意を表させていただきます。

2024年3月
川成美香

参　考　文　献

相羽千州子・藤原真知子・Brian Byrd・Jason Barrows (2017)『Hello, English―English for Teachers of Children―（子どもに教える先生のための英語―会話から授業まで―）』成美堂.

朝日新聞（2013)「英語授業小３から」10月24日朝刊.

市川泰男・高橋和久（代表）(2012)『UNICORN English Communication I』文英堂.

伊東治己（代表）(2012)『New One World Communication I』教育出版.

伊東治巳 2006「フィンランドにおける小学校英語教育」『英語教育』pp.45-47. 大修館書店.

伊東治己（代表）(2012)『New One World Expressions I』教育出版.

岡秀夫（2009)「外国語教育の意義」岡秀夫・金森強（編著)『小学校英語教育の進め方―「ことばの教育」として―』成美堂.

岡秀夫（2013)「JSにおけるPre-A1―CEFRにもとづく子供の英語能力のフレームワーク」『外国語コミュニケーション能力育成のための日本型CEFRの開発と妥当性の検証』平成22～24年度科学研究費補助金（基盤研究(B)）(研究課題番号22320108)研究成果報告書（研究代表者川成美香）pp.81-93.

岡秀夫・笹島茂・川成美香（2006)「日本版CEF枠組み構築のための資料」『第二言語習得を基盤とする小、中、高、大の連携をはかる英語教育の先導的基礎研究　中間報告』pp.312-320. 明海大学.

岡秀夫・三好重仁・川成美香・笹島茂・高田智子（2008)「CEFR日本版試案の構築に関する研究CEFRjapan構築を目ざして」『第二言語習得研究を基盤とする小、中、高、大の連携をはかる英語教育の先導的基礎研究』pp.1-70.（平成16～平成19年度科学研究費補助金（基盤研究（A））研究成果報告書（研究代表者小池生夫）

岡部幸枝，松本茂（2010)『高等学校新学習指導要領の展開 外国語科英語編』明治図書出版.

川成美香（2008)「英語教育における日本版CEFR―言語能力到達度目標の素案策定の試みとその方向性―」『応用言語学研究』明海大学大学院応用言語学研究科紀要 第10号. pp.88-98.

川成美香（2010)「CEFRjapan構想―策定方法と妥当性検証」『日本女子大学公開研究会資料』

川成美香（2012)「CEFR準拠の新たな到達基準『ジャパン・スタンダード』の開発」『応用言語学研究』明海大学大学院応用言語学研究科紀要 第14号. pp.149-167.

川成美香（編）(2013)『外国語コミュニケーション能力育成のための日本型CEFRの開発と妥当性の検証』平成22～24年度科学研究費補助金（基盤研究(B)）(研究課題番号22320108) 研究成果報告書（研究代表者 川成美香）

川成美香（2014)「CEFR準拠の新たな英語到達基準JS『ジャパン・スタンダード』の策定」『英語展望』冬号121. pp.8-13, 40. 財団法人英語教育協議会.

久埜百合・佐藤令子・永井淳子・粕谷恭子（2006)『ここがポイント！小学校英語』三省堂.

栗原浪絵（2013)「Pre-A1をどのように作成したか」『外国語コミュニケーション能力育成のための日本型CEFRの開発と妥当性の検証』pp.81-93.（平成22～24年度科学研究費補助金（基盤研究(B)）(研究課題番号22320108）研究成果報告書（研究代表者川成美香）

小池生夫（編）(2007)『企業が求める英語力調査報告書（前編）』東京大和印刷.

小池生夫（編）(2008)『第二言語習得を基盤とする小、中、高、大の連携をはかる英語教育の先導的基礎研究』(平成16～19年度科学研究費補助金（基盤研究(A)）(研究課題番号162010）研究成果報告書（研究代表者 小池生夫）

小池生夫（監著）(2010)『企業が求める英語力」朝日出版社.

(財) 語学教育研究所（1993)『英語教育研究シリーズ：文型・文法事項等導入法再検討；仮定法過去』

国際交流基金（2010)『JF日本語教育スタンダード2010 利用者ガイドブック』独立行政法人国際交流基金.

国際交流基金（2013)『JF日本語教育スタンダード 第2版』独立行政法人国際交流基金.

笹島茂（2011)『CLIL　新しい発想の授業』三修社.

笹島茂（編著）(2011)『CLIL新しい発想の授業―理科や歴史を外国語で教える!?』三修社.

静哲人（2002)『英語テスト作成の達人マニュアル』大修館書店.

東京新聞（2013)「英語授業　小３に前倒し　文科省方針　5、6年は正式教科に」10月27日夕刊.

投野由紀夫（2012)「CEFR-Jを活用するためのCan-Do Descriptor リスト」東京外国語大学　投野由紀夫研究室.

投野由紀夫（編）(2012)『小中高大の一貫する英語コミュニケーション能力の到達基準の策定とその検証』(平成20～23年度科学研究費補助金（基盤研究(A)）(研究課題番号20242011）研究成果報告書（研究代表者 投野由紀夫）

投野由紀夫（編）(2016)『学習者コーパスによる英語

CEFR レベル基準特性の特定と活用に関する総合的研究』(平成24〜平成27年度科学研究費補助金（基盤研究(A))（研究課題番号 24242017）研究成果報告書（研究代表者投野由紀夫）
http://www.cefr-j.org/sympo2016/sympo2016flyer.pdf（2017年11月15日アクセス）
中嶋洋一（1997)『英語のディベート授業30の技―生徒が熱狂・教室が騒然』明治図書出版.
日本英語検定協会（2012)「英検Jr. Bronze, Silver, & Gold」日本英語検定協会.
http://www.eiken.or.jp/eiken-junior/exam（2013年10月31日アクセス）
日本英語検定協会（2012)「実用英語技能検定5級・4級・3級」日本英語検定協会.
http://eiken.orjp/eiken/exam/grade-5; http://eiken.orjp/eiken/exam/grade-4; http://eiken.orjp/eiken/exam/grade-3（2013年10月31日アクセス）
日本英語検定協会（2013)『小学校の外国語活動及び英語活動等に関する現状調査〈国公私立小学校対象〉』日本英語検定協会.
https://www.eiken.or.jp/eiken/group/result/pdf/syou_2012_12.pdf（2013年10月31日アクセス）
日本経済新聞（2013)「小4以下も英語必修、文化省検討　指導法を研究」10月27日デジタル版.
バトラー後藤裕子（2005)『日本の小学校英語を考える―アジアの視点からの検証と提言』三省堂.
藤原真知子（2010)「2泊3日の国内留学で見られた児童の英語学習意欲の向上」『聖学院大学総合研究所Newsletter』Vol.19-3, pp.6-7.
藤原真知子（2010)「聖学院小学校での『日本を伝える』英語の授業：日本文化・習慣を英語で発信」『聖学院大学総合研究所Newsletter』Vol.20-5, pp.6-7. pp.2-3.
藤原真知子（2012)「日本の小学校における内容言語統合学習（CLIL）の試み：聖学院大学総合研究所小学校英語指導法セミナー実践記録」『聖学院大学総合研究所Newsletter』Vol.19-3, pp.6-7.
藤原真知子・相羽千州子（2014)「JS-PreA1①・②・③の表の作成経緯と使用の際の留意点」『聖学院大学総合研究所Newsletter』Vol.24-1, pp.2-10.
藤原真知子・相羽千州子（2014)「小学校3年生のCLIL実践：理科と英語の連携」『聖学院大学総合研究所Newsletter』Vol.24-3, pp.28-32.
ベネッセ教育総合研究所（2010)「第2回小学校英語に関する基本調査（教員調査)」ベネッセ教育総合研究所.
http://berd.benesse.jp/berd/center/open/report/syo_eigo/2010/（2013年10月31日アクセス）
文部科学省（2005)「構造改革特別地域研究開発学校設置事業に置ける小学校の英語教育の取り組み」教育課程部会 外国語専門部会（第9回）議事録 参考資料5, 文部科学省.
http://www.mext.go.jp/b_menu/shingi/chukyo/chukyo3/015/siryo/06032707/005.htm（2013年10月31日アクセス）
文部科学省（2005)「私立小学校における英語教育の状況」文部科学省.
http://www.mext.go.jp/b_menu/shingi/chukyo/chukyo3/015/siryo/05120501.htm（2013年10月31日アクセス）
文部科学省（2008)『小学校学習指導要領解説外国語活動編』文部科学省.
http://www.mext.go.jp/component/a_menu/education/micro_detail/__icsFiles/afieldfile/2009/06/16/1234931_012.pdf（2013年10月31日アクセス）
文部科学省（2009『英語ノート1・2指導資料』文部科学省.
文部科学省（2010)「各教科・各学年等の評価の観点及びその趣旨（小学校及び特別支援学校並びに中学校及び特別支援学校中等部)」
http://www.mext.go.jp/component/b_menu/nc/__icsFiles/afieldfile/2012/08/07/1292899_01_1.pdf（2013年10月31日アクセス）
文部科学省（2011)「『国際共通語としての英語力向上のための5つの提言と具体的施策』について」文部科学省.
文部科学省（2011)『高等学校学習指導要領』東山書房.
文部科学省（2012)「国際共通語としての英語力向上のための5つの提言と具体的施策〜英語を学ぶ意欲と使う機会の充実を通じた確かなコミュニケーション能力の育成に向けて〜」文部科学省.
http://www.mext.go.jp/component/b_menu/shingi/toushin/__icsFiles/afieldfile/2011/07/13/1308401_1.pdf（2013年10月31日アクセス）
文部科学省（2012)『Hi, friends! 1・2 指導資料』文部科学省.
文部科学省（2017)『We Can! 1・2』文部科学省.
文部科学省（2017)『小学校学習指導要領（平成29年告示)』文部科学省.
http://www.mext.go.jp/component/a_menu/education/micro_detail/__icsFiles/afieldfile/2017/05/12/1384661_4_2.pdf（2017年10月31日アクセス）
文部科学省（2017)『小学校外国語活動・外国語　研修ガイドブック』文部科学省.
http://www.mext.go.jp/a_menu/kokusai/gaikokugo/__icsFiles/afieldfile/2017/07/07/1387503_1.pdf（2017年10月31日アクセス）

文部科学省（2017）『中学校学習指導要領（平成29年告示）』文部科学省.
文部科学省（2018）『高等学校学習指導要領（平成30年告示）』文部科学省.
柳瀬和明（2009）「題材の広がりと深み」『STEP英語情報』5・6,（財）日本英語検定協会.
吉島茂（訳編）(2004)『外国語の学習、教授、評価のためのヨーロッパ共通参照枠』朝日出版社.
吉島茂（2007）「文化と言語の多様性の中のCEFR―それは基準か？―」第10回明海大学応用言語学セミナー『ヨーロッパ共通参照枠に基づく日本の外国語教育の将来―CEFRは日本を含む国際基準になりうるか？』口頭発表 2007年12月15日
吉田研作・柳瀬和明（2003）『日本語を活かした英語授業のすすめ』大修館書店.
吉田章人（代表）(2010)「本学園の高等学校・大学における英語教育の一貫したカリキュラム・シラバスの開発―日本女子大学英語教育スタンダードの構築を目指して―」『日本女子大学総合研究所紀要』13, pp.75-129.
渡部良典・池田真・和泉伸一（2011）『CLIL　内容言語統合型学習　第1巻　原理と方法』上智大学出版.
渡部良典・池田真・和泉伸一（2012）『CLIL　内容言語統合型学習　第2巻　実践と応用』上智大学出版.

Asher, J. J. (1977) *Learning another language through actions*. Los Gatos, CA: Sky Oaks Productions.
Berger, M., & Berger, G. (2004) *Time-to-Discover Readers*. New York: Scholastic.
Byrd, B., Fujiwara, M., & Aiba, C. (2006) Introducing English in Japanese elementary schools – A look at the current situation and a practical step forward: Enjoying written English in the lower grades. *Seigakuin University General Research Center Newletter 35*, 19-31, Seigakuin General Research Center.
Beech, W. L. (2007) *Sight Word Readers*. New York: Scholastic.
British Council / EAQUALS (2010) *A Core Inventory for General English*. ISBN: 978-086355-653-1. www.britishcouncil.org, www.eaquals.org
Beacco, J. -C., Byram, M., Cavalli, M., Coste, D., Cuenat, M. E., Goullier, F., & Panthier, J. (2010) *Guide for the development and implementation of curricula for plurilingual and intercultural education*. Strasbourg: Council of Europe, Language Policy Division.
Bentley, K. (2010) *The TKT course CLIL module*. Cambridge University Press.
Byram, M. (1997) *Teaching and assessing intercultural communicative competence*. Philadelphia, PA: Multilingual Matters.
Coyle, D (1999) *Theory and planning for effective classrooms: supporting students in content and language integrated learning contexts*. in Masih, J (Ed): Learning Through a Foreign Language. London: CILT.
Council of Europe (2001) *Common European Framework of Reference for Languages: Learning, teaching, assessment*. Cambridge: Cambridge University Press.
Cambridge ESOL (2007) *Cambridge Young Learners English Tests: Handbook*.
Council of Europe. (2008) *European Language Portfolio for the Central European Region: Primary level*. Retrieved on October 31, 2013, from https://ncca.ie/media/2269/primary_elp.pdf
Coyle, D. Hood, P., & Marsh, D. (2010) *CLIL: Content and language integrated learning*. Cambridge: Cambridge University Press.
Cambridge University Press (2011) *English Profile: Introducing the CEFR for English*. http://www.englishprofile.org/images/pdf/theenglishprofilebooklet.pdf
Cambridge ESOL (2011) *Using the CEFR: Principles of Good Practice*. Cambridge ESOL. http://www.cambridgeenglish.org/Images/126011-using-cefr-principles-of-good-practice.pdf (2013年10月31日アクセス)
Cambridge ESOL. (2012) *Cambridge Young Learners English Tests (YLE) Starters/Movers/Flyers*. Retrieved on October 31, 2013, from http://www.cambridgeenglish.org/exams-and-qualifications/young-learners/
Deller, S. & C. Price (2007) *Teaching other subjects through English*. Oxford: Oxford University Press.
Dalton-Puffer, C. (2007) *Discourse in content and language integrated learning (CLIL) classrooms*. Amsterdam: John Benjamins Publishing.
Eurydice (2017) *Key Data on Teaching Languages at School in Europe 2017* Eurydice. https://webgate.ec.europa.eu/fpfis/mwikis/eurydice/images/0/06/KDL_2017_internet.pdf (2017年11月15日アクセス)
Finnish National Board of Education. (2003) *Finnish National Core Curriculum for Upper Secondary Schools Education 2003*. Finnish National Board of Education.

Finnish National Board of Education (2004) *Finnish National Core Curriculum for Basic Education 2004*. Finnish National Board of Education.

Fujiwara, M., Aiba, C., & Byrd, B. (2010) Content-based elementary school English: Growing morning glories and soybeans. In A.M. Stoke (Ed.), *JALT2009 Conference Proceedings*, 264-274.

Fujiwara, M., Byrd, B., & Aiba, C. (2011) *26 Fun Songs*. Tokyo: Eduport.

Fujiwara, M. (2013) *My English Book*. Tokyo: Eduport.

Fujiwara, M., Byrd, B., & Aiba, C. (2013) *My English Land*. Tokyo: Eduport.

Glaboniat, M. (2005) *Profile Deutsch*. Langenscheidt ELT Gm BH.

Hawkins, J. et al. (2012) *Criterial Features in L2 English: Specifying the Reference Levels of the Common European Framework*. Cambridge: Cambridge University Press.

Holmes, S., & Robinson, L. (2005) *Sounds Fun 1, 2, 3, & 4*. Tokyo: Compass Publishing.

Hunt, R., & Brychta, A. (2011) *Oxford Reading Tree*. Oxford: Oxford University Press.

Jim Cummins (2001) *An Introductory Reader to the Writings of Jim Cummins*. Multilingual Matters Limited.

Janzen, A., & Weintraub, H. (2006) *Super Easy Reading 1, 2, & 3*. Tokyo: Compass Publishing.

Mehisto, P,, Marsh, D & Frigols, M. (2008) *Uncovering CLIL*. Macmillan.

Matsuka, Y., & McDougall, G. (2011) *We Can! Starter – Book 1, 2, 3, 4, & 5*. New York: McGraw Hill Education.

Morrow, K. (ed.) (2004) *Insight from the Common European Framework*. Oxford: Oxford University Press.

Newby, D. Allan, R., Fenner, A-B, Jones, B., Komorowska, H., Soghikyan, K (2007) *European Portfolio for Student Teachers of Languages*. Strasbourg: Council of Europe Publishing. http://epostl2.ecml.at/Resources/tabid/505/language/de-DE/Default.aspx (2013年10月31日アクセス)

Nakata, R., Frazier, K., Hoskins, B., & Graham, C. (2008) *Let's Go 1, 2, 3, 4, & 5*. Oxford: Oxford University Press.

North, B., Ortega, A. & Sheehan, S. (2010) *A Core Inventory for General English*. British Council/EQUALS.

Nakamoto, M. (2011) *Learning World 1, 2, & 3*. Tokyo: Apricot.

Ruth Wajnryb (2013) *RBT: Grammar Dictation (Resource Books for Teachers)*. Oxford: Oxford University Press.

Takala, S. (2010) *Personal Communication on Descriptor Structure*. 11 December, 2010. Tokyo.

Takala, S. (2010) *CEFR in Finland - Uses and Adaptations – Possible Implications for JS?* (Lecture). 12 December, 2011. Tokyo. 川成科研講演会・中間報告会発表. 於：共立女子大学.

Takala, S. (2010) *English Teaching in Finland: How have Finnish Children Attained such High-level English Proficiency?* (Lecture). 13 December, 2011. Chiba. 於：明海大学.

University of Cambridge ESOL Examinations (2007) *Cambridge Young Learners English Tests: Handbook*. Cambridge: Cambridge University Press.

Van Ek, J. A. (1975) *The Threshold Level*. Strasbourg: Council of Europe.

Van Ek, J. A. & Trim, J. L. M. (1991a) *Threshold*. Cambridge: Council of Europe/Cambridge University Press.

Van Ek, J. A. & Trim, J. L. M. (1991b) *Waystage*. Cambridge: Council of Europe/Cambridge University Press.

Van Ek, J. A. & Trim, J. L. M. (2001) *Vantage*. Cambridge: Council of Europe/Cambridge University Press.

Wilkins, D. A, (1976) *Notional Syllabuses* Oxford: Oxford University Press.

Yassin, S. (2010) Teaching science through English. International CLIL, *Research Journal*, 1(3), 46-50.

【CEFR準拠】新たなジャパン・スタンダード
—小中高大の英語教育をつなぐ指導—

2024年4月8日　初版発行

編著者　川成 美香　岡 秀夫　笹島 茂
発行者　小川 洋一郎
発行所　株式会社朝日出版社
〒101-0065 東京都千代田区西神田 3-3-5
TEL (03)3263-3321
DTP　株式会社メディアアート
印刷所　図書印刷株式会社

乱丁、落丁本はお取替えいたします
ISBN978-4-255-01362-6 C0087
Printed in Japan